本书为教育部民族教育发展研究中心重点课题“民族地区城镇化进程中的教育问题研究”（项目编号 MJZXHZ13013）成果

MINZUDIQU
CHENGZHENHUAJINCHENGZHONG DE JIAOYUWENTI YANJIU

民族地区
城镇化进程中的教育问题研究

曲木铁西　白华　主编

民族出版社

序

曲木铁西　白　华

城镇化是我国实现现代化的重要标志。我国地域辽阔，大多数民族地区自然条件差、发展起点低、历史欠账多、城乡发展差距明显。因此，民族地区城镇化的建设与发展是个现实问题。由于民族地区经济社会文化各具特色，其城镇化有自身特点和规律，显然不能完全照搬东部地区城镇化的模式。民族地区城镇化进程，需要从民族地区实际出发，充分考虑民族地区的特殊性，采取符合民族地区当地经济社会文化特点的城镇化方向才是科学可行的。

新型城镇化的核心要素是“人的城镇化”。这种城镇化的发展模式，离不开教育的参与，城镇化的建设与教育发展之间必然是相互影响与促进的关系，但在推进民族地区城镇化进程中如何发展教育却没有现成的模式和经验可以借鉴。

一

几年来，我们带着这些问题，从牧区到农区，从高寒山区到戈壁沙漠，从内地到边境，深入民族地区调查研究，分析相关材料数据，有以下若干体会。

(一) 民族地区城镇化发展的特殊性

民族地区大多位于我国的中西部，处于老少边穷地带，其发展具有自身的特殊性。西部的12个省、市、自治区是我国少数民族聚居的地区，生活着52个少数民族，其中5个省、自治区地处边疆，与多个国家接壤。民族地区由于受自然地理、历史文化、社会经济等因素的影响，城镇基础设施建设薄弱、产业规划缺乏持续性，整体城镇化水平落后于东部沿海地区，甚至远低于全国城镇化的平均水平。根据统计，到2015年底，我国城镇化率达到56.10%，仅从数值比例上来看，已成功地步入城市化发展的中级阶段。但城镇化发展的背后却是东、中、西部地区发展的非均衡性，呈现出参差不齐的状况，尤其是西部民族地区的城镇化发展水平较低。2015年，上海市城镇化率已达87.60%；除了直辖市外，城镇化率最高的省份是广东省，达到68.71%。而在民族地区，除内蒙古（60.30%）外，另7个民族省、自治区（广西、西藏、宁夏、新疆、贵州、云南、青海）的城镇化率均低于全国平均水平，最低的西藏地区城镇化率只有27.74%。

民族地区城镇化的另一个特殊性，是其发展还带有浓烈的文化特征，而这种文化的发展与城镇化发展是紧密相连的。民族地区得天独厚的自然和人文环境造就了多样化的民族传统文化资源，特定的文化产生于特定的经济结构之上，民族地区的文化也随着社会生产、生活方式的变迁发生了转型，这是文化运动的必然规律。因此，如何在城镇化飞速发展的今天将民族传统文化融入城镇化之中，使之成为维系民族精神传承的纽带和桥梁，显得尤为重要。民族地区的传统文化正面临着城镇化发展浪潮的前所未有的冲击，具有民族特色及代表性的传统文化出现了不同程度的自然流失与被迫废弃，如民族语言、传统民居、民族服饰、民族饮食、民族歌舞、民族礼仪、民族习俗等。

（二）城镇化与教育发展之间的相互影响与促进关系

在民族地区推进城镇化发展，与传统的城镇化模式不同，是一种新型的发展模式，其核心要素是“人的城镇化”。在这种新的发展模式之下，城镇化与教育发展之间呈现出相互影响与促进的关系，需要将教育纳入城镇化发展规划中，既要发挥教育发展所带来的作用，又要为教育发展提供有利的外部环境与支持。新型城镇化需要充分利用自身的产业优势、资源和环境承载能力以及人口分布情况，将所涉及的教育、医疗、就业、户籍、产业发展、服务设施等各方面纳入整体视野之中，进行专项规划。教育事业在民族地区城镇化建设中具有举足轻重的作用，成为一定区域城镇化发展的助推器。教育关系到每一个体的发展，是实现人力资本积累转向人力资本素质提高的根本途径，可以作为提高城镇化质量的重要手段，也是实现城乡一体化的基本途径。只有教育问题得到解决和发展，城镇化进程才能得以健康持续的发展。

在城镇化进程中，对于教育来说，既是机遇又是挑战。机遇是可以抓住城镇化发展的关键时期，解决长期以来积累的城乡二元结构下教育发展的不均衡问题。利用城镇化的良好环境，不断改善学校的办学条件，提升现有的教学质量，促进城乡教育一体化发展，实现最大程度的教育公平。同时城镇化推动了经济的大力发展，产业发展加速了农业人口转换为城镇人口的速度，农民的收入增加，家庭经济情况改善，农村留守儿童的数量逐步减少。所面临的挑战是城镇化进入加速发展的阶段，居民消费结构升级、产业结构调整和现代工业化加剧，人口、资源、环境等矛盾突出，人口迁移流动直接促进了教育布局的调整、教育资源的重整，给城镇建设带来了巨大压力，教育如何在城镇化过程中起到助推器的作用至关重要。

（三）学校教育成为重要媒介，多维度支持与推进城镇化发展

城镇化水平是一个国家或地区经济发展水平的重要标志，能够反映人们的生产生活方式和思维观念模式。城镇化的关键问题是经济问题，其核心是“变”人，也就是将农村富余劳动力培养成大量从事现代化建设所需要的各种层次的专门人才。从城镇化发展经验来看，一般采用就地城镇化模式，促使人口从农村向城镇转移，劳动力从第一产业向第二、三产业演进。在这个过程中，人口的素质与技能就显得尤为重要，如何有效提升这些维度的发展，教育成为其中最为重要的媒介。教育是推进城镇化发展不可或缺的重要基石，在这一过程中起着至关重要的作用。通过教育的推动与影响，才能有效提高人口的素质，促使他们快速掌握熟悉现代化发展要求的各种技能，才能完成产业结构调整所需的变化。因此，发展教育事业，特别是发展职业教育，是推进城镇化进程的基本途径。

职业教育是教育的一种重要形式，通过直接传授给个体以知识、技能以及应用能力，能够迅速地提高个体的适应能力与应用技能。首先，职业教育为城镇化进程提供了强大的智力支持。城镇化需要生产要素的集聚，高素质的劳动者可以使生产诸要素产生最大效益。职业教育是科学技术向现实生产力转化的重要途径，通过提高劳动者的专业知识和技能水平来促进劳动生产率的提高，进而达到促进经济发展的目的。其次，职业教育影响城镇化进程的规模和速度。职业教育可以帮助个体树立全新的生活理念，针对结构性失业，采用积极的就业政策，开展职业培训，推进城镇化进程的速度。最后，发展职业教育是巩固城镇化成果的重要手段。职业教育能提高农民的专业知识和技能水平，使知识最终被物化为现实的资源。从长期看，发展相关职业教育，可以使个体在知识、技术和观念方面更加符合城镇发展的要求。

（四）民族地区城镇化和传统文化传承之间双向互动

在推进民族地区的城镇化发展上，民族传统文化的传承与创新将受到影响，学校教育作为连接城镇化发展与民族传统文化之间的纽带，在其中发挥着重要作用。城镇化为民族传统文化的发展带来了有利的时机，也使其面临诸多的挑战，民族传统文化的发展则能为城镇化的推进提供了新的动力，两者之间的关系不是一个简单的单向运动的关系，而是一个双向互动的过程。民族地区文化的发展是一个地区城镇化的内在驱动力，任何民族地区的发展都离不开传统文化、民族习俗，与此同时，在转型发展与变革中也会不断与外来文化产生碰撞与交流。这个过程是民族传统文化的传承与创新的过程，只有在这个创新与延续的基础上，才能消除城镇化中的文化障碍和心理作用，促进城镇化的发展。民族传统文化转型与发展的核心是民族传统文化的传承和创新，要推动城镇化的发展，就需要在民族传统文化的发展上做文章，促进其在内容与形式上的传承与创新，成为促进城镇化发展的动力之源。

民族地区城镇化的推进给民族传统文化的传承和创新带来了正反两方面的效应。从积极方面来看，城镇化的推进为民族传统文化的传承和创新注入了活力，有力地推动着民族传统文化的革新，促进对新文化的吸收。城镇化的表现核心是人的观念的转变，这种转变可能直接体现在“城镇人”的身上，也可能是城镇文化的传播带来的对农村、山区人的观念的转化——商品经济的强化、消费观念的转变。城镇化的推进为现代信息的传播提供了载体，为文化的交流和创新提供了空间，为民族传统文化的传承和创新提供了开放的环境。现代的生产和生活方式改变着民族传统文化的结构，使得农耕文化出现弱化，工业文化出现强化，促使宗教文化的淡化，也促进了商业文化的兴起。科技、信息等要素的注入，为民族传统文化的传承提供了新型的手段。比如，现代的传媒手段可以有效保存和宣传民族传统文化，促使更多人了解与尊重民族传统文化。从消极方面来看，城镇化在有力地推动民族传统文化创新的同时，破坏了民族传统文化形态中一些稳定的特质，不利于保持民族传统文化的独特性和民族传统文化的传承。

（五）民族地区城镇化有深厚的文化基因，教育的发展出现缺位现象

城镇化进程中如何传承与创新民族传统文化，其中的若干关系是值得深入探究的。民族地区城镇化发展具有自身的特殊性，与当地的文化习俗紧密相关，了解这种文化作用机制，有助于我们厘清城镇化与民族传统文化之间的关系。民族地区在推进城镇化发展进程中，不可忽视的就是传统文化因素，这些因素深深植根于当地的社会发展中，成为不断延续与传承的文化基因。民族地区以农业、手工业为主导，催生出与之适应的生活规律，受这种生产系统的影响，民族地区的生活节奏更为舒缓。如藏族几乎每月就有一个节日，民间节日与宗教节日穿插，有传统的藏历新年、沐浴节、雪顿节和望果节，同时还有赏花节、上九节、转山会等。随着城镇化的不断推进，这种自给自足、闲适的生活以及注重情感融通的传统生活方式被开放的，充满压力、紧张与理性的现代生活方式所取代，给民族地区人们的生活带来挑战。民族传统文化因素的有效传承能够保障城镇化进程具有自身的特殊性，如果这种文化基因遭到破坏，将会给城镇化发展带来消极的影响。同时，民族传统文化因素的缺位也会使民族地区的城镇化发展呈现千篇一律的情形，与其他城镇化模式雷同，不能形成有利于自身发展的有利模式。

民族地区城镇化进程中出现的一系列问题，促使我们反思教育的缺位。第一，学校以及社会教育机构在民族地区城镇化进程中未能担当起价值引导的角色，在教

育与人才培养中注重强调现代文化发展所带来的科学、技术与理性，以及现代文明的先进性、优越性，而忽略了当地、本土的社会文化特征，未能对城镇化做出正确的价值指导，因而使民族地区既有的生产、生活模式与思维方式受到强烈冲击。第二，学校以及社会教育对民族传统文化的间接摒弃。城镇化所带来的现代文明在改善民族地区生存境遇方面的作用不断凸显，人们的日常生活与教育不断走向现代化，以至于逐渐丢掉了传统文化之根，而教育在有效地保存、传承民族文化基因方面作用甚微。第三，学校及社会教育机构未能在城镇化进程中充分宣传传统文化、生产与生活方式的合理性与存在的必要性，促使民族传统文化与现代文明的有机结合，使民族地区城镇化既体现现代文明的积极价值，同时也使民族传统文化对现代生活的张力得到发挥，使民族地区城镇化走向“本土化”。

（六）民族地区城镇化发展要充分融入民族传统文化，使之形成相辅相成之关系

民族地区的城镇化进程需要考虑当地的文化基因（这种文化因素可以成为维系城市、社会与个体的重要纽带），两者之间并不存在矛盾之处。所要考虑的是如何在城镇化发展中融入民族传统文化的因素，利用文化因素来引导与促进城镇化发展。需要提倡文化视角的民族地区城镇化模式，通过努力开发、利用和提升多元化的民族文化资源，以民族地区特色文化为依托，推进传统文化特色的城镇化发展模式。从民族地区文化的保护到开发和利用，都要与民族地区的城镇化进程形成良性互动，推动有利于民族传统文化传承与创新的城镇化模式构建，这也是民族地区新型城镇化顶层规划的有机组成部分。

二

民族地区城镇化发展必须从自身实际出发，创新推进与民族地区发展实际相适应的城镇化新模式。我们在大量的调查案例材料中，选择了若干具有代表性的案例进行详细分析。分析这些个案在推进城镇化进程中，如何将城镇化与学校教育结合在一起，促进二者的协调发展；城镇化进程在推进民族传统文化的保护与传承方面获得的经验与启示。我们以“解剖麻雀”的方式来分析这些个案，为其他民族地区

的城镇化建设提供借鉴与参考。

(一) 立足民族地区的区域优势,推进城镇化发展的新模式

针对民族地区的特点,结合民族地区的发展定位及本地区的资源禀赋,因地制宜地选择城镇化发展模式。主要采用就地城镇化模式,以“县—镇(乡)”为发展核心,将附近的乡村区纳入城镇规划中,改善居住环境,推动生态建设,完善公共服务,促进城乡基础设施和公共服务一体化发展。借助包容性发展、个性化城镇等理念,促进少数民族地区更好、更快地推进城镇化发展进程,使得民族地区民众共享新型城镇化的发展成果,走有民族地区特色的差异化城镇化道路,先特色发展,后均衡发展。在城镇化发展模式选择上,传承民族特质,建立个性化民族城镇。民族地区的城镇化发展必须依据当地实际,在突出民族特质上下功夫。民族特质就是竞争力,要充分利用这一比较优势,高度重视保护和发扬民族地区原有的文化、宗教、地方和民族特质,将民族特质与现代化内涵有机结合,包括其独特的历史文化、民族宗教、民风民俗、价值观念、民族建筑等,形成民族的独特文化记忆,将其建设成为独具风情、体现民族特质的个性化民族城镇。

(二) 把教育纳入城镇化的总体规划之中,提出科学合理的教育发展战略

在城镇化进程中实施教育优先发展战略,确保教育发展优先规划,将教育纳入城镇化的总体规划之中。城乡教育一体化是有效落实城乡一体化发展的重要组成部分,在整体规划、管理体制、教育质量、资源配置等方面支撑城乡一体化发展,为推动城镇化进程发挥着积极的作用。教育发展规划要充分结合城镇化发展的实际状况,如四川凉山彝族自治州德昌县根据当地人口情况,提出了“小学低段就近入学,小学高段向乡镇中心校集中,中学向县城集中,扩大寄宿制学校规模”的原则,保障每个学生都有接受教育的机会,享受优质教育资源的权利。逐步实现高中教育向县城和重点城镇集聚、农村初中向集镇集聚、农村中小学及幼儿教育向乡镇和中心村集聚的学校建设布局,建立健全县、镇(乡)、村三个层次的学校布局。

(三) 构建特色职业教育体系,推动民族地区城镇化的发展

在推进民族地区城镇化的发展进程中,职业教育所产生的作用是很重要的,需

要将现代职业教育摆在更加突出的位置。因此，民族地区的政府要重视发展职业教育，制定发展规划，创新管理方式，激发办学活力，加快现代职业教育体系建设步伐。进一步扩大中等职业教育规模，大力提高高等职业教育质量。从总体上保持中等职业学校和普通高中招生规模大体相当，高等职业教育规模占高等教育的一半以上，总体教育结构更加合理。这是适应社会经济快速发展对生产服务一线技能型人才迫切需求的需要，也是调整教育结构、满足人民群众职业教育需求、促进各级各类教育协调发展的需要。进一步深化职业教育教学改革，以就业为导向的办学方针，从服务就业出发，不断调整专业设置，推进课程改革，强化职业院校学生实践能力和职业技能的培养。在培养模式上，由传统的以学校和课程为中心向工学结合、校企合作转变，积极开展学生免费接受职业教育的试点，逐步建立和完善半工半读制度。积极开展多层次、多形式的职业技能培训，推进贫困地区劳动力转移，提高农民本地就业和就近就业的本领或进城务工的本领。在推进城镇化进程中，需要大量有技术、高素质的劳动者。为提高劳动者素质，需要加强农民就业的培训，使之具备一技之长，才能在城镇化进程中实现稳定就业或创业。

（四）依托民族地区的教育发展，推动城镇化与学校教育之间的结合

在促进民族地区城镇化的发展中，教育发挥着重要作用。通过学校教育的媒介，可以加强民族传统文化的传承与传播，培养大量人才，实现社会的整合功能。民族地区的城镇化需要和教育发展紧密结合，利用教育的多种功能，来提高城镇化的程度，建设有民族特色的城镇化体系。在依托教育的发展上，要实现学校教育与社会教育的有机结合，促成民族文化本位的自组织城镇化道路的生成显得尤为必要。这就要求学校教育应该更多地关照民族文化，开发优秀的、具有民族特色的校本课程以保存、传承民族文化，增强民族文化认同感与自豪感。社会教育要培养大众的多元文化意识，为保存、传承民族文化基因做好价值引导与舆论宣传，使传统文化更好地融入民族地区的城镇化进程中，使城镇化在彰显现代文明的同时兼顾传统文化的新发展，使城镇化走向民族化、本土化。

为了使民族地区城镇化发展具有自身特色，并形成长期发展的驱动力，需要在

人才培养上形成独有的培养模式。学校教育目标和人才培养标准相结合，使得人才培养的目标和地区发展目标相吻合，能够对民族文化与地方文化产生积极的认同，更为积极有力地推动民族地区的城镇化发展。要真正实现依托少数民族、服务少数民族的宏伟目标，民族地区的城镇化就应该更加重视学校与社会教育的积极意义，立足区域特色文化与民族成员生活基础的需要。将现代文明与民族传统文化结合起来并将其融于教育，进而培养生活于斯、生长于斯的人才，让他们在城镇化进程中发挥更多更大的作用，进而推动民族地区走出一条文化本位的自组织城镇化之路。总之，积极发挥教育的功用，依托民族文化，彰显民族特色的、文化本位的城镇化才是民族地区城镇化的正确路径。

（五）推进民族地区城镇化发展进程，传承与创新民族传统文化

在促进民族地区城镇化发展中，最重要的是传承与创新民族传统文化，保留民族传统文化基因。民族传统文化有自身的遗传单元，即所谓的民族文化基因，包括语言、文字、宗教信仰、生活习惯、民风民俗等为核心的各要素。一个民族的文化基因对本民族的发展极其重要，文化基因越稳定和充满活力，一个民族就越有可能获得长远发展。在城镇化进程中，一方面要注重发挥现代文明对人们日常生活的积极作用，另一方面必须加强对区域民族文化基因的整理，使民族文化基因的生命与活力得以延续。在这个过程中，教育必须担负起保存、传承、移植民族文化基因的重大使命，将传统文化基因融于教育教学工作之中，使传统文化的张力在城镇化进程中得到有效发挥。将民族特色传承和推进城镇化进程相结合，是一项比较艰巨且富有挑战性的任务，需要将两者进行有效兼顾。因此，在结合的过程中要强调包容性的发展理念，包括民族情感、民族意识、民族传统以及民族文化。其核心是保持民族特色、推进民族发展，最终目标是各民族的优秀特质为全民族所共享、促进民族融合。在城镇化进程中，民族地区要善于开放交往，吸收其他民族的文化，接纳现代文明，延续民族发展吐故纳新的过程。加强民族文化的宣传教育，促进民族间的了解与沟通，消除民族歧视，增进民族感情。

从文化视角来推动民族地区城镇化发展，需要开发、利用和提升多元化的民族

文化资源，以民族地区特色文化为依托，推进传统文化特色的民族地区城镇化模式。从民族地区文化的保护到开发和利用，都要与城镇化进程形成良性互动，建立有民族特色的城镇化模式。将民族地区的语言文化、艺术文化、节庆文化、民族信仰文化等元素吸纳到新型城镇化文化建构中来，将民族地区传统文化精华与现代文化元素结合起来，推进以文化维度为导向的民族地区城镇化进程。例如，贵州省凯里市将黔东南苗族侗族自治州苗族和侗族的建筑文化引入城市文化构建之中，处处体现了苗、侗文化，既维护了民族文化的稳定性，也体现了民族文化的精华与现代文化元素的连接。民族地区宜选择此类城镇化模式。另外，要重视文化差异带来的城市文化适应问题，关注当地人口与流动人口在就业、社会交往、生活、心理和文化方面的适应与协调过程，促进少数民族流动人口的城市融入与社会融合过程。

（六）构建适应民族地区城镇化进程的民族传统文化体系

为保障民族地区城镇化的顺利实施，需要构建适应其发展的民族传统文化体系，既为城镇化进程提供有利的外在条件，又为其发展提供内在的动力。在民族地区城镇化进程中，民族传统文化的传承和创新必须以此为出发点，从多方面进行有效提升。首先，要强化对民族地区传统文化传承和创新必然是一个长期性、动态性、特色性以及协调性的过程的规律性认识。民族传统文化的传承和保护是一个长期的过程，有赖于城镇化的完善提供充裕的物质条件，打造良性互动的社会环境，更新、优化观念，实现人的现代化。民族传统文化的传承和保护又是一个动态发展的过程，民族传统文化的传承和创新要突出特色，不同城镇之间的文化体系，人们的价值观、文化心理、行为等都各不相同。其次，努力发掘、利用、提升多样化的民族传统文化资源，以城镇化为依托，发展民族地区的文化产业。要对各地的民族传统文化进行深入的剖析、整理，寻找其精华和可以现代化的因素。要善于利用新的形式为这些文化内容服务，将可现代化的因素与城镇的发展相结合，逐渐缩小文化资源优势与地区经济发展的巨大差距。核心是依托城镇这个物质载体，大力发展民族传统文化产业。站在现代化的高度提升民族传统文化的内涵、精品，将文化的传统性、民族性、生动性与现代性相结合，打造城镇文化品牌。再次，有效利用城镇的各种优势资源，加快发展民族地区的教育事业，为民族传统文化的传承和创新提供有利的人文社会环境。利用教育资源，通过学校教育、社区教育、职业教育以及其他教育方式，并配合城镇的其他优势，在影响力所及的范围内，向广大公民灌输保护民族传统文化的重要性，建立民族传统文化教育基地。最后，要处理好西部民族地区城镇化建设与保护历史名城（镇）、红色小镇等历史文物的关系。在建设现代化城镇的过程中，要注意开发的合理性，结构、布局的整体性，人文景观与现代工业、商业发展的兼容性，保持这些城镇的特色性，将保护与开发、传承与创新有机结合起来，最终实现城镇的现代化建设和民族传统文化传承与创新的双丰收。

目　录

民族地区城镇化与教育发展

国外和我国内地经济发达地区的经验与启示

民族地区城镇化与教育发展

城镇化必须与教育统筹协调发展：凉山彝族自治州德昌县的经验

曲木铁西　龙雪娜

城镇化是我国的国家战略，是解决我国农业、农村、农民问题，促进国家现代化、实现全面小康社会的根本途径。由于历史、自然、地理环境等原因，民族地区的城镇化进程与全国其他地区相比较，发展差距较大。近年来，国家对民族地区予以政策倾斜，加大对民族地区人力、物力和财力的投入，在当地政府等各方的努力下，一部分民族地区在加速城镇化进程方面有了明显的改观和发展。但是大多数民族地区城镇化发展进程仍然迟缓，经济发展水平不高，城乡差距加大，人口整体素质有待提高。这些问题如果不能尽快得到解决，民族地区就很难实现全面小康。

城镇化是个系统工程，新型城镇化的核心要义就是“人的城镇化”。因此，教育事业在民族地区城镇化建设中具有举足轻重的作用，县域内城镇化的发展、城乡一体化的实现离不开城乡教育一体化的发展。城乡教育一体化作为一种助推器，它能推动、增强城镇化发展动力，推进县域内城乡教育均衡发展，推进城乡融合。凉山彝族自治州德昌县依据自己的“地情”“族情”，提出了县域内推进新型城镇化的发展思路，探索出了一条适合自己的发展道路，尤其在推进义务教育均衡发展、城乡教育一体化、统筹县域内教育与城镇化进程协调发展等方面取得了一些成功而有效的经验，值得其他民族地区借鉴与参考。

一、德昌县区域基本情况

德昌县，位于四川省西南部，凉山彝族自治州中南部，古称“香城”“凤凰城”和“燕子城”，是古代南丝绸之路的重要通道，有七百多年的建置史，境内现存的古驿道和大石墓便是佐证。古为邛都县地，唐宋、五代属南诏，两宋属大理国，明属云南布政司，清隶宁远府。1945 年建县，隶属西康省。1955 年裁撤西康省，德昌隶属四川省西昌专区，后又撤县并入西昌县。1962 年 10 月 20 日，国务院批准恢复德昌县建置，四川省人民委员会通知自 11 月 1 日起正式恢复德昌县。1978 年 10 月随西昌地区并入凉山彝族自治州（以下简称凉山州）。经过几轮的行政区划调整，全县面积 2284 平方公里，现辖 19 个乡镇 137 个行政村 5 个社区居委会。

德昌县地处安宁河谷腹地，距凉山州州府西昌市公路里程 64 公里，距西昌青山机场 70 余公里，成昆铁路、京昆高速、108 国道和成昆铁路复线南北纵贯，区域定位是中国攀西战略资源创新开发试验区的重点节点、“3+6”西昌经济圈的核心城市，区域位置优势明显，交通便利。德昌属于亚热带高原季风气候，年均气温 17.7℃，年均降水 1049 毫米，冬无严寒、夏无酷暑。境内拥有国家级风景名胜区螺髻山，森林覆盖率 68.4%。境内山高谷深，沟壑纵横，形成了独特的地势地貌，亚热带与温带共存的高原立体气候比较明显，“一山分四季、十里不同天”“山下桃花山上雪”是德昌气候特征的形象描述。

新中国成立后，1950 年末统计德昌县人口 80517 人。1957—1958 年，县人口以年平均净增 16.69‰的速度增长，1958 年达 91270 人。1959—1962 年，由于三年自然灾害的影响，人口出现负增长，1962 年末人口 79274 人。1963 年以后，人口增长显著加快，至 1975 年末，全县人口 133509 人。1978 年后，由于实行计划生育政策，人口增长势头得到一定控制，至 2006 年末，德昌县人口约 20.21 万人，其中彝族 44785 人、傈僳族 6138 人，农业人口比重大。至 2015 年，全县人口约 21.6

万人，其中农业人口 18.26 万人。

德昌县属多民族聚居县，全县人口以汉族居多，其次是彝族和傈僳族，另有白族、回族、蒙古族等少数民族聚居，还有藏族、苗族、壮族、满族等 22 个民族，共 6.49 万余人，占全县总人口的 30.2%，其中彝族 5.33 万余人，占全县总人口的 26.2%，傈僳族 0.6 万余人，占全县总人口 3.1%，是四川省最大的傈僳族聚居县。县域内各民族居住呈大杂居和小聚居状，各民族之间的文化涵化程度较高，语言文化和谐共融。

二、德昌县城镇化发展战略及其效果

（一）德昌县城镇化发展战略

德昌县的城镇化发展始于 2000 年，在 2000 年以前城镇化发展速度缓慢，发展水平较低，农业人口占总人口 89.1%，非农业人口仅占总人口的 10.9%，① 城镇人口主要集中在县城，小城镇规模偏小，大部分小城镇还处在自然发展状态。基础设施匮乏，配套性与共享性差，环境“脏、乱、差”，教育、文化、卫生、环保等公共服务设施落后。经济基础薄弱，经济结构单一，以农业为主，生产方式落后，居民收入水平低。

区域的竞争是城镇的竞争，城镇的竞争又体现为区域中心城镇的竞争，因此在区域城镇系统中，中心城镇担负着辐射和引导区域整体发展的关键职能，中心城镇的综合实力愈强，主导职能愈突出，则该城镇系统的中心趋势就愈明显，也就对区域发展的推动力愈大。未来城镇体系结构优化的关键在于城镇规模等级与空间组织结构，强化中心城镇地位和作用，形成合理的中心地体系，增强城镇系统功能，从而提高城镇系统的整体发展水平。德昌县委、县政府针对“弱城弱镇”、中心城镇带动辐射能力薄弱的现实，确立了发展思路，即加强县城的发展，扩大规模，增强

① 数据来源：2000 年《四川省统计年鉴》。

集聚能力，形成带动县域经济发展的龙头；优先提升县城的中心地位，培育一个能有效辐射并带动整个县域的中心城镇，赋予县域内乡镇中心集镇不同的产业发展功能与模式，形成县域重要的小城镇，使之成为具有一定辐射和带动能力的县域次中心，带动县域片区发展；在乡镇中心集镇下建设公共服务设施齐全的中心村、基层村等更小城镇或新农村，形成带动农村城镇化的重要据点，从而在整个县域形成不同层次、紧密联系、互动发展的区域发展中心体系与中小城镇有机结合、协调发展的城镇化道路。

1. 建立健全不同等级体系发展模式

德昌县的发展战略坚持城乡生态建设，合理规划利用有限资源，空间上尽可能采取均衡模式。集中精力建设县城和中心城镇，主要考虑和西昌的产业连带关系，充分发挥中心城市和主要城镇的“集聚效应”与“扩散效应”。结合新农村建设，推进中心村改造、自然村的合理迁建合并，完善中心村基础设施和公共设施，不断改善和提高农村居住环境和质量，以构建城乡一体化的基础设施网络建设为重点，形成城市、中心镇、一般乡镇、中心村、基层村结构合理、功能协调、发展均衡的不同等级规模体系。

表 1　德昌县城镇体系等级、职能划分一览表

等级	城镇名称	城镇类型	职能定位	产业发展方向
I 级	县城	综合型	全县的政治、经济、文化中心，西昌经济圈内的重要节点城市	以能源、冶金、农产品深加工和第三产业为主的现代化商贸城镇
II 级	永郎	工贸型	德昌南部工业交通城镇，全县中心镇之一	以水泥加工业为龙头，结合发展建材和运输业的工贸城镇
	乐跃	工贸型	德昌东部中心镇	以发展能源、电冶、工业硅等基础工业为主的工贸城镇
II 级	麻栗	旅游型	德昌北部中心镇，螺髻山旅游服务基地	以螺髻山旅游配套服务为主，适当发展高新技术无污染工业的城镇
	茨达	农贸型	德昌南部中心镇	以农业规模化生产带动农贸市场发展，水电能源为主的农贸型城镇
	热河	旅游型	德昌西部中心镇	以雅砻江二滩库区水上观光度假为特色的旅游型城镇

续表

等级	城镇名称	城镇类型	职能定位	产业发展方向
III级	大陆槽	工贸型	所辖乡的中心集镇	水电、稀土矿开发为主，农业畜牧业发达的城镇
	银鹿	工贸型	所辖乡的中心集镇，工业区重要的配套基地	为冶金、矿产加工等区域大型项目远期配套的生活服务基地
	金沙	旅游型	所辖乡的中心集镇	以水岩瀑布、傈僳族生态风情为主要特色的旅游型城镇
	大湾	旅游型	所辖乡的中心集镇	以黑龙塘生态体验旅游为特色的旅游型城镇
	锦川、小高、老碾、宽裕、王所、六所、南山、前山、阿月、马安、巴洞、铁炉、大山	农贸型	所辖乡的中心集镇	以粮食、烤烟、甘蔗、蔬菜、水果等传统农业生产为主，带动集镇市场发展的农贸型城镇

资料来源：《德昌县县域新村建设总体规划（2010—2020）》。

2. 以经济发展和产业聚集为重点，促进城镇集聚效应

德昌县立足本县的资源分布、地形地貌、产业布局，依托中心城市，推动产业结构升级，构筑支柱产业。主要实施集中工业区规划，突出农业基础地位，推动农业产业化，完善农业基础设施建设，实施“生态特色农业”；大力发展工业，积累经济实力；加快发展旅游服务业第三产业，促进城镇集聚效应。德昌县将城镇划分为三种类型的产业区域发展模式，即工业企业带动型区域、特色农业带动型区域、休闲产业带动型区域。新村推出“一村一品，一社一户，一户一行”的发展模式，提出就地城镇化的发展战略。[①]

① 德昌县政府：《德昌县县域新村建设总体规划（2010—2020）》（内部资料）；德昌县政府：《德昌县城市总体规划（2008—2030）》（内部资料）。

表 2　德昌县城镇、新村建设产业发展模式

模式类型	模式特点
工业企业带动型	以当地基础条件为出发点，以发展工业企业为契机，通过工业企业的发展壮大带动农村政治、经济、设施、教育、文化、卫生等事业的综合发展，同时乡村在土地、劳动力等资源整合的基础上又进一步促进工业企业发展，使得工业企业与乡村融为一体的发展模式。（能源、电冶、稀土矿等基础工业，五个乡镇作为工贸型乡镇发展）
特色农业带动型	在一个乡或村的范围内，依据所在地区独特的优势，围绕一个特色产业产品或产业链，实行专业化生产经营，“一村一业”发展壮大带动乡村综合发展的一种新农村建设模式。（14 个乡镇以农业为主，以早市蔬菜、甘蔗、林果、烤烟为主）
休闲产业带动型	以农业和农村为载体，利用农业生产经营活动、农村自然环境和农村特有的乡土文化吸引游客，通过集观赏、娱乐、体验、知识教育于一体的新兴休闲产业带动新农村建设的一种模式（傈僳族生态风情发展农家乐，螺髻山旅游等）

资料来源：《德昌县县域新村建设总体规划（2010—2020）》。

3. 以城镇化为途径，促进城乡一体化的发展

把城镇化作为重要途径，引导人口相对聚集，优化空间布局，充分发挥中心城镇在区域经济发展中的带动作用，发挥重点城镇的辐射能力，让劳动力充分就业。乡镇、村庄就地城镇化，突出农业基础地位，实施“生态特色农业”战略。德昌县特别强调“生态优先”和“开发与保护并重”的原则，将农村作为城镇环境的资源，为城镇建设提供环境支撑。以城镇化发展带动新农村建设，新农村建设支撑城镇化发展，坚持“城镇带农村，工业带农业”的发展体系，促进城乡一体化的发展，改变了过去过度发展重点城镇、忽略周边村落的发展。

4. 合理规划配套设施，发展社会公共事业，城镇功能发育健全

完善的基础设施和配套设施是城镇、乡镇、新村居民生活环境和生活条件改善的关键。德昌县强调协调发展，加大对基础设施与公共服务设施的建设投入，以构建城乡一体化的基础设施网络，不断缩小城乡基础设施配套的差距，建立现代化的城镇交通、公共设施、环境保护、抗灾防灾的基础设施系统，以及完善的城镇、乡村公共服务管理服务体系（商业、文化娱乐、教育、医疗卫生、社会福利等设施）。

表 3　德昌县新村公共服务设施配置标准

设　施	配置要求	特大型	大型	中型	小型
一、管理设施					
村民管委会	建筑面积 100 平方米左右，包括警务、财务、社保等功能用房	☆	☆	☆	☆
二、教育设施					
小学	原则上 3000 人以上配置小学一处，人均占地面积 10 平方米左右	△	△	△	△
幼儿园	原则上 1000 人以上配置托幼处，人均占地面积 10 平方米左右	☆	△	△	△
备注	托幼、小学的配置由《德昌县教育设施布点规划》确定				
三、文化体育设施					
全民健身设施（场地）	结合小广场，集中绿地设置，面积为 20 ~ 500 平方米	☆	☆	☆	△
文化站	含科技服务类，建筑面积 50 ~ 200 平方米	☆	☆	☆	△
图书馆	建筑面积 50 ~ 100 平方米，1000 人以下的新村取下限值	☆	☆	☆	△
有线广播电视	——	☆	☆	☆	☆
四、商贸金融设施					
菜市场	占地面积 50 ~ 200 平方米，1000 人以下的新村取下限值	☆	☆	☆	☆
五、医疗设施					
卫生室	建筑面积 30 ~ 50 平方米，1000 人以下的新村取下限值	☆	☆	☆	☆
六、市政设施					
邮政、储蓄代办点	结合商业服务设施布置	☆	△	△	△
垃圾收集点	服务半径不大于 70 米	☆	☆	☆	☆
公厕	建筑面积 30 平方米左右	☆	☆	☆	☆
配电房	建筑面积 50 平方米左右	☆	☆	☆	☆
水泵房	非集中供水区域内新村设置	△	△	△	△
沼气池	因地制宜，可集中、可分散	☆	☆	☆	☆

资料来源：《德昌县县域新村建设总体规划（2010-2020）》。
注：☆为必设，△为选设。

5. 采取“自上而下”+“自下而上”的推进策动，两股力量协作推进城镇化发展

德昌县采取的是“自上而下”和“自下而上”相结合的推进策略。“自上而下”是推进的主导力量，由政府主导统一规划，用行政手段和政策引导对各方面进行调控。新型城镇化的核心是“人的城镇化”，城镇化不仅是对自然环境空间的改造，更是一种全方位的整合和渗透，是对生活方式的变革，也是对人思维、情感、价值观等文化认同的变革，使人们认同新的生活方式。过去许多案例表明，单一“自上而下”的推进模式会导致城镇建设、新农村建设出现“空巢现象”，造成文化失调。因此，德昌县的推进策略强化了“自下而上”的民间力量，让老百姓参与到城镇化建设过程中，尤其是新农村建设的过程当中，实现主动城镇化。

政府工作人员（M）说：“这几年新农村建设的方式就是以农户为主体，自下而上，也就是说坚持的是建改保，即新建改建和保护相结合。能集中新建的就集中新建（也不强求），能功能改造提升的就进行功能改造提升，能保护的就保护。从2015年开始，从省上到中央这个扶贫就是从先易后难转换为先难后易，所以说2016年我们就在32个贫困村搞了47个点，整个铺开了47个点，都是政府农民共同参与的。”

（资料来源：德昌座谈会访谈笔录整理1）

村民A:“我们这儿的土地都安了水管道，那些荒地都种满枇杷了。”

笔者：“山坡坡上？”

村民A：“哦，是山脚下，山坡坡水上不去，上面就是核桃和白果林，沟下面都全部用水管，现在全部都种起枇杷的。”

……

村民B：“国家对我们投入很大，像我们这个路就是政府投入的。”

村民A：“沟、路都是，政府投入的资金。”

村民B：“是，这都是政府拿钱，政府投入一部分，老百姓自助一部分。”

笔者：“这个村一共有多少人口？”

村民C：“1443人，有321户农户，7个合作社。但是我们这儿，通过这几年的发展，枇杷一年收入都在两千来万。像今年的枇杷卖价一上市的时候就是15元，到现在就是十七八块，可能一亩地，老百姓收入就相当可观，更不说大棚蔬菜，大棚蔬菜去年就整得更好了，一亩地种一季早海椒就是五万块钱的收入。”

村民A：“我们就觉得生活很好。”

（资料来源：德昌某乡村民访谈笔录整理2）

（二）实施“政府为主导、市场为助力、居民为驱动”的建设原则

促使德昌县城镇化的原因可概括为“国家城镇化政策与制度的推动，企业参与市场运作，村镇集体经济发展内部动力”。

第一，政府在城镇化进程中占主导地位，在国家战略的指导下，在凉山彝族自治州德昌县是率先开展城镇化工作的几个县之一，发展也是持续进行的。2005年，中央开始推行社会主义新农村建设，德昌县亦在2006年开启了新农村建设工作。随后，2015年精准扶贫重点项目的带动，德昌县更进一步加强新农村建设，积极开展扶贫工作，推动当地经济文化发展。当地政府以政策为导向，整合各方资源推动民族地区城镇化的发展模式，体现出行政力量的巨大推动作用。

表 4 德昌县城镇化相关政策文件一览表

《凉山彝族自治州“十一五”发展规划研究》
《德昌县城总体规划（1994—2010）》
《德昌县国民经济和社会发展第十一个五年规划纲要》
《建设“美丽富饶文明和谐安宁河谷”城镇体系规划（2009—2020）》
《德昌县国民经济和社会发展第十二个五年规划纲要》
《德昌县城市总体规划（2008—2030）》
《凉山彝族自治州德昌县旅游发展规划（2009—2020）》
《建设“美丽富饶文明和谐安宁河谷”德昌县 2009—2020 年交通建设专项规划》
《德昌县县域新村建设总体规划（2010—2020）》
《中共德昌县委关于集中力量打赢扶贫开发攻坚战，确保率先全面建成小康社会的意见》

第二，市场外力对德昌县城镇化推进的作用也十分明显，引进企业投资，形成以农业（农业种植，第一产业）、工业（光伏发电，第二产业）、服务业（农业旅游，第三产业）三产联动的模式，整合产业资源，带动当地经济发展。企业以技术设施入股、当地村庄以劳动力入股，当地政府给予扶贫资金补贴支持，增加农民的收入，通过造血式扶贫，做成精准扶贫样板。

第三，来自农村内部自发的经济发展，乡镇产业化和村庄产业化。在政府的引导、村干部带动下，发展乡镇、村集体经济，充分发挥居民内部驱动力，实现就地城镇化。

（三）城镇化进程初见成效，经济发展水平稳步提高

在宏观政策引导下，德昌县经济发展进入快速增长时期，高速公路交通要道的建成，以及区域宏观产业布局的调整，为德昌县进入工业化加速阶段提供了有利的契机。居民消费结构升级、产业结构调整和工业化、城镇化进程加快的时期，也是人口、资源、环境等矛盾突出、瓶颈约束加剧，给城镇建设带来巨大压力的时期。

德昌县政府提出以县城为中心、各乡镇集镇为点，形成骨架，全域、全面推进新型城镇化建设。该县把新农村建设作为新型城镇化的引擎，依托德昌的自然条件、区位优势、历史文化、民族文化打造美丽乡村。一是科学制定规划，全面统筹，协调发展；二是大力建设基础设施，发展社会公共事业；三是升级产业结构，大力发展农村集体经济。

2015年，实现地区生产总值63.6亿元；比2010年增长41.1%，年均增长7.9%。民营经济增加值39.5亿元，增长6.8%，比2010年增长69.2%，年均增长11.2%。规模以上工业增加值20.3亿元，增长 4.0%，完成100.2%；比2010年增长49.4%，年均增长8.3%。全社会固定资产投资67.3亿元，增长11.8%，完成192.3%；5年累计完成投资250.0亿元，是“十一五”期间的3.2倍，完成“十二五”目标（160亿元）的156.3%。农民人均纯收入12600元，增长12.0%，完成100.0%；比2010年增长102.1%，年均增长15.1%，完成“十二五”目标（1万元）的126.0%。[①] 城镇居民可支配收入26100元，增长10.9%，完成100.0%；比2010年增长77.4%，年均增长12.2%，完成“十二五”目标（2.5万元）的104.4%。城镇化率38.5%，比2010年提高10.7个百分点。德昌县的城镇化率整体高于凉山州，城镇化率逐年稳步提升，平均每年提高1个百分点，质量也稳步提高。

根据调研发现，目前德昌县的实际城镇化率超过官方统计的数据，其原因是官方统计的城镇化率是按照户籍人口计算的，即农业户口已转成非农业户口才算在城镇化率里，然而目前许多农业人口考虑自身市民化的意愿以及经济、家庭等各种因素，权衡后不愿意将户口转为城镇户口，但是又长期生活在城镇，享受城镇化的服务，因此，城镇化率的统计受到了影响，实际的城镇人口超过官方统计的数量。

①《德昌县情简介》，中国凉山彝州新闻网，2016年6月24日，http://www.lszxc.cn/a/17xianshi/2016/0624/41.html。

表 5 2006—2015 年德昌县城镇化率与凉山州、四川省对比情况

指标	2006 年	2007 年	2008 年	2009 年	2010 年	2011 年	2012 年	2013 年	2014 年	2015 年
德昌县城镇化率（%）	26.48	27.49	28.41	28.53	29.3	30.84	31.39	33.74	35.35	38.5
凉山州城镇化率（%）	25.0	25.4	26.4	27.4	27.52	28.16	29.57	30.57	31.44	32.4
四川省城镇化率（%）	34.3	35.6	37.4	38.7	40.18	41.83	43.53	44.90	46.3	47.69

数据来源：2007—2016 年《凉山州统计年鉴》《四川省统计年鉴》。

（四）构建县域经济、资源环境、社会空间结构相适应的村镇体系，以促进城乡可持续发展

科学合理的统筹规划和布局是城镇化协调发展的核心。德昌县域城镇化最初规划县城、城镇、乡镇三级等级结构，形成“一心、一轴、三片”的空间形态，即以县城为中心，沿主要交通大道形成发展轴，以东、南、西形成三个城镇片区。自 2006 年开始新农村建设，将城镇的外延新农村也纳入统筹规划，形成了利用现有城镇化发展基础，与区域对外交通走廊和周边地区有较好的借助依托的新村规划。为了最大化地使用有限资源，德昌县对行政村进行了大范围的迁建合并，迁建合并坚持“尽量避开各类生态条件限制区和生产生活环境艰苦地区，能够保障县域生态廊道空间的连续开敞”的原则。

主要采用两种策略进行布局调整，一是将无特色、用地分散、距离较近的若干自然村采用撤并的措施，重建中心村，加大基础设施建设；二是保持和发扬有特色、用地集中的中心村和民族村寨的传统风貌景观，发展传统产业特殊功能，提高基础设施建设标准。这样在很大程度上能够相对集中，尽可能使所有村落的生活条件得到改善，提高生活质量，同时也避免破坏有重要意义的文物。

（五）民族性与现代性相结合，构建少数民族特色“城镇文化资本”新模式

文化始终处于不断变迁之中，城镇化是文化变迁的重要动力。城镇化不仅改变了城镇的自然环境、空间结构，更深层次的是改变了城乡居民的生活方式。随着城市文明的冲击，城镇化一方面使得当地在技术和经验等方面迅速发展，另一方面又使得本土化的特色被侵蚀。每一个“城镇化”是否有特色，文化是根本因素，民族地区的新型城镇化发展需彰显少数民族传统文化，只有立足于本土文化和本民族文化，才能构建少数民族特色的“城镇文化资本”，打造独具气质和特色的新城镇、新农村。城镇化是走向现代化的必经之路，但是在城镇化进程中，城镇化文明方式和地方性文化之间的差异、冲突是必然的，恰当地处理好现代文明和地方性文化之间的关系是顺利实现“人的全方位城镇化”的关键。

德昌县为多民族杂居县，处理好民族问题、处理好各民族的文化保护和传承是城镇化建设的重点工作。德昌县根据每个民族的文化特质，在规划中重视对文化资源的挖掘。德昌县是四川省傈僳族人口最多的县之一，因此，对德昌县傈僳族较多的地区规划以体现傈僳族风格作为该地区的主要特色，傈僳族传统文化以婚嫁、丧葬、舞蹈、节庆活动等精神内涵居多，而物质方面要素偏少，尤其是建筑风格方面，没有鲜明的特色，因此规划是以特色民族活动为依托，适当进行建筑风格的创新。过去，每个民族的婚丧嫁娶等民族活动都在自己家里举行，由于新村居民户相对集中，场地有限，为了保持新村的整洁干净，新村规划了公共食堂、公共活动室、公共广场等公共区域，专门用于居民举办各种仪式活动，既保持了新村的风貌，又可以传承传统文化，村民的仪式活动可以在村里或家里举行。传统文化是一条流动的河，它可以随河道的曲直而奔涌向前，各民族的传统文化可以按照过去的方式继续保持繁荣，也可以随现代化的进程吸收新的文化元素而丰富其内涵，传统文化只有随着适应文化的变迁才能保持其文化的生态平衡，而这种生活场域结构的调整是现代性和民族性相结合的创新模式。在彝族相对聚居的新村规划也采用了类似的模式，在展现彝族民居风貌的同时，专门修建了幼儿园和传承传统文化、举行举村传

统仪式生活的场域，包括公共食堂、公共活动室和公共广场。在汉族村庄里打造文化墙，建立文化碑，请当地的研究人员书写当地的风土文化、村史脉络和其他文化典籍。这正是费孝通在 1997 年提出的“文化自觉”的体现，“生活在一定文化中的人对其文化有‘自知之明’，明白它的来历、形成的过程，所具有的特色和它的发展趋势”[①]。

三、教育必须与新型城镇化统筹协调发展

新型城镇化的核心六要素[②]之一是人的现代化行动纲领规划。一个能推动“人的城镇化”的规划和价值体系，需要充分研究自身的产业优势、资源和环境承载能力，以及人口分布情况从而制定一个极具前瞻性、科学性、合理性的总体设计，将人的城镇化所涉及的教育、医疗、就业、户籍、产业发展、服务设施等各方面纳入整体视野之中，进行专项规划，相互衔接，发挥各部分功能，协调发展，从而形成完整的规划体系。教育关系到每一位公民，是实现人力资本积累转向人力资本素质提高的根本途径，是提高城镇化质量的重要手段，是实现城乡一体化的基本途径。只有教育问题得到解决和发展，城镇化进程才能得以健康持续的发展。

在城镇化进程中，对于教育来说，既是机遇又是挑战。机遇是可以抓住城镇化发展的关键时期，解决长期以来积累的城乡二元结构下教育的发展不均衡问题。例如，在城镇化进程中教育获得了各方面的支持（政策、财政等），办学条件得到改善，教学质量不断提高，极大地促进了教育公平。再如，由于城镇化推动了经济的大力发展，产业发展加速了农业人口转为城镇人口的速度，农民的收入增加，家庭经济状况改善，农村留守儿童的数量逐步减少。

挑战是城镇化进入加速发展的阶段，居民消费结构升级、产业结构调整和现代

① 费孝通 :《费孝通论文化与文化自觉》，390 页，北京，群言出版社，2007。

② 新型城镇化的核心六要素，即合理的产业与就业系统规划、紧缩型土地优化利用系统规划、公共福祉和社会保障系统规划、历史记忆保护系统规划、生态循环发展系统规划和人的现代化行动纲领规划。

工业化加剧，人口、资源、环境等矛盾突出，人口迁移流动直接触动了教育布局的调整、教育资源的重整，给城镇建设带来了巨大压力，教育如何在城镇化进程中起到助推器的作用至关重要。教育与城镇化发展相辅相成，在推进城镇化进程中如何发展教育并没有现成的模式可以借鉴。德昌县因地制宜，积极探索，创造性地开展工作，在教育与城镇化进程统筹协调发展方面取得了一定的成绩和阶段性成效，为民族地区在城镇化建设中教育如何面对挑战，力促城镇化和教育同步发展提供了宝贵的经验。

（一）把教育纳入城镇化的总体规划之中，提出科学合理的教育发展战略

1. 教育须优先规划，优先发展

德昌县历届政府都很重视教育事业发展，在城镇化进程中实施教育优先发展战略，确保教育发展优先规划，将教育纳入城镇化的总体规划之中，从整体和全局的高度精心谋划和布局，提出了科学合理的教育发展战略、发展路径和具体措施。注重落实效果，以适应德昌城乡一体化的基础设施网络建设，形成县城、中心镇、一般乡镇、中心村、基层村结构不同等级体系的城镇化发展规划。

德昌县成立了以县长为组长、相关部门负责人为成员的义务教育均衡发展工作领导小组，出台了《德昌县推进义务教育均衡发展工作实施方案及实施意见》和《德昌县人民政府关于推进义务教育均衡发展的实施意见》，落实义务教育基本均衡发展工作责任机制、监督机制和责任追究机制。2014 年 3 月，召开全县义务教育均衡发展动员大会，县政府与各乡镇、部门签订责任书。多次召开县四大班子联席会专题研究义务教育均衡发展工作，全面安排部署义务教育均衡发展工作。县委、县政府主要领导定期或不定期听取教育工作汇报、研究教育重大事项，深入乡镇、学校督查，对教育工作的重点难点问题及时研究，现场办公、协调解决。

随着城镇化发展的推进，城市人口急剧增长，而农村人口在下降，如何布局校点，整合教育资源，确保义务教育得到均衡发展成为县域教育发展面临的前所未有

的难题。结合县域实际，县委、县政府科学调整思路：一是确定“初中向城区集中，小学向乡镇中心校集中，扩大寄宿制学校办学规模”的原则，加大学校布局调整，整合人力、物力、财力资源，使学生均能享受较为优质的教育资源，实现校际间的基本均衡，减轻财政压力；二是因暂时无法另外征地，学校校园面积按目前面积计算，校舍面积以够用、实用为原则；三是各种功能用房适当合并；四是图书、仪器器材、计算机按标准配备；五是学校内部管理按要求达标。县委、县政府认真规划调整学校结构布局，多渠道筹集资金，加大教育投入，确保教育经费支出。

全面安排部署均衡发展工作，完善教育投入机制，提出城乡教育“六个化”宗旨，即城乡教育责任考核一体化、城乡学校办学条件标准化、教育发展均衡化、师资队伍专业化、办学特色多样化、教学质量优良化。

在各类经费开支上，德昌县始终保障对教育的经费投入，这是推进教育发展的重要保障。“十二五”期间，德昌县整合资金共计 20.8 亿元投入教育，其中 6.5 亿元用于各类学校基础设施建设，共征学校基建用地 316.3 亩，改扩建校舍 236461 平方米，维修加固校舍 9938 平方米，改扩建运动场 143856 平方米，共改扩建城区学校 5 所、乡镇中心校 20 所、村级小学 11 所，新建民办十二年一贯制学校 1 所。① 投入 4863 万元用于全县义务教育阶段学校教学仪器设备设施的配置和教育信息化工程建设。小学、初中生人均教学及辅助用房面积分别为 5.21 平方米和 4.64 平方米；生均体育和运动场馆面积分别为 7.91 平方米和 9.62 平方米；生均教学仪器设备值分别为 1961.20 元和 1888.45 元；每百名学生拥有计算机分别为 9.68 台和 9.49 台；生均图书册数分别为 20.07 册和 25.31 册。通过大幅度提高各生均经费投入和危房改造等重大措施，德昌县各项指标均达到省定标准，农村中小学的办学条件得到了很大的改善，这为提高农村教育的质量，促进城乡教育一体化发展奠定了良好的基础。

①《德昌：推进教育与城镇化进程统筹协调发展》，《凉山日报多媒体数字报》，2017 年 2 月 22 日，http://lsrb.ls666.com/html/2017-02/21/content_282232.htm。

2. 教育发展规划充分结合自身城镇化发展实际

城乡教育一体化是有效落实城乡一体化发展的重要组成部分，在整体规划、管理体制、教育质量、资源配置等方面都支撑着城乡一体化发展，为推动城镇化进程发挥了积极的作用。规划是城镇化发展管理里最重要的先导性工作，设计一个具有科学性、前瞻性，以及适应其所处的生态环境的城镇规划是提高城镇化速度和质量的重要前提。德昌县一直强调规划先行，按照国家要求并根据自身的城镇化发展规划来设计制定适合的教育规划。

《国家新型城镇化规划（2014—2020 年）》提出，在城镇化建设过程中必须保障随迁子女平等享受教育权利的要求。在城镇化的推进过程中，人口的分布一直处于一个动态的过程，人口的流动和迁移决定了学校教育的布局和规模，每一次的人口分布变化都要求学校的布局必须进行及时和科学的调整，以保障每位学龄儿童有学可上。因此，德昌县根据当地人口情况，提出了“小学低段[①]就近入学，小学高段向乡镇中心校集中，中学向县城集中，扩大寄宿制学校规模”[②]的原则，保障每个学生都有接受教育的机会、享受优质教育资源的权利。

在“十二五”期间，全县中小学从 174 所调整为 108 所；随着城镇化的推进，人口流动、城镇乡村布局结构的变化，德昌县及时在“十三五”开局之年，将中小学从 108 所调整为 87 所，其中中学由原来的 11 所调整为 4 所。通过布局规划，各级各类学校布局更趋合理，实现城区在校（园）学生占比达 60%，城区中学生占比达 100%，普通和职业高级中学比达 5∶5，[③]有效实现县域内优质教育资源均衡最大化。逐步实现高中段教育向县城和重点城镇集聚、农村初中向集镇集聚、农村中小学及幼儿教育向乡镇和中心村集聚的学校建设布局，建立健全县、镇（乡）、村三

① 小学低段指小学学前班到四年级。

②《德昌：推进教育与城镇化进程统筹协调发展》，《凉山日报多媒体数字报》，2017 年 2 月 22 日，http://lsrb.ls666.com/html/2017-02/21/content_282232.htm。

③《德昌：推进教育与城镇化进程统筹协调发展》，《凉山日报多媒体数字报》，2017 年 2 月 22 日，http://lsrb.ls666.com/html/2017-02/21/content_282232.htm。

个层次的学校布局。

3. 积极探索农村教育新路径

城镇化背景下的农村教育呈现出两种主要的发展方向：一是以乡土教育为主的农村教育；二是以城市教育为主的农村教育。农村化教育是指农村教育发展需要突显农村文化，培养农村文化素养，农村学校的教育内容应该取自本土文化，更适应农村生产、生活的需要。而城市化教育是指农村教育应该顺应和追随现代化的发展，以先进的城市文化和城市教育内容及模式为标准，促进农村教育现代化发展。目前，学术界对于农村教育应该采取何种取向并没有达成一致的看法，如何进行二者的结合也没有提出能学习的经验模式，农村教育的发展陷入了文化“内卷化”①的现象，这是全国普遍存在的一个问题。德昌县在这“内卷化”的漩涡里，艰难地、积极地探索着农村教育的新路径，在城镇化的背景下，重新理解农村教育，超越对农村教育的传统范围与模式。

城镇化背景下，教育被要求扩大它的功能和服务的范围，德昌县构建了既有正规的制度化的学校教育，又有非正规的社会教育；既有包含民族教育里的本土化为主的乡土教育，又有面向城镇和工业的现代教育。人口素质对城镇化起带动作用，是城镇化是否能顺利推进的关键，人口素质的提高有赖于教育。通过教育的发展，人力资本积累才能转向人力资本素质的提高。德昌县重视正规教育的发展，构建了以学前教育、小学教育、初中教育、高中教育（高职教育）的完善制度化教育体系。农村的学前教育作为教育的起点得到了重视。近两年该县对学前教育加大投入力度，发展快速，努力补齐基础教育的短板。义务教育、高中教育稳进发展，为人的发展打好基础，为中等、高等教育服务。

此外，德昌县特别重视发展非正规的社会教育，包括成人教育、社区教育、职业技能教育和培训等。一是建立了制度化的社区文化体系，发挥社区的教育功能，

① 根据格尔茨的定义，“内卷化”是指一种社会或文化模式在某一发展阶段达到一种确定的形式后，便停滞不前或无法转化为另一种高级模式的现象。

重视农村成人教育。中心村设置“一校三室一园一场”，即村小学、办公室、卫生室、文化活动室、五保家园、运动场地，建立远程教育站点，建设有线数字电视网，为城乡居民提供信息化服务，集宣传、教育、娱乐功能，全方位的教育渗透，加快真正实现“人的城镇化”的新型城镇化模式。二是继续加大发展职业教育，通过当地引进的企业对村民进行职业技能的培训，努力为当地培养具备城镇化、现代化素养的新型村民。

4. 民族教育稳步发展

城镇化背景下，民族教育身负传承本民族文化的重任。德昌县把民族教育的工作放在教育发展的优先位置，认真落实国家、自治州的各项民族教育政策，全面落实“四川省十年行动计划”“凉山州寄宿制学校标准化建设”“两免一补”以及对口支援“三个一”帮扶（即每个县级领导联系帮扶一所学校；每个县级部门单位联系帮扶一所学校；每所城区学校帮扶一所农村学校；同时建立城区中小学教师到农村学校支教服务制度）等惠民政策，完善《进城务工就业农民子女入学联席会议制度》《农村留守儿童、残疾儿童帮扶制度》及《进城务工就业农民子女义务教育工作实施方案》等制度，保障民族地区弱势群体依法接受教育，维护教育公平。

教育是人类社会文化的主要传承方式，学校教育是人类文化传承的主要渠道。依托现代教育的模式，通过课程、教材等媒介，将知识、信仰、态度、价值观、艺术、习俗等文化系统通过科学的组织和编排，以适应儿童、学生的身心发展和学习特点，将民族文化一代一代传承下去。德昌县重视双语教育，一是主要依据凉山州的两类彝语双语模式（一类模式是民语授课为主加授汉语文课模式，另一类模式是汉语授课为主加授民族语文课模式）展开彝族的双语教育；二是德昌县教育局组织团队，聘请傈僳族教师，编写傈僳族的语言教材，进行傈僳族的双语教育。1984 年，德昌县教育局和县民委派了两名傈僳族教师到云南省丽江市学习傈僳文；1986 年，丽江市派教师到德昌县培训傈僳文扫盲教师；同年秋，德昌县的两个傈僳族乡金沙、南山中心完小学从四年级开始开设傈僳文课，德昌县傈僳族从此结束了只有语言而没有使用文字的历史。经过三十多年的发展，德昌县以云南民族出版社出版的《傈僳文识字课本》为主要内容，结合德昌傈僳族的语言特点，在德昌县傈僳文教学工作的基础上，适当选入本地的傈僳童谣、谚语、俗语等内容，编写了《德昌县傈僳文识字教材》。

5. 引进优质教育资源

社会处于不断发展之中，城镇化背景下，农村教育必须为农村的城镇化培养新型城镇化村民服务；在城乡二元体制下，农村教育与城市教育相融合是必然的，引进城市教育的内容和教学方式在一定程度上是可以促进农村教育在现代化方面的发展。此外，要充分发挥市场机制的调节作用，吸引更多民间资本和社会资源进入教育领域，改变政府包办教育的状况。

德昌县实施多层次、多领域的城乡教育合作，积极发展民办教育，引进优质教育资源，和现代教育发展较好的地区的名校联盟，带动地方教育持续健康发展。例如，十二年一贯制学校“攀西绵阳南山国际学校”，就采取了“1+1+1”（县政府搭建平台＋教育投资有限公司投资兴建＋绵阳南山中学全程管理）的办学模式。

此外，为了促进教育信息化的发展建立录播教室，充分发挥录播教室的作用，将城区优质教育资源与农村薄弱学校共享，促进城乡各级各类学校教育教学质量共同提升。

6. 加强教师和校长队伍建设

德昌县重视教育文化打造，以校园文化建设为切入点，实行错位发展、特色办学，提出“一校一特色”“一校一品牌”的文化思路，提升学校的内涵发展。

师资队伍是城乡教育协调发展的关键，德昌县加强乡村教师和校长队伍建设。一是统筹师资队伍配备，采取公开招考、高校聘用、外县调入等多种方式，按照“一年一核，缺编补编”的原则，及时补充教师。二是建立人才流动机制，完善校长、教师轮岗交流制度，促进教师向农村流动，均衡配置城乡学校的师资队伍。三是提高教师待遇，特别是农村教师的待遇水平，为教师配备公租房，改善教师的生存状况，确保农村教师各种政策性补贴不低于当地公务员水平。四是加强教师的继续教育，尤其强化农村教师的培训，通过“信息技术应用能力提升工程”“教师全员培训工程”加强中小学教师的职业培训工作。针对农村学校校长和骨干教师举办培训班，开展城区骨干教师课堂教学开放月，教研员、学科带头人、骨干教师“送课下乡”等活动，提高农村学校管理水平和教学质量。

德昌教育部门人员（A）：“统筹师资队伍的配置，师资队伍的建设是城乡教育协调发展的一个关键环节，重要的一个部分，我们也坚持把打造这样的教师队伍校长队伍作为促进城乡教育配置的一个核心。一是优化教师编制配备，按照我们争取的编制政策，一年，至多两年进行一次核编，因为老师的配比是根据学生的生均比例，既然人口聚集，那城区编制必然要进行调整和补充，保证学校老师的编制。二是合理聘用教师岗位。三是推进校长和教师的定期轮岗交流，近两年（2015年、2016年），就调整交流了415名校长和教师，我们全县的在编教师是1980多人，接近2000人，交流的老师占20%。同时也强化师资培训，利用国培、省培机会，加上我们县上自己的培训，提高教师队伍的整体素质。为了解决教师待遇，我们也争取了上级的支持，实施校园安居工程，针对农村学校，实施教师周转房项目。对城区学校，我们也和规建部门进行了密切配合，在德昌民中和德昌中学，首先建了教师公租房，产权是属于国家的，租给教师，公租房有面积的限制，只能50平方米，刚刚参加工作的老师短时间内没有自己购房的能力，这就可以解决老师的后顾之忧了。”

（资料来源：德昌座谈会访谈笔录整理4）

（二）县域内义务教育更加均衡，学前教育蓬勃发展，高中教育稳步提升，职业教育重大突破

1. 义务教育

2017年，德昌县共有中小学校87所，特教中心1个，幼儿园31所，高级职业学校1所，在校（园）学生45524人，教学班1128个，教职工2708人，专任教师

2290 人。[①] 2013 年 10 月启动义务教育均衡发展工作，2015 年 12 月通过凉山州级复核，2016 年 1 月通过省级评估，同年 9 月通过国家认定。在各方努力下，全县小学、初中入学率分别为 99.42%、99%，严格执行“两为主”“两纳入”[②] 政策。2016 年，安置随迁子女 1035 人，关爱留守儿童 1706 人，帮扶三类残疾儿童入学 187 人，“三残”儿童少年入学率 100%，优质普通高中招生统招计划定向切块分配至所辖的每一所初中学校比例达 50%。建立“六长”责任制[③]，控辍保学，推进义务教育均衡发展。

2. 学前教育

2015 年，凉山彝族自治州全面开展“一村一幼”计划，在民族村点选聘两名兼国家通用语和民族语的辅导员，实施双语教育，大力发展民办幼儿园，努力补齐凉山教育短板。2016 年，德昌县共有幼儿园 31 所（省级示范幼儿园 1 所，乡镇中心幼儿园 13 所，民办幼儿园 17 所），村级幼教点 74 个；在园在班幼儿 9570 人，其中民办幼儿园在园幼儿 2730 人；学前一年毛入园率为 90.58%，学前三年毛入园率为 100.41%。德昌县的学前教育质量、规模、数量均在凉山州全州的县镇、乡村幼教点的平均水平之上。

3. 高中教育

德昌县高中阶段入学率为 88.58 %，初中毕业生升入高中阶段就读的升学率为 94.28%。县域每万人口中在读高中（含职中）学生 311 人，高于四川省平均水平。2011—2015 年，本科达线率均名列凉山州前茅，其中升入一类本科大学 129 人，二类本科大学 802 人。2016 年，达省本科线 253 人，比 2015 年增加 17 人。其中，文科达线 56 人，理科达线 197 人；达一类重点本科线 46 人（理科 42 人，文科 4

①《德昌：推进教育与城镇化进程统筹协调发展》，《凉山日报多媒体数字报》，2017 年 2 月 22 日，http://lsrb.ls666.com/html/2017-02/21/content_282232.htm。

②“两为主”“两纳入”，即以流入地政府为主、以公办学校为主，同时将常住人口纳入区域教育发展规划、将随迁子女教育纳入财政保障范围。

③“六长”责任制，即县市长、教育局长、乡镇长、校长、村长（村、居委会主任）、家长的责任制。

人），比 2015 年增加 3 人，达二类本科大学线 207 人（理科 155 人，文科 52 人）。加强高中教育质量建设，5 年来，共投入质量奖 673 万元，高中教育质量逐年提升。

4. 职业教育

德昌县职业高级中学位于德昌县城东城区，学校占地面积 128 亩，建筑面积 50000 平方米，始建于 1986 年，是一所由县政府主办，县教育局主管的省级重点中等职业学校，坚持“就业升学双通道”的办学原则。2006 年投入 2800 万元，对县职业高级中学实施改扩建，学校占地由原来的 26 亩扩大至 128 亩，学生由 2010 年的 633 人增长至 3227 人，增加 2594 人，普职招生比达 5：5，学校规模显著扩大，专业结构更加优化（主要专业有：电子技术应用专业、数控技术应用专业、汽车运用与维修专业、中餐烹饪专业、计算机平面设计专业、学前教育专业），市场对接更为紧密，就业安置率达到 100%。5 年来，对口高职 862 人，上本科 31 人，专科 638 人。5 年培训输出劳动力累计达到 26.52 万人次，劳务收入 34.67 亿元。

四、面临的困难

德昌县在推进教育发展进程中虽然取得了一定的成绩，但仍然存在一些问题和差距，未来发展仍面临诸多的困难。一是资金缺口较大，上级对教育补助的专项资金很少，严重影响学校基础设施建设；德昌县经济结构还在不断调整中，仍以农业为主，财政收入单一，财政压力大。二是专业教师配备不到位，农村部分学校结构性缺编的现象依然存在，尤其是音、体、美等专业专任教师仍然不足，优质教师外流严重。三是城区教育资源仍显不足，随着城镇化的推进，农村及流动人口不断增加；随着交通条件的改善，越来越多的学龄儿童向城中心聚集，城区教育压力大，个别农村学校成为“空壳”学校，在教育资源配备上出现浪费。

经济的发展对劳动者的聚集效应和扩散效应有良好的作用，因为社会流动的基本规律是劳动者向劳动力价格高或收入高的地方流动，而家庭则是往教育资源优质的地区流动，所以对于全部核心家庭成员的聚集和扩散，教育会起更主要的作用。

整体来说，教育对人口素质的提高，对城乡一体化的实现，对城镇化的协调健康发展，对社会的稳定起到巨大的作用。在民族地区城镇化进程中，教育对于促进新型城镇化的生态循环发展系统的建立，对于生产新的科学知识和新的生产力，对于实现民族地区反贫困和现代化，还将继续发挥十分重要的作用。

参考文献：

[1] 李强，陈宇琳，刘精明．中国城镇化“推进模式”研究．中国社会科学，2012(7).

[2] 房冠辛，张鸿雁．新型城镇化的核心价值与民族地区新型城镇化发展路径．民族研究，2015 (1).

[3] 冯雪红，王玉强．西部民族地区城镇化研究现状与走向评述．中南民族大学学报，2016 (3).

[4] 费孝通．费孝通论文化与文化自觉．北京：群言出版社，2007.

[5] 哈经雄，滕星．民族教育学通论．北京：教育科学出版社，2001.

[6] 格尔茨（C.Geertz）．地方性知识：阐释人类学论文集．王海龙，张家瑄，译．北京：商务印书馆，2016.

[7] 凡勇昆，邬志辉．我国农村教育发展方向的困境与出路——基于文化的视角．华东师范大学学报，2012 (4).

[8] 李博，靳取．四川省城镇化发展现状及发展对策研究．四川经济管理学院学报，2010 (1).

城镇化进程中民族教育发展的经验与问题
——以新疆喀什市阿克陶县雪松中学为例

郭国燕

工业化浪潮集中化的要求把农村的人口大批迁到大城市，并把他们安置在工业中心地区。[①] 工业化浪潮使农村人口向城市人口集中，催生了现在的城镇化趋势，可以说工业化的大量集中是城镇化的根本原因。由工业化所带来的经济的飞速发展、交通的便利、信息的便捷以及家庭结构的变化都加快了城镇化的步伐，而城镇化给经济的进一步发展也提供了大量的资源和劳动力。但是，在城镇化过程中，城镇的繁荣也预示着乡村的衰退，乡土文化的陨落，并且伴随着大批农民工群体在城镇化的比例的增加，大量的农民工问题也涌现出来。保罗·威利斯通过对在城镇化进程中处于边缘化的农民工群体的田野研究，发现这些农民工子弟在自己的生活世界中寻找文化认同，他们在社会经验上倾向城市，但是他们在自己的社会化过程中经历了非常态的转化。[②] 这是对城镇化与农民工群体的经典研究。本文沿着威利斯的研究路径，探讨城镇化在少数民族地区的情况。民族教育事关国家整体教育质量，对

① [美]阿尔文·托夫勒著，朱志焱译：《第三次浪潮》，53页，北京，新华出版社，1996。
② [英]保罗·威利斯著，秘舒、凌旻华译：《学做工》，2页，南京，译林出版社，2013。

整个教育质量的提升有举足轻重的作用，而在民族地区城镇化建设中民族教育处于基础地位。本文试图在田野资料的基础上，发现城镇化给少数民族地区的教育带来的机遇和挑战，并试图应对这些挑战。笔者到南疆阿克陶县调研，通过深入访谈，了解当地的文化、历史以及风俗习惯；访谈教师和学生，了解他们对城镇化的基本观点；观察该地区的基本环境情况，将城镇化这一问题置于大的社会环境背景中。在对这些田野资料进行分析的过程中，发现在城镇化过程中民族教育的先进经验和存在的问题，并针对具体的问题提出可行的建议。以这样的目的为出发点，本文主要关注的问题是：研究个案阿克陶地区民族教育在城镇化中的主要成就是什么？该地区民族学校教育的先进经验有哪些？城镇化给民族学校教育带来的困难是什么？以这些基本问题为依据，试图探讨新疆牧区城镇化对学校教育的影响，希望能对民族牧区教育有所助益。

一、阿克陶县城镇化以前的传统

本次调查主要选取新疆克孜勒苏柯尔克孜自治州的阿克陶县，该县位于帕米尔高原东麓，塔里木盆地西缘，地处祖国西部边陲，是少数民族聚居区，全县总人口20万，由柯尔克孜族、维吾尔族、汉族、哈萨克族和塔吉克族等组成，少数民族人口占总人口的98%左右，其中柯尔克孜族占80%左右，是阿克陶县人口最多的民族，该地区的少数民族大多是牧民。在城镇化以前，人们基本上居住在山上，过着游牧的生活，夏天逐水草而居，冬天在毡房里过冬。牧民主要的生计方式是以放牧、养羊为主，很少有到山下来生活的情况。城镇化后，牧区的年轻人从他们生活的山上迁移到城镇，由政府统一组织，让他们到外地打工，回来后在县城自己创业，但是这些人数还是相当有限的，主要还是以养羊为主。该地区以前的学校教育是“马背学校”，学校教育的基本的情况是：学生一大早天不亮就骑马去学校，到学校基本已是中午12点左右了，上一两个小时的课又骑马回家，半夜一两点才能到家。早上看星星出门，晚上看星星回家，马是牧区孩子的基本交通工具。虽然城镇化后，

"马背学校"被取消，在城里上学的牧区孩子放假回家时，也要花两天的时间骑马回家，因为很多地方没有公路，只能依赖传统的交通方式。虽然这种教育方式使当地的传统文化一直保存着，并结合进现在学校教育中，如玛纳斯传统文化艺术节等，但是也给当地教育带来诸多不便。这种传统的教学方式直到2004年，由于集中办学的要求将村镇、牧区、乡村的办学点学校教育全部合并才结束。随着城镇化的发展，牧区现在没有学校，柯尔克孜族的孩子全部到该地区的县城中学上学。①

调查地点主要选取阿克陶县雪松中学，其前身是阿克陶县实验中学，坐落在天山与昆仑山交接处帕米尔高原东麓，是一所以汉语言教学为主的完全中学，始建于1971年，2015年9月迁校址改名为阿克陶县雪松中学，成为自治州首次实行"民汉合校"的学校之一。现在学校开办了民汉语初、高中教育，开办了少数民族双语教学班，现有教职工268人，教学班76个：高中班级24个，初中班级52个；学生共3137人，其中寄宿生1707人（初中部学生2142人，寄宿生1016人；高中部学生995人，寄宿生691人）。目前学校已完成校舍建筑面积3.07万平方米，其中教学楼总建筑面积为12617.14平方米。男、女宿舍楼各一栋，正在建设之中；食堂、浴室已经建成，共占地面积18209.56平方米。②

二、阿克陶县面对新形势的变迁：城镇化

（一）阿克陶县城镇化的主要原因

1. 国家对阿克陶牧区的优惠政策

在城镇化中，国家重视对少数民族地区牧民的教育，为牧民购置安居房，牧区的孩子在城里上学免费，住宿、吃饭都是政府统一资助，学生每个月都有生活补助，国家的这些优惠政策促使牧区的牧民来到城里居住，加速了少数民族地区的城镇化进

① 阿克陶教育局访谈的资料。
② 阿克陶雪松中学校长访谈资料。

程，因此牧区的城镇化与其他地区的城镇化——随着经济的快速发展而形成的，并不完全相同。随着牧区的城镇化，牧区的教育也开始进入现代化的教育领域，享受着和城市教育相同的待遇，从这点来说，城镇化给少数民族牧区带来的是福音。

2. 年轻人“依恋”城市

牧区生活的年轻一代，由于外出打工，习惯了城市的生活，形成了对城市的“依恋”，不愿意再返回牧区，逐渐在城市创业，购房，这也促使牧区出现城镇化的现象。从根本上分析，这种城镇化的原因是由工业化市场经济的开放化侧面引起的，市场经济集中化的表现是需要大批劳动力，牧区的年轻一代便是这些劳动力中的一批，在市场经济的浪潮中，他们已经习惯了城市生活，因此这也加速了牧区的城镇化。但是，这样的“依恋”而形成的城镇化对少数民族牧区的人们是福音还是挑战，我们需要反思，这些城镇化的年轻一代，大部分都讲汉语，很少再用母语交流，以至于淡忘了母语，这种母语“失语”的情况值得我们反思。据笔者访谈而知，在学校中学生的汉语现在基本没有问题，相反由于孩子们不怎么说母语，导致传统语言文字缺失，这是城镇化给牧区带来的不利因素。

（二）阿克陶县城镇化基本情况

阿克陶县是新疆城镇化较快的县城，县城学校牧区孩子占大多数，牧民从山上下来，在学校附近租房或者买房，都是为了能很好地照顾子女学习，这样，他们也慢慢地融入城镇化的生活方式中，传统的思维模式也在发生着改变。在笔者调查的学校里，主要是柯尔克孜族学生。该县城在城镇化中的生计方式还是以农牧业为主，大批的牧民从山上下来，到当地的“巴扎”市场买卖牛羊，换取自己的生活必需品。“巴扎”市场是集农贸、饮食、生活用品为一体的集市，在这里，各个民族的人们自由买卖，很突出地表现出一种以农牧经济为主的南疆地区的生产特点，这种生产方式下的牧民的生计很不稳定，当年景好的时候收成就好，当遇上天灾就很难保证产量，加之市场价格的不稳定也会影响牧民的收入。笔者访谈当地的一些牧民，他们主要依靠买卖牛羊为生，牛羊肉的价格直接影响他们的主要收入来源。

三、城镇化背景下的阿克陶县的教育情况

（一）阿克陶县民族教育政策

在城镇化进程中，国家给予少数民族地区很大的民族教育优惠政策。国家对少数民族地区的优惠政策主要是“两免一补”，阿克陶县在2011年就已经实施了这一政策，相比新疆其他县市较早。阿克陶县在这样的民族教育政策下，城镇化发展较快，民族教育发展成就也很显著。

（二）阿克陶县民族教育成就

笔者选取阿克陶县雪松中学为调查点，以雪松中学的民族教育成就为例。从前文对雪松中学的简介，我们可以看出，雪松中学在阿克陶县的民族教育很有代表性和典型性，因此，以雪松中学为例说明在城镇化背景下，该地区的民族教育成就是符合实际的。

1. 因地制宜实施双语教学

雪松中学自创办以来，“双语教学”成绩显著。学校教师克服城镇化过程中的一系列困难，秉承“团结、宽容、悦纳、笃学”的校训，在双语教学中实行统一编班、统一教学计划、统一教研活动、统一开展各项活动，各个民族的教职工按学科教研组合署办公，在工作中互相交流、学习，增进了各族师生之间的沟通与融合，加强了民族之间的团结，实现了教育资源共享、共同提高、共同进步的目标。笔者在和老师的访谈中了解到实施新的双语教学模式后，考上内地班的学生人数逐年增加，2011年，一个班考上内高班的人数就有十几人。阿克陶县汉族人口少，没有很好的汉语语言环境，所以在实施双语教学中，汉语教学的要求高。因此，基于地区差异，双语教学也因地制宜，没有照搬其他地区的双语教学模式。牧区孩子到城里读书本身就问题重重，他们在该地区的城镇化中既有机遇又有挑战，学校由于牧区孩子占据一定比例也面临着这样的问题。

雪松中学的孩子们汉语学习比较困难，数理化还可以，在双语班用汉语讲课，

如果学生记不住就用母语，高中双语班全部使用汉语授课，高中柯尔克孜班除了汉语课外，其他的课全部用柯尔克孜语。之所以加强汉语教学是因为这里汉族人数很少，缺乏语言环境。双语教学在幼儿园就已经开始了，幼儿园大都是双语幼儿园，一半用汉语、一半用母语授课。

2. 以特有的生态环境为学校校园文化建设的依托

学校文化代表着学校整体的办学理念，校园文化的塑造对学校的整体发展有很大的作用。阿克陶雪松中学选取天山雪松这一形象为学校的名称，也以雪松的精神为学校的校园文化——雪松意味着坚毅、宽容等品格。在和雪松中学校长的访谈中，笔者了解到，学校刚建立时，困难重重，正是秉承着这种刚毅的雪松精神，学校才有今天的发展。以雪松为学校文化代表，秉承“团结、宽容、悦纳，笃学”的校训，团结各个民族师生，将学校建设成一个学习型共同体；对每个教师学生都怀着宽容的心，包容他们的不足；接受每一个孩子，尤其对牧区的孩子倾注更多的关注。

（三）阿克陶县雪松中学适应城镇化的有效经验

1. 牧区孩子的春天：一个都不能少

城镇化过程给牧区孩子的上学带来了很多问题，他们很难适应城市的生活习惯，牧区的家长观念也较为保守，大部分家长对孩子的教育不太重视，城镇化并不能保证每个孩子有公平的教育机会。学校为了不让一个孩子“缺席”，对不能上学的牧区孩子学校会亲自去和家长沟通，直到将孩子带回学校。

校长讲了这么一个故事：“2005 年我做学校副校长的时候，当时的交通还没这么便捷，我骑着摩托车到山上牧区家里去家访，那天下着大雪，路都被大雪封住了，到山上骑摩托车要四个多小时，到牧民家里已经是晚上了。当我看到这样的牧民家庭，我还是被震撼了，家里很破旧，我当时心里很心酸，晚上和他们一起吃晚饭，每吃下一口就觉得心有千万斤重。当我谈到让孩子去上学时，家长说他们没有钱，我又说他们交一块钱就可以上学了！家长说一块钱也没有，于是我直接给家长 100 块钱，并且说孩子必须上学。晚上我没有下山，在山上住了一晚，第二天，摩托车不能走，我就自己走下山去了，路上差点掉下悬崖，走的时候牧民拉着我的手说我是第一个到家里家访的‘领导’。不过让我欣慰的是，三天后，孩子来学校上学了，后来我资助这个孩子读初中，我觉得这是作为一名教师应该做的，‘不抛弃，不放弃’每一个孩子。”

2. 双语教师校本培训——提高双语教育质量

前文已经提到，该地区的汉族人数很少，怎样才能培养优秀的双语教师是学校面临的困难。雪松中学以柯尔克孜族学生为主，学校结合实际开展双语教师校本培训。学校在母语语文课上讲柯尔克孜族的文化、民族习惯和文化习俗，因为柯尔克孜老师占学校教师人数的 80%，少数汉族的教师听不懂柯尔克孜语，于是学校安排校本教师培训时，汉族老师学习民族语，民族老师学习汉语，每个星期二学习两个小时。学校还会安排师徒“结对子”的方式，对汉语不好的民族教师进行单独辅导，对不会讲民族语言的汉语老师也单独教说民族语言。

3. 建立家校沟通的长效机制

雪松中学大部分学生是牧区来的，自从国家的安居房政策的落实和城镇化的发展，牧民孩子全部到县城学习，学校有统一的宿舍和食堂，为了保证家庭和学校的沟通，使学生健康的成长，学校规定凡是在学校外面住宿的孩子，父母必须有一个人陪孩子读书，并签订协议书，不然不容许孩子在校外住宿，也不同意孩子在亲戚家住宿或者由爷爷奶奶照看，这一规定起到了相应的效果，家长也慢慢地开始重视孩子的教育，很乐意将孩子送到学校，家长也会经常在“巴扎”赶集的时候看望学生，学生与家长的情感交流得到了加强。

笔者访谈的教师说：“我们学校一个月开一次家长会，牧区的家长都能来参加，他们越来越重视孩子的教育，爷爷奶奶也有来的，但是不多，一般都是父母来，他们也知道孩子上学的重要性。”

4. 将玛纳斯民族文化纳入学校教育中

少数民族有其优秀的民族文化，民族文化对保持民族多样性有很重要的作用，在少数民族教育中，民族文化的传承是至关重要的，将少数民族的特色文化融合学校教育教学中，是少数民族地区教育应该时刻重视的议题。

现在学校每年都会举办一次玛纳斯校园文化艺术节，教师学生通过丰富多彩的说唱、朗诵等活动，将民族文化一直传承下去。此外，在课堂上也会将民族文化结合进去，给学生们讲柯尔克孜族特有的民族文化风俗，这对柯尔克孜民族文化的传承有一定的作用。

（四）城镇化背景下民族教育发展面临的挑战与问题

本文所选取的雪松中学是阿克陶县城镇化过程中教育质量比较好的学校，前面着重探讨了先进的教育教学经验，在取得成绩的同时，雪松中学在城镇化的过程中也面临着挑战，其中最主要的是牧区孩子适应城镇化教育的问题，围绕这一主要问题，牧区孩子在城镇化过程中面临的挑战有：难以适应城镇化、家庭教育的缺失和民族文化传承的断裂等。

1. 牧区学生难以适应城镇化

牧区学生在来到城镇以前，长期在牧区的乡村学校学习，教学语言统一用母语，家庭教育中日常的交流也是母语，到了城镇以后，虽然国家的安居房政策给牧区的孩子提供了接受城市教育的机会，但是牧区的孩子在刚进入城镇学校时，还是难过语言的“门槛”；此外，由于牧区与城市生活环境的不同，导致牧区孩子很难快速地习惯城市的生活。牧区的生活方式和城市的生活方式是两种文化主导下的产物，牧区孩子在进入城市时面临着语言和生活习惯上巨大的心理冲突，如何克服这些冲突，是需要我们思考的。笔者通过访谈了解到：

孩子们的汉语言基础薄弱，在家里基本使用母语，在学校学习汉语很吃力，汉语言学习比较困难，数理化学习还可以，老师对牧区孩子都要进行额外的课外辅导，对他们的汉语言进行指导，在到学校一年后，差不多就能适应这种语言环境。生活上，牧区的孩子不习惯城市的生活方式，牧区没有像城里的孩子那样每天都要洗漱什么的，刚开始他们不会注意这些，在老师的慢慢引导下，一两个月后孩子们会慢慢习惯，这些生活上的小细节还是会适应的。最大的问题是孩子们离家远，对家里的思念是学校怎么做都没办法克服的。学校离牧区很远，孩子们每年只能到放假的时候回家，加之交通不方便，牧区孩子心理适应问题是我们亟待解决的。

2. 家庭教育的缺失

现代教育由家庭教育、学校教育和社会教育三方面组成，家庭教育是学校教育的基础，家长是学生发展的第一任老师。由于牧区经济条件、历史文化的影响，牧区家长的文化程度很低，在家庭教育方面是比较缺失的。家庭教育缺失在牧区家庭中主要有两方面的问题：第一，牧区家长的汉语水平很低，牧区大部分家长不会说汉语，虽然他们积极支持孩子们进双语学校学习，但是他们本身不会说汉语，牧区孩子缺乏汉语言环境，这是在调研中笔者发现牧区孩子汉语言学习差的主要原因。第二，家庭变化对牧区学生的健康发展带来问题。城镇化后，由于牧区孩子离家远，学校给牧区孩子统一安排住宿，但也有一部分孩子在学校外面租房住，租房的时候学校规定父母双方必须有一方在身边照顾学生的学习和生活，这些留下来照顾的人中大多数是母亲，父亲在山上放牧，长期两地分居导致父母关系出现问题，给牧区孩子的身心健康产生不利影响。

从上面的访谈资料我们可以看出，家庭变故给牧区孩子带来的心理创伤，加上牧区孩子本来就难以适应城市的生活方式，使他们在城镇化过程中承受了极大的压力。

3. 民族文化传承的问题

教育自诞生之时就担负着传承文化的使命，教育也投射着一定的文化变迁。在民族地区城镇化发展过程中，牧区孩子被集中安置到城市学校，接收城市的现代化教育。毋庸置疑，笔者在文中也已指出，这样的现代化教育给牧区孩子带来了一定的福音，他们可以和城市孩子一样享受平等的教育机会和受教育权利。但是，现代学校传授的是现代化的科学知识和理论，牧区孩子在努力学习这些知识的同时，可能轻视或者遗忘了自己本民族的本土知识和文化传统，在这样的“适应”与“遗忘”的挣扎中，牧区孩子又成了“边缘化”的群体，民族地区优秀的民族文化也往往逐渐被边缘化。笔者所调查的学校虽然也举办民族文化艺术节的活动，但这毕竟不能起到很好的传承民族文化的作用，因此，民族文化传承也是城镇化发展中所面临的重要问题。

四、结论与建议

（一）提高民族教师素质

教师是民族地区教育发展的核心动力，教师在牧区教育中的作用更是关键，应给牧区教师提供更多的国家级、省级的培训，提高双语水平，这样才能更好地帮助牧区孩子适应在城镇化发展中的语言障碍。与此同时，还要加强教师本身的文化适应。对一些外地教师来说，融入民族地区的文化本身就是一个大的挑战，需要以文化适切性的教育理论为指导，加快教师的文化适应。城镇化发展中牧区教育给民族教师带来很大的压力，他们不仅要帮助牧区孩子度过语言的难关，还要帮助他们习惯进入城市的生活方式，这些不是对民资教师的培训单纯能解决的问题，需要民族教师以“爱”关怀牧区的孩子，让他们很好地适应城镇化中教育发展。这不是民族教师单方面能担负得起的，需要社会给予更大的关怀，国家更要重视，在提升民族教师素质的同时，以政策保障民族牧区孩子的教育。同时，建议在课堂中，加强牧区孩子和城镇孩子的沟通，帮助牧区孩子顺利适应城镇化。

（二）建立家校合作长效机制，提高农牧区家长综合素质

针对牧区家长汉语言水平低的现状，学校应创设条件开办家长学校，定期组织家长学习汉语言，提高家长的汉语言水平，为牧区孩子的语言学习创设好的语言环境。考虑到牧区家庭的特殊情况，应在牧区农闲的时候进行家长学校的组织活动，这样既可以让牧区的家长定期看望孩子，又可以在学校学习，一举两得。当然，这种家长学校学习内容不能止步于汉语言的学习，还应该针对牧区家庭出现的问题进行有针对性的教育，给牧区的孩子创设一个良好的家庭氛围，让他们在健康的家庭环境中健康快乐地成长。

（三）积极促进民族地区文化形态的城镇化教育

文化是一个地区的传统标志，是民族地区的精神桥梁和纽带，民族地区的城镇化建设应当将文化因素考虑在内，这是新型城镇化建设的核心。具体到民族教育当中，就是要将民族传统文化纳入学校教育的各个方面，比如教师的文化习俗学习、课程的选择、教学方式的变革等；在基础教育课程改革的大背景下，通过地方课程和校本课程的开发为民族地区优秀的文化传统进入学校教育提供保障，让牧区的优秀文化进入现代学校，现代科学知识和本土知识并重，在接受主流文化教育的同时，很好地弘扬自己的文化传统，做到“各美其美，美美与共”。

参考文献：

[1] 阿尔文·托夫勒．第三次浪潮．朱志焱，译．北京：新华出版社，1996.

[2] 保罗·威利斯．学做工．秘舒，凌旻华，译．南京：译林出版社，2013.

[3] 厉声．中国新疆历史与现状．乌鲁木齐：新疆人民出版社，2006.

[4] 王希恩．当代中国民族问题．北京：民族出版社，2002.

[5] 黄伟，田娟娟．论民族地区城镇化建设中教育事业的发展．民族教育研究，2006 (8).

[6] 杨宜勇．全面促进民族地区新型城镇化．中国民族，2015 (3).

[7] 蒋永红．乡村教师逆城镇化涅槃重生的关键是什么．中国民族教育，2015 (9).

[8] 高红娜．论社会转型期少数民族语言的保护与发展．贵州民族研究，2015 (10).

[9] 么加利．民族地区城镇化进程中的教育担当．中国民族教育，2014 (1).

[10] 程方平．简论中国少数民族的传统教育模式．教育研究，2008 (7).

[11] 陈德顺．民族地区村落家族的特性分析．云南民族大学学报：哲学社会科学版，2003 (2).

关于民族地区人的城镇化的法律思考

向林生　宋才发

城镇化的建设进程被不断赋予新的内涵。中共十八届三中全会通过的《中共中央关于全面深化改革若干重大问题的决定》第二十三条明确提出中国要走新型城镇化的发展道路，促使城镇化建设由过去注重数量规模的增加向注重质量内涵转变，着力推进“以人为核心的城镇化”。① 本文拟就民族地区人的城镇化的相关法律思考略陈管见。

一、民族地区人的城镇化的基本要义

人的城镇化是实现民族地区城镇化的核心内容。民族地区城镇化建设既面临着与内地相同的问题，又包含着诸多自身特有的问题，需要依据《中华人民共和国民族区域自治法》的相关规定，从民族地区经济和社会发展的实际情况出发，因地制宜地有序推进城镇化发展。《中共中央关于全面深化改革若干重大问题的决定》强

①《中共中央关于全面深化改革若干重大问题的决定》第二十三条规定：“坚持走中国特色新型城镇化道路，推进以人为核心的城镇化，推动大中小城市和小城镇协调发展、产业和城镇融合发展，促进城镇化和新农村建设协调推进。”《中共中央关于全面深化改革若干重大问题的决定》，载《人民日报》，2013-11-16。

调必须推进以人为核心的城镇化，就是说我国的城镇化建设必须始终坚持“以人为本”、以“人的发展”为目标，最终实现人地和谐和生态宜居的夙愿。城镇化是经济社会发展的必然结果，我国的城镇化已不再只是土地的城镇化，必须依法解决深层次的“人的城镇化”问题。这里所论及的“人”，既泛指全国13亿人口，又特指祖祖辈辈生活在农村的8亿农民，尤其是正在城里务工的2.6亿农民工；[①]“城镇化”，是指广大农村，尤其是地处边陲民族地区的城镇化问题。我国当下城镇化建设的首要任务之一，是要尽快消除事实上存在的“城乡二元结构”，代之以“城乡一体化”，使祖祖辈辈生活在贫困农村的农民成为新型城镇的主体。据有关统计资料显示，1978—2012年，我国城镇人口总量从1.7亿增加到7.1亿，城镇人口比重由17.9%提高到52.6%；2012年，城市总数为657个，小城镇为19881个。在过去的30多年时间内，我国实际上完成了西方发达国家经历上百年时间才走完的进程。[②]建置镇在我国人口城镇化过程中的作用更为显著。根据第六次全国人口普查统计，在2010年6.7亿城镇人口中，镇区人口为2.7亿，占39.7%。具体到民族地区来说，建制镇对城镇化的贡献率就更大。全国共有少数民族人口1.12亿人，占总人口的8.4%，其中居住在镇的少数民族人口为1900多万人，占镇总人口的7.15%，占全国少数民族总人口的17.0%。民族地区8个省（区）对少数民族人口城镇化的贡献率分别为：内蒙古41.6%，广西54.6%，贵州52.8%，云南60.4%，西藏60%，青海45.6%，宁夏31.9%，新疆35%。单纯从静态的角度看，在2000—2010年新增城镇人口中，上述8个省（区）有一半新增人口在镇，个别省区在镇居住的人口甚至超过70%。[③]也就是说，发展小城镇更适合民族地区经济社会发展的实际情况，小城镇是民族地区实现人的城镇化的特色和关键所在。

劳动力有序转移是实现民族地区人的城镇化的关键。依据中共中央、国务院

---

① 张三元、苏祖勤：《关于人的城镇化几个问题的思考》，载《湖北经济学院学报》，2015（2），94页。

② 国家发改委城市和小城镇改革发展中心课题组：《中国特色新型城镇化建设路径》，载《行政管理体制改革》，2014（4），59页。

③ 郑长德：《中国少数民族地区建制镇研究》，载《民族学刊》，2015（1），27、33、28页。

2014年3月颁发的《国家新型城镇化规划（2014—2020年）》的表述，民族地区城镇化是农村工业化、现代化的必由之路，是破除城乡二元结构的重要依托。民族地区城镇化的核心任务，就是要依法促使农业富余人口、农村转移人口进入并落户城镇，让他们享受与城镇居民同等的基本公共服务。对于那些今后仍将继续留在农村的居民而言，政府应当尽快把公共服务设施向农村有序延伸，通过就地城镇化的方式来实现包括医疗、教育、住房、社保和就业诸方面的公共服务均等化。为此，中央政府明确地提出了改革目标和实施时间表，即计划在2020年之前采取分步骤、分人群的方式，落实1.59亿人口的落户和基本公共服务需求，从体制上消除庞大的人户分离的存量问题；然后再按照每年城市化水平提高1个百分点的节奏，用5年的时间解决好存量农村转移人口在城镇落户的问题。也就是说到2030年之前，大体上使完整意义上的城镇化率达到70%的目标。[①] 毋庸置疑，新型城镇化的本质是人的城镇化，民族地区城镇化所要解决的根本问题，只能是，也必须是推进农村人口的城镇化。农村人口城镇化既是民族地区实现农村现代化的重要标志，也是民族地区全面建成小康社会的主要载体；衡量民族地区城镇化建设成效的一个最直接的指标，就是看如何把民族地区现实的农村人口转变为城镇人口。实事求是地说，民族地区城镇化的起点一般都比较低，缺少大城市的有效辐射和拉动，主要靠发展城镇产业作支撑，这就决定了它不能搞简单的户籍集中和人口搬家；各级地方政府必须努力增加和创设新的就业岗位，切实把解决转移农村劳动力就业问题，作为衡量民族地区城镇化水平高低、评价民族地区城镇化建设质量优劣的一个硬指标。民族地区已经注意到大中小城市和小城镇的合理布局，并且与区域经济发展和产业布局紧密衔接，使之与民族地区资源环境的承载能力相适应；民族地区也正在遵循经济社会发展规律，趋利避害、因势利导，设法大幅度地降低农民进城的门槛，以提高农民户籍的城镇化率；同时还在积极从制度上解决民族地区有税源无税收问题，从资金上为民族地区城镇化建设增强实力。所有这些，立体地显现了民族地区人口

① 王建：《城镇化与中国经济新未来》，114～115、160页，北京，中国经济出版社，2013。

集聚、产业集聚和资源集聚的优点，突出了“中国创造”的深刻内涵，彰显了民族地区农民市民化将成为新型城镇主体的角色特点。

新生代农民工市民化是实现民族地区人的城镇化的重要举措。市民化与城镇化、工业化是密切相关的，工业化造就了农业转移人口的市民化。据有关权威机构和专家估计，把一个纯粹的农民工转化成为一个合格的市民，大体需要政府增加支出 8 万元左右。[①] 其实只要城镇的工业化是富有经济效益的，就不会存在农民工市民化缺钱的问题；只要政府的运行是正常的，就不存在农民工市民化的成本分担问题。因为城市政府首先是坐地向企业和所有纳税人收税，然后才以公共服务的方式回馈给全体市民。所谓“农业转移人口市民化成本分担机制”，说白了就是一个地地道道的、市场化条件不充分的伪命题。众所周知，新生代农民工并不是依靠政府安排他们进城务工的，而是由于城里充满了就业机会，市场经济吸引着他们进城打工、创造财富的。改革开放不仅有效地激发了城镇的经济活力，而且加快了农民向城镇转移的速度，农民工举家迁往城镇已经成为一种新的发展态势。值得关注的是在这些农村转移人口当中，新生代农民工是一个不容忽视的庞大群体，已经占据民族地区农村向城镇转移人口的四成；在“十三五”建设时期，他们将成为进城农民工的主体。这里所说的“新生代农民工”，是特指在 20 世纪 80 年代中后期到 90 年代出生的农民工。把他们与上一代农民工相比较，具有如下三个显著特征：①他们中的绝大多数人没有种过田地，对农村土地没有父辈那种依恋的感情，进了城就不打算再回到农村去；②他们一般都受过良好的教育，具有获取外界信息和技术手段的能力，对都市的生产生活方式较为认同和向往；③他们通常是为了到城里谋求更好的发展机会，尽管他们的职业期望值相当高，但是吃苦耐劳精神在他们身上较为欠缺。因而他们是一群基本脱离故土而又没有融入城市，户籍在农村而就业和生活在城镇，尚处于社会结构中“第三元状态”的特殊群体。据有关统计数据显示，仅

① 卓勇良：《谁是市民化成本分担者》，载《北京日报》，2015-03-23。

在2011年全国进城的15863万农民工当中，新生代农民工约超过1亿人。[①] 目前只有20%的新生代农民工在城镇有较稳定的就业，80%的新生代农民工仍然处于不稳定的状态。因此，推进新生代农民工市民化，是民族地区实现人口城镇化的一个重要抓手。民族地区要通过深化城镇用工制度改革和制度创新，加快新生代农民工融入城镇的步伐，依靠城乡统筹的办法，坚持两条腿走路的方针，既要继续保障他们在农村的合法的土地权益，又要保障他们在城镇享受与其他市民平等的权益，还要关心他们应当享有的公共服务和民主政治权利，从根本上解决新生代农民工市民化的现实问题。

二、民族地区人的城镇化存在的主要问题

农民土地的城镇化明显快于农民人口的城镇化。我国过去几十年的快速城镇化，基本上是在粗放的土地利用模式的框架下完成的。这种非科学的土地利用状况即使在实践“科学发展观”的今天，在一些地方也仍然顽固地存在着。在民族地区城镇化进程中出现的诸多问题，可以说绝大多数是由其背后“人”的因素导致的。一个无可辩驳的事实就是，农村土地的城镇化快于人的城镇化。具体表现为：①城市土地扩张太快，基础设施建设没有及时跟上；②政府的公共服务不完善，农村进城转移人员留不住；③有限的资源过度向大城市聚集，中小城镇发展资源和能力不足；④部分地区盲目追求城镇化速度，不适当地把城镇化率作为政府官员政绩考核的重要指标。新型城镇化建设需要高度重视与新型工业化、信息化和城镇化互动的关系，推动产业和城镇化的双转型，逐步扩大社会各界、各阶层共享资源的空间，打造多层次、多领域的公共服务平台，为社会各界、各阶层和不同职业者，共同参与社会管理提供平等机会。[②] 地方政府是民族地区城镇化的组织者和推动者，在整个新型工业化、信息化、城镇化和农业现代化同步推进的过程中，政府在土地规划、城镇

① 王建：《城镇化与中国经济新未来》，114～115、160页，北京，中国经济出版社，2013。
② 王建：《城镇化与中国经济新未来》，114～115、160页，北京，中国经济出版社，2013。

化规划和城市规划方面发挥的作用是无与伦比的。总结过去的教训集中到一点，就是不能脱离当地自然的历史进程、毁掉自然人文背景搞城镇化。具有一定历史传统的民族文化，实质上决定着一座城市的灵魂和定位，一旦遭到人为地破坏就很难恢复。一些民族地区的城镇化建设一味贪大求洋、拆旧建新，人为地毁掉了许多具有传统文化记忆的旧建筑，使不少新建的城市千城一面，不仅失去了它本来的文化记忆，也失去了它应有的地方特色。在民族地区未来的城镇化建设中，一定要明确城市发展的文化定位，注重对已经剩下不多的民族传统文化的保护，为后代子孙留住“乡愁”和“记忆”。如果说我国上一段的城镇化是在比谁的城市摊得大、地标性建筑多；那么，下一段城镇化应当比居民有什么样的生活质量，有没有经济、文化和技术活动，因为这些恰恰是衡量城市生活质量的重要元素。在这个问题上地方政府既不能够缺位，也不能够越位，应当切实把由社会完成的任务交给企业去做、交给社会组织去做、交给公民个人去做。由于在不同阶层、不同职业中的“人”，对城镇化建设现实中的具体问题有不同的意见和看法，政府的责任就是要时刻关注并全面衡量这些“人”的利益，因势利导地做好规范和引导工作。

农民工转化为城镇居民比征地拆迁安置更为复杂。据有关资料统计，2014 年，我国城镇化率达到 54.77%，全国人户分离人口为 2.98 亿人，其中流动人口为 2.53 亿人，他们绝大多数为进城的农民工。[①]自改革开放以来，过去那种自给自足式的传统农民基本上不存在了，传统意义上的农民正在走向历史的终结，意味着在他们当中有相当大的一部分人将转换身份，即由农民、农民工转化为城里人（市民）。而在民族地区“农民的终结”，不只是意味着农民身份的转换，还深刻地寓意新一代公民的成长，因为传统农民对公民身份还缺乏自觉认同，并不像城里人那样富有自豪感和充满自信。当然由农民工转化为城镇居民，要比被征地拆迁安置转化为城镇居民复杂得多，它不仅涉及户籍制度的瓶颈问题，而且涉及就业与依附在户籍制度上的诸多保障制度和社会福利问题不好解决。对于相当大的一部分农民、农民工

① 张进中、杨君、王君：《如何走好新型城镇化之路》，载《光明日报》，2014-12-25。

而言，尽管他们的户籍改变了，但是他们骨子里依然是“农民”。农民、农民工真正成为市民的关键要素，是他们素质和观念的城镇化。人的城镇化是没有快速解决的办法的，也不可能用数量或者百分比去衡量的，因为在人的整体素质中，包含着人的思想素质、道德素质、思维素质、科学文化素质和身体健康素质等诸多内容，人的能力（即人的综合素质）又居于第一位。如果说农民、农民工在进城之前，主要是靠体力能力吃饭的话；那么，在农民、农民工进城之后，他们除了要有一个健康的体魄之外，则主要是靠技术能力、适应能力和创造力吃饭。农民融入城市是一个渐进和蜕变的过程，一个纯朴的农民家庭要真正融入城市里去，一般来说需要一两代人的艰苦努力才行。这就决定了在民族地区城镇化的进程中，地方政府必须始终坚持把提高农民的整体素质放到第一位，切实做到以提高人的能力为主体、以提高人的能力为本位。对那些已经在城镇就业和居住，但是还没有落实户口的外来人口，要以居住证为载体为他们提供相应的基本公共服务，统筹解决农民工的就业机会、住房、社会保险和子女教育等一系列现实问题。而不是片面强调农民工市民化的成本测算，用成本核算的方法把进城务工的农民工排斥在公共服务之外。

三、民族地区实现人的城镇化的路径抉择

从制度安排上调整城乡关系问题。我国从 1983 年开始的撤县设市运动，尽管在 1997 年被国务院叫停，但是时至今日仍然高潮不迭，老百姓确实遭遇了快速城镇化之痛，说严重点就是对农民群众的不尊重。其实官员们都心知肚明，城市化最根本的问题是人的城市化，而不是闹哄哄地人为造城运动，撤县设市并不是农村城市化的最佳捷径。现实中存在的“空城”和“鬼城”的数量，实际上比报纸上公开披露的要多。没有产业做支撑的城市和过度膨胀的资源型城市，已经无情地成为房地产的泡沫。无论是县还是市搞城镇化或城市化建设，都必须妥善地处理好“城”与“乡”、“产”与“城”的关系，尤其要走出盲目追求扩大城市规模、扩大城市空间的怪圈，不能够再以牺牲农业、生态和环境为代价，必须着眼于提升公共服务满

足民众权益，推动城乡基础设施一体化和公共服务均等化，真正实现农村人口城市化。[①]《国家新型城镇化规划(2014—2020年)》提出了我国有效城镇化改革的路径，即“以人为本”的发展目标和“可持续发展”的基本思路，强调要在中国特色的户籍管理体制下，依法依规地解决好农民工进城安家落户问题。[②]城镇化是解决“三农问题”的根本出路，民族地区城镇化与新农村建设，犹如城乡统筹发展的车之两轮、鸟之两翼的关系，它们之间互相促进、互为支撑，缺一不可。民族地区城镇化、现代化发展严重滞后是一个事实，没有民族地区农村的现代化，就不能说完成了民族地区城镇化建设的任务。鉴于民族地区幅员辽阔、人口居住分散的实际情况，即使民族地区城镇化建设进入了稳定的发展期，仍然会有近亿人口继续居住在农村，土地权益和房产权能，也仍然是农村留守农民和进城农民工最为关心的问题。另外，农村人口不可能全部进入城镇，采取“就地城镇化”的办法，使那些在农村生产生活的农民，也能够享受到城里同等的生活条件和生活质量，实现共同分享城镇化、城乡一体化发展的成果。可以通过借鉴和推广“农民工业园”的方式，降低民族地区城镇发展成本，增加民族地区城镇平等发展机会。譬如，中国在20世纪80年代的成功经验，是乡镇企业通过低劳动力成本、廉价土地和低环境成本，赢得了乡镇企业的快速发展。现在也有经验，例如在广东番禺和四川都有集体办的工业园区，不仅园区管理得非常好，资源配置也极为合理。当地政府把创办工业园区的权力交给农民自己，由农民直接同企业谈判，政府只规定不能够做什么，如必须保护自然生态环境、人文地理环境等。由于这些工业园区不需要政府搞征地拆迁，也不用额外增加经济补偿，农民还可以承担工业园区的低成本扩张。[③]因而有一些集体还通

① 冯华、王伟健：《农民转市民，成本怎么算？》，载《人民日报》，2015-03-20。

②《国家新型城镇化规划(2014—2020年)》指出：“目前我国常住人口城镇化率为53.7%，户籍人口城镇化率只有36%左右，不仅远低于发达国家80%的平均水平，也低于人均收入与我国相近的发展中国家60%的平均水平，还有较大的发展空间。”“中西部地区发展相对滞后，一个重要原因就是城镇化发展很不平衡，中西部城市发育明显不足。目前东部地区常住人口城镇化率达到62.2%，而中部、西部地区分别只有48.5%、44.8%。”《国家新型城镇化规划(2014—2020年)》，载《人民日报》，2014-03-17。

③ 胡印斌、陈显玲：《“撤县设市”不是城市化捷径》，载《文摘报》，2015-04-30。

过招标的方式，引进当地和外地人才参加工业园区的开发管理工作，农民依靠自己的能力经营和打理园区，既大幅度地提高了园区的经济效益，又大幅度降低了管理的行政成本。这种政府引导农民就地现代化、就地城镇化的方式，也许是民族地区城镇化的重要补充形式。诚如 2013 年 11 月 12 日习近平在中共十八届三中全会第二次全体会议上的讲话所言，无论是改革还是城镇化建设，如果不能给农民带来实实在在的切身利益，如果不能创造一个公平正义的社会环境，都将会失去它本来的意义。①

从权利保障上落实生存权和发展权问题。保障民族地区农民的基本权利有两个维度：一个是精神的，即平等观念的实现；另一个是物质的，即经济利益的实现。无论是城市市民抑或是农村农民，在法律制度面前人人平等。要想让 2 亿多进城务工的农民工在城里留得住，就需要通过推行公租房与市场化住房双轨制，以租房为主来解决流动人口的住房问题；还要允许灵活就业的农民工，在流入地参加城镇职工的养老保险、城镇居民医疗保险，逐步缩小进城农民工在教育、社会保障、就业服务诸方面与城镇居民的实际差距，激发农民工的消费欲望，拉动城镇内需增长。当然在一定条件下也允许“合理差别”的存在，但是令人担忧的是这种“合理的差别”往往被滥用，或者被视为事实上不平等的借口。因此，在民族地区城镇化的进程中，要设法逐步缩小直至最终消灭这种差别，在当下尤其是要设法避免把这种差别不适当地体现在基本权利方面。经济权利是公民最基本的权利，农民经济权利的核心是他们的切身利益。因而城镇化建设无论如何不能再以牺牲农民的经济利益为代价，城镇化的过程必须是农民积极参与的、促使农民经济利益实现的过程。例如，农民进城前的土地承包经营权、宅基地使用权、集体资产收益分配权，都是法律赋予农民的基本财产权利；农民进城后享受与城市居民相同的基本公共服务则是公民

① 习近平：“全面深化改革必须着眼创造更加公平正义的社会环境，不断克服各种有违公平正义的现象，使改革发展成果更多更公平惠及全体人民。如果不能给老百姓带来实实在在的利益，如果不能创造更加公平的社会环境，甚至导致更多不公平，改革就失去意义，也不可能持续。”习近平：《切实把思想统一到党的十八届三中全会精神上来》，载《求是》，2014（1），3～7页。

权利，这两者都是进城务工人员应有的权益，它们之间既不矛盾也不冲突。在新型城镇化背景下的农村土地制度改革，说到底就是要解决好农村土地产权问题，继续坚持城市土地归国家所有、农村土地归集体所有的二元结构，同时明确农村集体经营性建设用地可以进入一元化市场，使农村土地和城市土地一样具有同等的权利。从农民工人权保障的角度看，在他们实现角色转换，即在农民工市民化的过程中，千万不能要求农民工以放弃这些财产权利为条件来换取城市公民权利。在深化农村土地制度改革和城镇化的过程中，如何有效地处置进城落户农民在农村原有的土地财产权利，是带着财产权利进城还是有偿退出，一定要尊重农民自己的意愿。农民工要真正在城镇扎下根来，不经过一两代人的艰苦努力是不可能的。允许他们保留在农村的部分财产权利，既有利于保护农民生存和发展权，又有利于社会的稳定。

从社会保障上解决养老保险问题。民族地区是我国贫困人口的主要来源，面临着较高的贫困风险和贫困发生率。仅从人均国内生产总值数据看，2013 年凉山彝族自治州人均国内生产总值仅为四川省、全国平均水平的 35.65% 和 28%。截至 2013 年底，按照人均纯收入低于 2300 元的新标准，凉山农村贫困人口为 47.6 万人，农村贫困发生率为 46.08%，远远高于全国的 15.41%。另据有关专家估算，政府每征收 0.067 公顷耕地，就会产生 1.5 个失地农民。越来越多的民族地区的农民，一旦失去土地，立马就成了“务农无地、上班无岗、社保无份”的特殊弱势群体。从第六次全国人口普查资料看，2010 年，民族地区 8 省（区）绝大多数 60 岁和 60 岁以上的老年人，生活主要来源为劳动收入和家庭其他成员的供养，合计均超过了 87%；而主要依赖离退休养老金、最低生活保障金、财产性收入和其他收入的极少。[①] 尽管少数民族地区一般都建立了失地农民的社会保障体系，但由于多数是以安置和补偿现金为主，事实上还没有形成具有保障性的长效机制，农民一旦失去赖以生产和生活的土地，就会出现生活无依靠、养老无保障的情况。有效解决失地农民的养老保险问题，不仅是失地农民的生存需要，而且是民族地区政府的职责所在。失地

① 蔡养泉：《执法权与隐私权的平衡点》，载《文摘报》，2015-06-11。

农民养老保险问题的解决程度，直接关系城乡一体化发展的进程。为此，民族地区政府应当在提高失地农民补偿标准、增加农民收入的基础上，尽快建立起以市场为导向的失地农民就业机制，为他们的再就业提供良好的再就业环境；尽快建立统一的人力资源市场，保证劳动力之间的公平竞争，规范劳动力再就业市场行为；尽快完善公共服务机构的信息化建设，保障失地农民能够及时获得就业信息，增加民族地区农民就业机会；尽快建立失地农民最低生活保障制度，完善民族地区的基本养老保险制度，为民族地区失地农民享有最低生活保障提供一定的物质基础。我国的养老服务目前仍然是由政府主导，国家至今未出台专门针对老年人身体状况和服务需求评估的政策意见，养老服务准入和提供标准建设滞后，所有这些无疑增加了民族地区养老保险的难度。2010 年 10 月出台的《中华人民共和国社会保险法》，尽管解决了社保跨省区转移等问题，但仍然存在不少亟待完善的地方，如不同的参保人所获得的保障水平完全取决于个人的账户。要妥善解决民族地区养老保险问题，必须建立以政府为责任主体的社会养老保险制度，实现养老保险制度的反贫困功能和贫困人口的全覆盖；同时通过立法的方式加大中央财政对民族地区农村养老保险的转移支付，规定民族地区农村集体养老保险的集体补助责任，创新农村社会养老保险个人缴费筹资方式，促成失地农民的养老保险同新农保一样，尽快实现与三大保险的衔接转换。

从金融创新上解决资金短缺问题。新型城镇化建设意味着农民的生产方式和生活方式的重大转变和升级，也预示着巨大的消费潜力得以释放。新型城镇化建设所需的大量资金，单纯依靠政府投入和土地财政是没有办法解决的，必须借助金融市场的作用汲取社会资本参入。我国当下的农村金融体系，主要由农村信用社、农业银行和农业发展银行组成。为防范农村金融风险，国家关闭了农村合作基金会和其他非正规的金融组织，从而使得农村信用社成为向农村和农业提供金融服务的核心力量。无论是早期的“打捆贷款”“银政合作”，还是近期的“土地财政＋平台负债”，无一例外都是政府信用与市场化融资相结合的具体方式。实事求是地说，现行的融资模式仍然存在诸多问题，其中最突出的问题有两个：一是政府过度依赖债务融资形成了较大的财政风险，二是过于依赖土地财政不利于可持续发展。有关研究表明，土地财政每增加 1 个百分点，农村耕地面积将减少 0.01 个百分点。它不仅直接造成耕地的逐年减少和逼近“耕地红线”，而且还容易诱发地方政府违法违规滥用耕地，滋生官员权力寻租和贪腐行为。为了解决农村城镇化建设融资难问题，应当通过完善融资法律体系、深化融资体制改革的途径，依法创新农村合作金融组织，为农村和农民创设一种正常的融资渠道。通过大力发展遍布全国的农村合作金融组织，不仅可以有效地分散和化解商业性金融机构的融资压力，而且能够有效地控制金融风险的扩散和传导。与此同时，还要大力吸引社会资本参与城市化和城镇化建设，尤其是提高社会资本对城镇基础设施投入。社会资本参与城市化和城镇化建设的方式，目前主要有特许经营权模式、基础设施资产证化模式、基础设施产业投资基金模式、城投债模式等。[①] 这样做不仅可以弥补城镇化建设资金不足、分散项目建设的运作风险，而且可以在一定程度上监督资金的正当使用。

① 廖艳：《论少数民族传统生计的国际人权法保护》，载《贵州民族研究》，2015（4），1 ~ 2页。

新型城镇化进程中游牧民族地区教育发展研究
——新疆和布克赛尔蒙古自治县初步调查分析

曲木铁西　常永才　满都玛　郭国燕

城镇化已经成为民族地区社会文化发展变迁的突出态势，尤其是对于游牧传统为主的蒙古族地区来说，这种发展态势更是值得我们关注的。

“城镇化”的概念最早于1867年由西班牙工程师A.Serdad在其著作《城镇化的基本理论》中提出。一般而言，“城镇化”就是指人口和各种生产要素逐渐向城镇集聚的过程，在这个过程中，农民从农业向非农产业转移，越来越多的人口从分散的农村向城镇集中，城镇基础设施、服务设施不断完善，人们的生活方式以及价值观等向城镇性状态转变。[①]城镇化就是人口由农村向城市转移的过程。主要包括人口集聚、非农产业扩大、城镇空间扩张和城镇观念意识转化等方面的内容。2012年，中央经济工作会议首次正式提出“把生态文明理念和原则全面融入城镇化全过程，走集约、智能、绿色、低碳的新型城镇化道路”，将之确立为未来中国经济发展新的增长动力和扩大内需的重要手段。关于“新型城镇化”的概念，因学界研究的侧重点不同而有不同的解释，暂未统一定义。其内涵是在原有城镇化

① 李美荣、郭宁、刘文静：《新疆城镇化发展研究综述》，载《黑龙江民族丛刊》，2009（3），81页。

内容上的延伸，其主旨“以民生、可持续发展和质量为内涵，以追求平等、幸福、转型、绿色、健康和集约为核心目标，以实现区域统筹与协调一体、产业升级与低碳转型、生态文明和集约高效、制度改革和体制创新为重点内容的崭新的城镇化过程”①。

我国民族地区的城镇化进程也因自然地理、政治经济、语言文化等的多样性，彰显出各自独特的发展趋势和特点。在这一过程中，民族教育作为推动城镇化进程的主要内容和驱动力，不仅积累了诸多经验，同时也遇到了很多的挑战与问题。特别是游牧少数民族地区，地域广阔，牧民居住分散且流动性大，牧民子女入学存在一定困难。为了进一步了解在新型城镇化背景下西部游牧少数民族地区教育的发展情况，我们一行于 2015 年 10 月中旬对新疆维吾尔自治区北疆地区和布克赛尔蒙古自治县进行了实地调查。调查和布克赛尔蒙古自治县的缘由有以下几点：一是和布克赛尔蒙古自治县是游牧传统深厚的边境地区，其城镇化无疑会不同于内地，也不同于一般民族地区；二是新疆的蒙古族分布较广，蒙古族地区多处于极为重要的战略位置，但人们对其教育研究较为薄弱。

我们调查的步骤是：首先，走访该县教育局，通过听取主要领导的汇报与他们的交流、访谈分管双语教育的领导和职员、查阅资料等，对该县民族教育的整体情况有个初步认识。其次，走访县幼儿园、城关小学（蒙古族、哈萨克族、汉族合校的中心小学）、县一中（蒙古族完全中学）、县查干库勒乡小学等园校，对学校领导、部分资深班主任和教师进行深入访谈，了解城镇化背景下民族教育面临的具体问题和教师群体对这一趋势的认识。再次，体验观察城镇和牧区蒙古族家庭生活，访谈部分家长，了解蒙古族家庭生活的变化、对孩子教育方面的态度和行为等情况。最后，实地观察县城建筑、寺院、准噶尔汗国遗址、江格尔文化博物馆、东归英雄文化广场等场所，对该县城镇化程度和地域特色文化建设做直观了解。本次调研通过

① 单卓然、黄亚平：《“新型城镇化”概念内涵、目标内容、规划策略及认知误区解析》，载《城市规划学刊》，2013（2），16页。

查阅文献，对行政官员、教师、学生、家长的深入访谈和参与观察等手段，初步了解新型城镇化背景下游牧少数民族地区民族教育发展的成就与问题。

一、前城镇化的历史传统与教育发展

（一）自然生态环境

和布克赛尔蒙古自治县位于我国最西北端，同哈萨克斯坦共和国斋桑县接壤，国界线长达142公里，是新疆维吾尔自治区唯一的蒙古族自治县。县名“和布克赛尔”被当地百姓释为“梅花鹿出没的地方”，因为当地赛尔山中曾有过许多“霍博古”（蒙古语“梅花鹿”），梅花鹿栖息的赛尔山被称为“霍博克赛尔”，后音译为“和布克赛尔”。新中国成立刚建县时为“和丰县”，意为“物产丰富、和美家园、五谷丰登的地方”。县域总面积30589.2平方公里，占全疆总面积的1.9%。全县东西最长210公里，南北最宽207公里。地形地貌较为复杂，有山地、丘陵、平原和荒漠。县境海拔最高点为赛尔山的木斯套峰，海拔3835米，终年积雪；最低点位于准噶尔盆地已干涸的玛纳斯湖，海拔249米。县北部以山地为主，主要有塞尔山、哈同山和铁布克山等山脉。南部为准噶尔盆地的一部分，中部为中低山丘陵区。自治县属于温带大陆性气候，降水量少，气候干旱。全县年平均气温为3.9℃，降水量较少，年平均降水量为143毫米，总的分布趋势北多南少，西多东少，山区多于平原。春秋多大风，北部山区8级以上大风年平均为70天以上，是全疆30个牧业易灾县之一。自然资源丰富，天然草场辽阔，野生植物种类繁多，中药材达几百种；野生动物分布广，拥有鹅喉羚、石雕、雪兔、金雕、高山雪鸡等国家保护的珍贵禽兽；矿产资源丰富，蕴藏有无烟煤、食盐、黄金、花岗石、膨润土、石英砂、铁矿等26种，尤其是石油天然气资源丰富。北部草原辽阔，全县草场面积2152万亩。南部土地广袤肥沃，其中察和特农业综合开发区内有300万亩原始宜农荒地；景色秀美，有避暑胜地、江格尔文化遗产、古墓、岩画等特色旅游资源以及天然热气泉疗养资源。[1] 牧区依然保持逐水草而居的游牧生产方式，按放牧利用季节的生产特性划分四季牧场，拥有天然草场 2152 万亩，占全县总面积的 66%。草场类型多为荒漠、半荒漠和高山草甸。

（二）历史与传统文化

1. 历史沿革

和布克赛尔蒙古族是新疆卫拉特土尔扈特部蒙古人的后裔，有着辉煌雄壮的历史。和布克赛尔地区历来是游牧民族繁衍之地。在秦汉时期为塞种人、乌孙、匈奴等民族的游牧地；宋建炎元年（1127 年），称霍博（火孛），属西辽汗国的村落。宋嘉定十一年（1218 年），归属成吉思汗蒙古政权。宋宝庆三年（1227 年），属西域城邦国的辖地。16 世纪起，成为卫拉特土尔扈特部游牧地。土尔扈特部在 15 世纪初成为四卫拉特成员后，自原驻牧地蒙古高原的布和木伦河流域迁移阿勒泰山脉西侧驻牧，直到 1628 年西迁伏尔加河流域。17 世纪初，土尔扈特部远徙伏尔加河下游，开始了长达一个半世纪的游牧生活，此时的和布克赛尔成为准噶尔部游牧地。17 世纪 30 年代，巴图尔珲台吉在和布克赛尔创建了准噶尔汗国都城。乾隆三十六年（1771 年），土尔扈特蒙古人回归祖国，清廷对其实行分而治之的政策，土尔扈特各盟被划到天山南北各地。乾隆皇帝封策伯克多尔济为乌讷恩素珠克图和硕亲王，赐号布延图，实行盟旗制管理体制，称北路乌讷恩素珠克图旧土尔扈特北路盟，下设三旗，牧地即今和布克赛尔，直到民国时期，前后共有 9 个世袭王爷主政和布克赛尔 177 年。[2] 民国四年（1915 年）设和什托洛盖县佐；1929 年改县佐为和什托洛盖设置局；1941 年改称和丰设置局；1944 年升格为县，由亲王管理北部，县管理南部，县制与札萨克（旗）制并存；1945 年 8 月 18 日，建立三区革命政权和丰县政府，隶属塔城专区；1950 年建立和丰县人民政府；1954 年 9 月 10 日，成立和布

① 《和布克赛尔蒙古自治县概况》编写组：《和布克赛尔蒙古自治县概况》，13 页，北京，民族出版社，2009。

② 刘亮程：《和布克赛尔之和》，217 ~ 220 页，北京，中国文化出版社，2012。

克赛尔蒙古自治区（县级），1955 年 2 月，更名为和布克赛尔蒙古自治县。[①]

2. 语言文化习俗

和布克赛尔地区蒙古族的生产方式是“逐水草而居”，以畜牧业为主体的游牧经济。和布克赛尔蒙古人使用阿尔泰语系蒙古语族蒙古语卫拉特方言。17 世纪末至 20 世纪 70 年代，普遍使用“托忒”蒙古文。“托忒”，蒙古语为“清楚、明了”之意。1648 年，由和硕特人札雅班第达，在古代蒙古语（回鹘式蒙古文）的基础上创制而成。新中国成立后逐渐改成胡土木蒙古文。土尔扈特蒙古人曾信仰过萨满教。元朝起，信仰藏传佛教。宗教文化氛围浓厚，有燃灯节、麦德尔节等诸多传统节日。如巴音云都尔敖包，每年农历四五月在这里举行“塔克尔干”祭祀神灵活动。最具特色的有英雄史诗说唱、托布秀尔演奏、祝赞词颂、跳萨吾尔登舞、唱长调等民间艺术文化传统。其中作为卫拉特蒙古各部共同的文化特质、规模宏大的英雄史诗——《江格尔》广泛流传于和布克赛尔民间。因江格尔齐（蒙古语，意为专门演唱《江格尔》的民间艺人）多、收集《江格尔》章节多、民间遗迹和《江格尔》中谈到的地名相似地多，而使和布克赛尔有着“江格尔之乡”的美誉。

（三）教育传统

和布克赛尔蒙古自治县的蒙古族传统社会教育主要是传统教育和藏传佛教寺院教育，教育内容以游牧文化、传统道德文化和藏传佛教文化为主，教育方法主要是以训言、禁忌、游戏为手段的游牧生活教育。

和布克赛尔蒙古自治县的现代学校教育起始于 20 世纪初，但因种种原因直至新中国成立还未形成气候。和布克赛尔县现代学校教育始于于清光绪二十七年（1901 年）的私人学堂，民国二十二年（1933 年），和什托洛盖先后 3 次从额敏聘乔仑、恰卡、布云等蒙古族先生给学生授课，主要学习算术和宗教知识。1935 年

① 《和布克赛尔蒙古自治县概况》编写组:《和布克赛尔蒙古自治县概况》，58 ~ 62 页，北京，民族出版社，2009。

前，全县有一所蒙古族和两所哈萨克族私塾性质的小学，共有6名教师，学生总数200人左右，仅占适龄儿童的10%，而且学生大多出自王公之门、殷富之家。1940年3月，和布克赛尔草原上成立了最早的全日制学校——和什托洛盖蒙古族小学。此后，全县学校经过几次分分合合的变更，到新中国成立前夕，全县只有6所学校，分别位于县城、和什托洛盖、奎得克、多浪特、蒙根布鲁克和阿吾孜希，教师有25人，学生近300人。文盲率占全县总人口的90%以上。[①] 新中国成立后，和布克赛尔蒙古自治县的民族教育体系逐步健全，改革开放后，全县民族教育更是有了前所未有的发展。

二、新形势下的变迁：城镇化

（一）促使少数民族牧区城镇化的原因

自和布克赛尔蒙古自治县成立以来，该地区少数民族的城镇化趋势不断加强。促成城镇化的主要原因可以归结为以下几点。

1. 政策引导

改革开放后，和布克赛尔蒙古自治县城市建设纳入国家规划，城市面貌逐年改观，到居民点定居者逐年增多。近年来，全县认真落实自治区新型城镇化行动计划，立足经济和社会发展全局，坚持规划先行，按照“拓展城镇空间、完善城镇功能、调整城乡结构、提升城镇品位”的总体思路，努力打造特色城镇，城镇化水平大幅提高，使小城镇建设日新月异。首先，综合性的政治经济政策和地方具体的规划措施加快了城乡一体化进程。中央新疆工作座谈会的召开及全国十九省市对口援疆为加快新疆城镇化进程提供了新的发展机遇和平台。和布克赛尔蒙古自治县依托县域矿产资源十分富集的优势，把新型工业化、江格尔文化旅游与新型城镇化、园

① 《和布克赛尔蒙古自治县概况》编写组：《和布克赛尔蒙古自治县概况》，197页，北京，民族出版社，2009。

区和城区、生产和生活、宜业和宜居有机结合起来，进一步完善了城镇总体规划，加快编制各类专项规划以及重要建筑单位规划。2012 年，县政府委托上海同济城市规划设计研究院重点修编了《和布克赛尔蒙古自治县县域城镇体系规划》《和布克赛尔县县城总体规划修编（2012—2030 年）》《和什托洛盖镇城镇总体规划修编（2012—2030 年）》，同时还编制了《县城与和什托洛盖镇城镇总体风貌规划》及各乡、场、村总体规划等，初步形成以和布克赛尔镇为行政中心、和什托洛盖镇为经济中心的分工明确、布局合理的城镇总体格局。一方面和布克赛尔镇要突出文化特色，打造以江格尔文化为主的文化旅游名镇；另一方面和什托洛盖镇要实现新型工业化和新型城镇化的协调联动，把镇区建设与和丰工业园区建设结合起来，合理利用土地资源，优化产业布局，加快发展现代服务业和物流业。其次，牧民安居富民政策直接推动牧区城镇化进程。为切实改善农牧民居住条件，转变农牧民生产、生活方式，提高农牧民生活水平和质量，县政府加强组织领导，2004 年 10 月，和布克赛尔蒙古自治县成立城乡抗震安居工程领导小组办公室。2010 年 10 月 19 日，成立自治县安居富民工程建设领导小组，领导小组下设办公室。2007 年，提出“四个区域、三个转移”战略部署，并于同年启动了北部山区贫困牧民搬迁定居工程，引导牧民走出大山，因地制宜利用资源优势，多元化、多渠道增收。尤其是近年来，根据自治区安居富民工程建设的要求，将牧民定居、安居富民、兴边富民、扶贫开发等各项资金整合捆绑、集中使用，发挥项目的作用。据了解，2012 年，完成安居富民工程建设任务 1560 户，其中 1200 户为两镇建设的安居富民楼、360 户是各乡镇（场）新建的散户——平房，竣工率达 100%。共投入资金 17646.09 万元，上级拨付 2816.09 万元（中央拨付 1710.83 万元、自治区拨付 1105.26 万元），县补助 3780 万元，农牧民自筹 11050 万元。[①]2013 年一号文件强调统筹协调，促进工业、信息、城镇、农业现代化同步发展，强化现代农业基础支撑，推进新农村建设。在

① 和布克赛尔蒙古自治县党史办公室、地方志办公室编：《和布克赛尔蒙古自治县年鉴（2013）》，232 页，乌鲁木齐，新疆人民出版社，2014。

旧城及棚户区改造中，累计征收房屋1052户，为3000户农牧民在两镇兴建了安居富民楼房，使农牧民享受与城镇居民同样的幸福生活。农牧民自己掏5万多元，政府补贴5万元，按年龄分楼层。加强草原生态保护补助奖励机制工作，确定禁牧草场面积481.8万亩、草畜平衡面积1440万亩，发放补助奖励资金4974.4万元。[①]按照全县城镇化发展规划要求，调整学校布局，采取撤校合并等措施，统一在县城集中办学，资源共享。

2. 信息交通的便利

和布克赛尔蒙古自治县自古以来即为重要的交通要道。秦汉时，为丝绸之路北道驿站分支。十六七世纪，是卫拉特蒙古重要的政治经济中心。17世纪30年代，准噶尔部首领巴图尔珲台吉，从俄罗斯等国家和地区请来工匠，在这里创建了准噶尔汗国城堡。据文献记载，该城中有首领们的宫殿，还有寺庙、商铺、手工坊等，甚至从其他地区引进家禽养殖，定居牧民种植农作物，各地商人纷纷前往设立货栈，进行贸易。这是游牧民族在草原上搭建固定的居民城镇的一个举措。现该城的遗址在县城东南5公里处。我们在调研中游览了这一城堡遗址，遗址虽有残缺，但地基城貌依然坚固、威武，让人不由得想起卫拉特蒙古曾经的辉煌。从相关文献中我们也看出这一地方的重要性。民国时期该县修建了公路，可以通汽车。新中国成立后县乡公路建设有了很大发展。现在县公路总里程为859公里（不含兵团）。交通事业得到了迅猛发展。从1956年，县供销社购进第一辆基斯－150型汽车，到2004年，全县各类运营客货车达892辆，全年客运量达128万人次。2012年，启动了和丰机场建设前期工作。牧民购买私家车、摩托车等交通工具的现象逐年增加，交通工具更新速度不断加快。随着信息现代化事业的发展，牧民进城条件也不断改善，尤其是手机等现代通信科技的普及，进一步促进了牧区居民学习知识、开阔视野，间接地推动了新型城镇化的进程。

① 和布克赛尔蒙古自治县党史办公室、地方志办公室编：《和布克赛尔蒙古自治县年鉴（2013）》，183页，乌鲁木齐，新疆人民出版社，2014。

（二）城镇化进展情况

1. 人口、民族及其分布

“十一五”到“十二五”以来，和布克赛尔蒙古自治县城镇人口由2.4万人增到2.95万人，城镇化率由46.6%提升到55.3%。[①] 2012年，全县人口总数 5.7万人，其中少数民族人口为33664人，共有蒙古族、汉族、哈萨克族、维吾尔族、塔塔尔族等19个民族。县辖2镇5乡4个牧场1个农业综合开发区。全县分为3个区：北部牧农林区，牧业人口占全县总人口的 59.3%；东部丘陵平原区，属纯牧业区，牧区人口占全县总人口的38%；南部农副林区，属农作物种植区，总产量占全县的 50%。

2. 城镇化水平

随着城镇化的进程加快，城镇化的质量内涵也在不断提升。全县城镇化水平已由“十五”时期的40.2%到“十一五”时期的46.6%提高到“十二五”时期的55.3%，已领先于塔城地区5县2市（塔城市46%、乌苏40%、沙湾42%、裕民44.7%、托里32%、额敏26%），走在全国、新疆及塔城地区的前列（2011年全国城镇化水平51.3%、新疆42.3%、塔城42%）。城镇基础设施不断完善，修缮了江格尔文化广场，并投资1400万元完成江格尔宫主帐主体工程、安居富民楼、综合体育馆等一系列重点民生工程。目前，县城建成区面积422.72公顷，形成两纵两横的道路骨架，总长度12.31公里，自来水普及率达78%，污水处理率达0.96%，建成区绿化覆盖面积186.97公顷（包括沼泽地、湿地），绿地覆盖率42.6%。一方面突出和布克赛尔镇的文化特色，打造以江格尔文化为主的文化旅游名镇，另一方面实现和什托洛盖镇的新型工业化和新型城镇化的协调联动，把镇区建设与和丰工业园区建设结合起来，合理利用土地资源，优化产业布局，加快发展现代服务业和物流业。

3. 产业发展概况

2012年，和布克赛尔蒙古自治县完成国内生产总值26.05亿元，同比增长18%，农牧渔业实现总产值为 72444.50万元。在整个塔城地区5县2市中，和布

① 梁雪芹：《新疆和布克赛尔县推进新型城镇化建设的思考》，载《实事求是》，2013（3），108页。

克赛尔蒙古自治县的国内生产总值发展水平、三产增加值均排在第五位，经济发展水平在整个塔城地区处于中下水平；从农牧民人均纯收入来看，和布克赛尔蒙古自治县农牧民收入低于塔城地区平均水平2903元，高出新疆平均水平2245元。① 和布克赛尔蒙古自治县地貌特点明显，形成“北牧、中工、南农”的产业群。①畜牧业情况，在全县12个乡镇场中8个乡镇场人口从事畜牧业。畜牧业正逐渐成为重要支柱产业。2012年，全县牲畜最高饲养量达91.05万头（只），同比增长1.6%，年末牲畜存栏48万头（只），同比减少1%，出栏43.05万头（只），出栏率88%，同比增长5%，商品数31.1万头（只），商品率74%，同比增长10%。畜牧业的特色不断显现，初步形成以巴什拜羊、乌珠穆沁羊、绒山羊、新疆褐牛为主的畜牧养殖产业格局。②农业情况。夏孜盖全乡以农业为主，是全县的小麦、粮食、棉花、瓜果生产区，与和什托洛盖镇的中南部农业区一同体现了“南农”特色，其余北部地区主要以牧业为主，有少量种植业和副业，农作物主要有小麦、大麦等。③工业情况。工业逐渐兴起，先后建成火电厂、水泥厂、化工厂、盐场、膨润土厂、建材厂、玻璃制品厂、煤矿等一批工业企业，逐步形成以煤炭、盐业、电力、化工、建材为主的工业体系，初步实现了“草原经济”向“工业经济”的跨越。近年来，和布克赛尔蒙古自治县逐渐引进大企业，如2012年庆华集团仅用101天就研发制造出国内首套油砂热相分离实验装置，填补了新疆空白；中非膨润土公司、宏达盐业公司重组上市即将完成。④文化旅游产业情况。近年来，根据自治区“五区三线”旅游发展战略，深挖江格尔文化内涵，修建完成“江格尔文化宫”，开展主题系列活动，创建“江格尔”国际文化旅游品牌。另外，充分开发米其根乌必勒砾石岩画群、王爷府、巴音云都尔敖包、哈同山岩画、蒙王府热气旅游度假区、哈尔尕图生态旅游区等一系列旅游资源，促进地方文化旅游产业发展，从而为县域广大农牧民剩余劳动力进城就业创造了条件。

① 数据来源：《新疆统计年鉴（2005—2011）》《塔城地区统计年鉴（2005—2011）》《和布克赛尔蒙古自治县统计年鉴（2005—2011）》。

4. 文化变迁

随着城镇化的建设发展，该县蒙古族的生产生活和文化正在发生变化，以游牧生产生活为主的文化传统也随之发生变化。该县蒙古族虽然传统文化保留的较好，但游牧生产生活习俗、人生礼仪习俗中的众多仪式已简化或文化意义已淡化。在调研期间，发现中老年人基本用蒙古语交流，但是年轻人中混合交替使用蒙古、汉双语现象较多。县城里住宅楼、建筑等基本跟其他内陆小城镇一样，整体民族文化特色不是很显著。宗教信仰习俗上，除仍保留有祭敖包等一些萨满教文化迹象外，具有浓厚的藏传佛教色彩。但是大多数年轻人除了大型宗教节日、丧事等外，很少去寺院拜佛。在查干库勒乡附近的寺院，只有一个穿便服的僧人为我们开了佛堂的门。从佛堂的空间布置、佛像等设施完善程度还能看出该寺当年的影响力，但现在整个寺院显得很冷清，未见来寺朝拜的信徒。

三、城镇化进程中的民族教育

（一）民族教育发展成就

1. 民族教育政策

（1）双语教育政策。自 20 世纪 50 年代以来，新疆维吾尔自治区政府重视民族教育，以培养“民汉兼通”双语人才为目的，探索实验了双语教育的不同模式，取得了一定成效。尤其是 2004、2005 年自治区政府先后出台《新疆维吾尔自治区党委、自治区人民政府关于大力推进“双语”教学工作的决定》《新疆维吾尔自治区党委、自治区人民政府关于加强少数民族学前“双语”教育的决定》等文件，进一步促进了双语教学政策落到实处。认真落实国家、自治区和市各项民族教育政策，把民族教育工作摆到了优先发展的战略地位，切实做到主要领导亲自抓，高度重视，高位推动，使全县的双语教育有了较好的发展势头。据调查发现，目前，该县双语教育模式主要有两种 ：一种是民语授课为主加授汉语文课的模式，另一种是汉语授课为主加授民语文课的模式。从 2006 年起，主导推行后者，大力创办双语班，基本以汉语授课为主加授民语文课的模式为主。全县现有的 11 所幼儿园和 3 所小学附设的学前班都实行了双语教学，共开设双语教学班 71 个，双语幼儿在园人数达 1875 人；全县学前两年双语普及率为 97%。有 7 所小学开设了双语教学班 55 个，学生 902 人；2 所民语中学开设了双语教学班 15 个（高中 6 个），学生 429 人（高中 139 人）。全县共有双语教师 407 人，其中学前双语教师 122 人（含私立幼儿园 27 人），小学双语教师 200 人，中学双语教师 85 人。

（2）"两免一补"等惠民政策。和布克赛尔蒙古自治县政府积极兑现"两免一补"资金、普通高中国家助学金、学前免费教育经费等上级财政补贴，县财政支持配套资金。在全疆率先实现 15 年免费教育，每年投入 100 万元奖励教学成绩突出的一线教师，与名校兵团二中、加皇教育集团签订办学合作协议。"两免一补"资金兑现情况：2011 年，家庭经济困难寄宿生生活费补助资金共 208 万元，其中中央补助 90 万元、自治区补助 82 万元、县级财政配套资金 36 万元。2012 年为 608.51 万元。2013 年，兑现农村义务教育保障机制教科书补助 91.36 万元，农村义务教育保障机制公用经费、取暖补助 354.4 万元。2014 年，兑现农村义务教育保障机制经费 609.4 万元，其中县财政投入 58.6 万元，享受补助学生 5544 人。[①]

（3）学校布局调整政策。 2004 年 4 月 9 日，新疆维吾尔自治区出台《新疆维吾尔自治区人民政府办公厅关于自治区中小学校点布局规划指导意见》（新政办发〔2004〕63 号），明确了学校布局优化调整的指导原则。2006 年，教育部出台《关于实事求是地做好农村中小学布局调整工作的通知》（教基〔2006〕10 号），强调要处理好集中办学与就近入学的关系。2010 年，国家、新疆维吾尔自治区相继制定出台的《中长期教育改革和发展规划纲要（2010—2020 年）》，都强调了要按照城乡区域发展的需要和方便学生就近入学的原则，合理规划学校布局。2011、2012 年新疆先后出台《关于印发新疆维吾尔自治区义务教育学校办学基本标准（试行）的通知》

① 和布克赛尔蒙古自治县教育局内部材料：国家课题西部项目"新疆坚持和完善民族区域自治制度研究"和布克赛尔县教育调研材料。

（新教基〔2011〕23号）和《关于进一步优化农村中小学校点布局的通知》（新教发〔2012〕9号），明确了学校服务半径，控制学校办学规模——小学教学网点的服务半径一般不超过3公里，普通高中办学规模原则上不超过3000人，初中和小学原则上不超过2000人，幼儿园原则上不超过360人。2012年4月，《关于编制自治区2012—2020年中小学校点布局总体规划及校园规划的通知》要求以县级为单位组织编制区域校点布局总体规划，包括全县（市）范围内的中小学及特殊教育学校，一校一方案。[①]这些政策的逐步细化，一定程度上整合了全县的教育资源，提高了教育质量，促进了教育的健康发展，也推动了牧区的城镇化。

据了解，10年前极少有牧区家长到县城租房，国家颁布各种惠民政策，牧民生活条件获得了改善，为了让孩子享受城镇学校的优质教育资源，现在牧民在县城买房或租住楼房等现象越来越普遍。尤其是近年撤并合校等学校布局调整政策的落实，更多的牧民家长希望把孩子送到县城上学。据统计，目前小学阶段的牧区孩子30%左右在县城上小学，中学阶段的牧区孩子80%左右在县城上中学。在县城上学的牧区孩子当中，一部分是父亲或母亲跟随孩子到县城专门照顾，另一部分则由爷爷奶奶到县城照顾，还有一部分住在亲戚家，或者是与亲戚的孩子住在一起。可见，民族教育的这些政策的执行，一定程度上推动了当地的城镇化进程，促进了教育的发展。

2. 民族教育成就

新中国成立后，全县大办夜校识字班，办业余中学，在人口聚居的地方基本普及了小学教育。1950年，全县学校发展至22所，在校学生达1126人，教师36人，小学实施四年制教学。1952年，实行集中办学，在全县14个地方办起了固定小学，在校生达1526人，班级数达51个。1954年，创办了第一所初级中学，三年后又发展成为完全中学。1958年，开始实施“两条腿走路”的办学方针，全县兴建公办

① 杨涟慧：《新疆城镇化进程中学校空间布局优化的研究——以吐鲁番市为例》，2页，石河子大学硕士论文，2013。

小学16所，在校生1430人；民办小学1所，在校生190人。“文化大革命”期间，自治县教育受到冲击，严重影响了教育质量。党的十一届三中全会后，恢复和制定了一系列教育的方针政策。因县域地域广阔，牧民居住分散且流动性大，牧民子女入学存在一定困难。1973年，创办了第一所牧业寄宿制学校——阿克塞学校。之后的几年中，又办起了8所寄宿制学校。① 截至2013年，全县有小学15所、中学4所、幼儿园11所，中等职业学校3所，在校（园）生9294人，其中少数民族学生6213人。全县教职工1326人，其中专任教师1051人，特岗教师134人，双语教师456人。② 县政府加大教育投入，加强各学校的信息技术设备的配备力度，目前共有计算机教室17间、计算机709台；多媒体教室22间；远程教育模式三项目学校7所，模式两项目学校6所；接入互联网的学校12所；“新疆远程教育网”直播听课点5个，点播点10个；中小学“双语”现代远程教育班班通项目18套，中小学“双语”现代远程教育计算机室项目2套；生机比达到8∶1，自治县现代远程教育覆盖率达到100%。③

3. 民族教育适应城镇化的有效经验

通过初步调查了解，和布克赛尔蒙古自治县民族教育适应城镇化的有效经验可以归结为以下几点：

（1）以资源分享为引导，拓宽少数民族学生受教育机会。随着城镇化的进程，尤其是该县学校布局调整、集中办学后，拓宽了少数民族学生的受教育机会。少数民族家庭对孩子的教育需求越来越高，学生选择学校或班级的机会随之增多，牧区孩子基本可以跟县城的孩子同样分享优质教育资源，入学率不断提高，高考升学率不断提升。以该县城关小学为例，2004年蒙古、汉、哈萨克族三个学校合校时，学

①《和布克赛尔蒙古自治县概况》编写组:《和布克赛尔蒙古自治县概况》，198～199页，北京，民族出版社，2009。

② 和布克赛尔蒙古自治县教育局内部材料：国家课题西部项目“新疆坚持和完善民族区域自治制度研究”和布克赛尔县教育调研材料。

③ 和布克赛尔蒙古自治县党史办公室、地方志办公室编：《和布克赛尔蒙古自治县年鉴（2013）》，243页，乌鲁木齐，新疆人民出版社，2014。

校人数才 1000 多人，现在随着牧民定居工程的实施，学校响应各级政府教育政策，满足牧民需求，逐渐扩大学校规模，现有教职工 210 人，教学班 62 个，在校学生达 2200 人，其中少数民族学生 1764 人，占学校总人数的 80 %。

(2) 以培训交流为抓手，壮大少数民族师资队伍。近年来，该县教育局多措并举，加强组织领导，优化教师结构，深入开展以“新理念、新课程、新技术和师德教育”为主要内容的教师全员培训，建立层层管理、逐级落实、全员参与的教学研究管理机制，提高培训质量，推进了教师队伍建设。重点以辽宁盘锦援疆和安徽芜湖建立友好县市为契机，采取“请进来、走出去”的方式，拓宽教师交流学习渠道，以点带面逐步提高教师的业务素质。如通过开展“蓝青工程”、结对子“传帮带”及“同课异构”活动，要求青年教师必须上三节汇报课，中高级教师上一节示范课，听课后进行评课等措施，促进双语教师和青年教师的快速成长。成立学校科研室，开展集体备课、读书月、教师课堂教学风采大赛等活动，发挥教师团队精神，集思广益，钻研教学研究，提高教学质量。

(3) 以现代媒体为手段，加深家校沟通。据调查发现，该县普遍存在乡村或牧区的牧民家庭到县城买房或租房，家庭中的父母一方或老人专门在县城看护孩子的现象。这些家长中，一部分家长为了适应时代要求，提高自己的汉语表达能力，学习使用手机、电脑等现代科技产品，可以跟学校的老师用 QQ 群、微信群等现代通信技术和手段加强联系，不断融入城市生活。

(4) 以民族文化进校园为主力，推进特色学校创建活动。为了落实民族民间文化进校园政策，县教育局加强组织领导，要求从幼儿园到各学校都努力挖掘本土教育资源，通过开设民族特色班、校本课程等多方面加强蒙古族传统文化为主题的民族文化进校园活动，在城镇中营造了民族文化氛围。尤其是 2012 年，教育局投入资金 37 万元，启动特色学校建设互动，打造“一校一品”特色办学，逐步实现“文化立校”“特色强校”的发展目标，推进学校民族文化传承活动，丰富校园生活，提高多元文化素养。如县一中作为全县唯一一所蒙古族完全中学，校园文化特色教育成绩斐然。自 2006 年以来，该校先后成立了马头琴演奏、《江格尔》

说唱、蒙古长调、萨吾尔登舞蹈等特色班，同时开发了具有蒙古族特色的校本教材《江格尔》，学校每学年拿出专项资金 3 万元开展具有学校特色的“江格尔杯”自然科学、社会科学和“三语演讲”综合竞赛活动，培养学生传承民族文化的意识和责任感。据了解，该校特色班演出早已走出新疆，走向国际。2009 年 7 月，在第三届维也纳“至高荣耀”金色大厅国际音乐节中获得“奥中青少年国际文化交流先进单位”奖。县城关小学作为该县唯一一所蒙古、汉、哈萨克三个民族合校的综合性中心小学，重视校园文化建设。以“让孩子在阳光下快乐成长”为办学理念，近年来，每年都要举办一届艺术节；积极开展第二课堂活动，每年 4—9 月，开设近 50 个兴趣班；结合县域特色，谱写了民语特色的校歌《沐浴在阳光下》；将蒙古族传统舞蹈萨吾尔登推广为课间舞。有“蒙古族长调基地”美誉的查干库勒乡中心小学，聘用一名民间长调歌手为专职教师，多年开设蒙古族长调班，得到社会各界的普遍好评。

4. 城镇化背景下民族教育发展面临的挑战与问题

通过访谈和参与观察我们了解到，近 5 年来，随着全县城镇化进程的步伐，农牧民的生产方式、教育观念等也随之不断变化。少数民族教育发展也面临诸多的问题和挑战。

（1）学生民汉双语兼通能力不理想。一方面，调查中双语班的老师和家长普遍反映，现在孩子们国家通用语言文字——普通话和规范汉字的使用水平明显提高，但是因脱离牧区传统的生产生活方式，家庭中以母语主动交流引导少、孩子自身接受汉语为主的信息文化接触面广等诸多原因，母语的说、读、写能力逐渐下降。在访谈中，一位县城的家长感慨地说：“我孩子，四岁上的幼儿园，在进幼儿园之前，蒙古语说得非常好，但进入幼儿园后不怎么说，慢慢就忘记了，反而把汉语学得飞快，一回到家就跟我们说汉语，一直到了幼儿园毕业时基本不会说蒙古语了，母语表达很差，现只能听懂一些日常会话。”另一方面，调查了解到牧区孩子的普通话说的能力提高很快，但整体水平还是不高，尤其是在汉字的理解、表达、书写等方面较差。下面是两位校长的访谈内容。

就牧区孩子的汉语水平而言，小学阶段，汉语提高得很快，几乎都在说汉语，见家长时，有些孩子给我当小翻译，虽然表达不清楚，语句不通顺，但是能听清楚，听懂，就是理解能力差，识字量少。学校里学了点汉语，但回家就说母语，汉语学习还是困难。我们家长的需求与现有的情况有差距，家长当然希望自己的孩子既懂自己的母语，又懂汉语，但家长在教育上跟不上，一部分家长理解不了汉语，但希望自己的孩子能够跟社会接轨，结果就存在很多问题，比如一部分孩子到五六年级，上双语班或普通班后，回家不说母语，只讲汉语，因为周围的语言环境是这样的。

——某中心小学校长

双语班政策好，录取的学校多。比如去年我们学校双语班一个学生考到了浙江大学。现在，家长、社会上重视双语班，上双语班就意味着有考到好的学校的可能性。现在我们学校学生汉语听懂、表达都很好。可是双语班的蒙古语是个大问题，针对怎么学蒙古语是个大问题。蒙古语普通班学生上大学时选择的学校很少，固定的几个学校和名额。新疆巴州和博州等蒙古族自治州跟内蒙古的学校有定向学校和定向专业，但我们县还没有。蒙古语普通班学生的出路在哪？双语班的出路好。从小学开设双语班后，没有家长送孩子到蒙古语普通班。也有普通班的学生到中学转双语班的，一开始我们也同意，那是学生自己的选择。现在家长把孩子送双语班的越来越多，普通班的学生到高中转到双语班的学生也越来越多。这导致普通班的生源存在问题，到高二分班时学生很少，没办法分班，带来很多问题。如理科班只有五六个学生，因此，学校现决定普通班的学生不让转到双语班。我们也想保留我们的普通班。因为，开设双语班后，蒙古语的读、说、写等能力明显不如蒙古语普通班。我们也应该学习自己的民族文化。2007 年开设了蒙古族文化特色班，有马头琴演奏、《江格尔》说唱、萨布尔登舞蹈班、长调班。现在我们最大的问题是怎么学好我们母语，汉语有大环境，自然学得好。

——某中学副校长

可见，少数民族学生的民汉兼通能力还是较差。究其原因，主要是少数民族学生缺乏学习语言的行之有效的文化心理工具。尤其是牧区低年级的蒙古族孩子在接受现代学校教育之前基本都以本民族语言习得知识，但到城镇接受现代学校教育后，未经历母语系统化的教育，直接接受汉语授课为主的双语教学后，都会或多或少地承受学习压力和文化心理的不适应。因此，科学的双语教学一定要综合考虑学习语言的规律、民族文化传统的成熟程度、双语师资力量等多方面的因素，不能一概统一化。如对于一个像蒙古族一样语言文字较成熟、传统文化保留较好的民族或地区来说，学前或小学阶段，采取以母语授课为主的过渡性的双语教学，可能更有利于少数民族儿童身心的健康发展。调查中发现，该地区教育行政领导层面积极执行上级政策要求，积极倡导实行以汉语授课为主的第二类双语教学模式，这一模式的急剧执行可能会影响民族教育的健康发展。因为，现阶段学校环境不仅脱离牧区蒙古族儿童的传统的文化语言环境，再加之缺乏高质量双语教师队伍、双语课堂教学经验、教材等，家长的现代文化教育水平普遍较低等众多原因，牧区孩子的双语学习、城镇中生活和健康发展等方面都会遇到众多难题。

(2) 师资队伍短缺，结构性缺损严重。学校布局调整后，边疆县城学校的师资队伍建设有所改善，但也存在学校间教师资源分配不均的现象，双语教师的整体水平不高，教师结构性缺编。调查得知，实行双语教育改革后，导致大量母语授课的老师闲置，双语的数理化老师、专业宿管老师、音体美老师缺编情况较突出。

我们推行的是双语教育模式二，主要是师资力量的问题。强制改成双语教育二类模式后大量母语授课的老师闲置，有些高级教师在看大门，现外地来的年轻老师逐年增加。主要是结构性缺编，就是师资力量薄弱。这也与人事局编制有关，民族双语教师、音体美老师缺乏。

——县教育局工作人员

我们的老师总的还是缺，如母语老师、双语的数学老师、音体美老师的梯队跟不上，一个老师退休就缺了，基本上空档。最大的是老师的转轨问题，一开始咱们老师都是纯民语授课的老师，把这些老师一下子推到双语教学这个平台，让他们改成汉语，老师个人力不从心，承受着众多压力。我们学校教师队伍中间断档情况严重。2007 年特岗进来的年轻老师比较多，30 ～ 40 岁之间的老师少。

——某小学校长

双语教师的整体水平低。调查中发现，双语教师的专业知识、汉语言表达、教学方法、教研创新能力还需要进一步加强。

这里的师资水平比不上内地。我从内地来的，感受很深，挺明显的。这里老师负担重，因为牧区孩子的作业需要一对一地辅导。平时我们想上网看优秀的课件都没时间，我们觉得孩子的能力让我们很累，上面检查时作业必须要全对，所以要反复讲，负担太大。理科成绩普遍差，很多原因导致数学很弱，我教六年数学，觉得孩子们的数学特别差，汉语班的数学差，双语班的更差，比汉语班平均差 20 分。牧区的孩子数学成绩总体上偏低，就一些简单的概念完全不知道。

—— 县中心小学　数学老师

刚开始双语老师的困难很大。民考民的老师用汉语讲课，需要一个转化的过程。有的老师用汉语上课时说着说着就跑调了，台下的孩子就会笑。我是教化学的，课堂上有些概念学生理解起来难时，用蒙古语解释，尽量把这些概念与蒙古族背景知识结合。比如化学中教过滤操作过程的内容时，我会结合牧区做奶制品的工序讲解，这样孩子们明白得快点，也很有兴趣。但用蒙古语解释多了，课时就不够了。考试卷是汉文，跟汉族学生的试卷是一模一样。所以，还是以汉语说得多。总体理科教学效果比较差。我老家是内蒙古的，毕业后就来这里工作了，这里的传统文化底蕴深，但政策性地要求用汉语授课为主，不切合实际，其实像内蒙古一些地区，以母语授课为主，理科让学生做最新的汉语辅导材料，再由老师适当解释，教学效果也挺好呀！

——县第一中学化学老师

（3）课程与教材缺乏民族性和适切性。首先，双语班在课程设置上缺乏多元文化课程。通过调查发现，各个学校在课程设置上跟内地汉语授课的学校基本一致，只多了一门母语课（每星期5课时）。虽然在校本课程和校园文化建设方面，开设《江格尔》说唱、萨吾尔登舞蹈、蒙古族长调、马头琴演奏、陶布秀尔演奏等艺术表演类的特色班，但是，在学科课程中很少涉及民族文化方面的内容，并且暂时未开设多元文化互动性的课程。其次，在教材建设中，存在双语教材贫乏，教材内容理解难度较大，未兼顾地方方言等问题。

在民汉合校的前几年，双语班的汉语文和汉语班的语文是一样的，教材比较深，我们老师都理解有困难，很难给孩子们讲透。现在是用新疆专用版的教材，汉语是汉语，汉语文是汉语文，完全不一样，要求的标准不一样。在双语班把汉语当做一门语言课来上，类似于英语课。

——某中心小学校长

我们第一届双语教学班是2006年开始的，42个学生，双语老师6名。开始时最难的是汉语文课，要求上的汉语文课本是跟汉族学生一样的教材。我们的学生小学时全部课程都是用母语授课的，只加了一门汉语文科目，都是民考民进来的。所以，实行这类双语教学一年以后家长、学校老师都反映教材难。现在，我们的汉语教材是新疆版的针对双语班的教材，我们蒙古族学校用的是哈萨克文、汉文的教材，没有针对新疆蒙古族的蒙古文、汉文双语教材。除蒙古语班的英语和汉语是新疆版以外，其他是内蒙古那边的教材。内蒙古的教材，我们新疆的孩子因方言差异等，教材的理解上也有一定的困难。

——某中学副校长

可见，课程设置和教材建设方面还未完全满足民族学生的需求，缺乏多元化的课程和适切性的教材。一方面，新疆版的双语班教材，暂没有面向蒙古族学生的专门教材，该县蒙古、汉双语班的学生使用的是新疆版的哈萨克语和汉语对照的双语教材，这在一定程度上加重了蒙古、汉双语老师的负担，学生也不适应。另一方面，因蒙古族内部的地域文化差异性，缺乏兼顾当地语言方言的教材，教学中该县学生本身就面临着方言与标准音的难题。该县蒙古族使用卫拉特方言，跟内蒙古方言语音和词汇方面差别较大。调研中蒙古族老师普遍反映，八省区蒙古语言工作协作小组编写的蒙古语文系列教材以内蒙古方言为基础编写，很少涉及卫拉特方言，因此，新疆的蒙古族孩子使用以内蒙古蒙古语编的教材较难，还有需要一定的时间转换应用地方方言与标准音的问题。该县蒙古族学生面临的蒙古、汉双语教材的缺乏，以及教材的不适切性，严重影响了老师的教学效果和学生的学习能力。

（4）学校评价标准单一，缺乏系统性。我们在调研中注意到，无论是管理部门、校外家长，还是校内教师，或是当地社会，对学校的评价中体现出重视学业成绩、安保建设、民族团结等方面的指标，忽视学校校园文化、德育建设等方面内容的特点。对学生评价方面，对学生的勤劳、善良、勇敢、诚实等优秀品德素质重视不足。老师们评价牧区少数民族学生，普遍认为具有朴实、尊师敬长、勇敢、勤劳等品德，但整体评价中还是把学业成绩放在最前和最重要位置。对教师评价方面，重点放在了教师的业务能力上，而忽略了教师在整个育人环节中的贡献。在城镇化背景下，广大农牧区双语教师在双语言表达、学生辅导等方面的投入逐渐增大，但在具体评价中却忽略了这些环节，这在一定程度上挫伤和影响了一部分教师的工作积极性和创新能力。对学生学业的评价，过度统一化，忽视少数民族学生的文化背景差异。访谈中了解到，“民汉学校合校以来，不管是双语班还是汉语班，学业成绩评分，开始时允许有几分差距，但逐年缩小，现已完全按统一标准来要求，教材一样，试卷一样”。“一刀切”的评价标准，与当地文化多样性的背景不相适应，容易影响当地办学水平和办学效益的提升。

（5）“家、校、社”互动少，不到位。城镇化进程中民族地区教育的最大问题是家庭、学校、社区的互动少，尤其是家庭教育的不到位，导致学生学业成绩低、学校管理难等诸多问题。由于牧业生产的特殊性，家长放牧在外，离学校路途遥远，客观上形成家庭情感教育缺失和学习辅导投入少的问题，一部分少数民族家长虽然进城照顾孩子上学，但因自身汉语言能力差、文化程度低、文化观念差异等因素，导致家长与学校互动不够、学生家庭辅导不到位等问题。学校教育追求教学质量和考试成绩重于对学生情感和文化传承等方面的教育，对低龄牧区少数民族儿童的特殊需要考虑较少，寄宿制学生成长需要的文化氛围营造不够。

城镇化后，最大的困难是家庭教育跟不上。通过一些现代先进的方式进行管理，建立QQ群、微信群，开通校园网站等，我们都在做，但一个班真正能通过这些交流的能达到60％就不错了。有时想起来，感觉家长也挺可怜，挺为难的，有些牧业队的家长在山上，连接受信号都很困难，有时候老师给家长打电话，也联系不上人，为什么？因为在山上呀，没有信号。有时候孩子一个星期都见不上父母，冬天，离得远就不只是一个星期了。对孩子的成长并不一定很好，但是现在的发展趋势是这样的。作为家长也无可厚非，都希望给自己孩子创造一个好的教育环境。对他们来说为孩子做出这样的选择都很不容易，谁都想享受天伦之乐，夫妻双方拆分开，甚至让老人带孩子，两口子在山上放羊。牧区少数民族孩子最大的问题是学习辅导，教学要求跟不上，父母看不懂教材，语言能力适应不了学校的要求。

我带过这么一个孩子，当时，还没有这么多牧区孩子大量到县城来，他的爸妈属于思想比较超前的。他爸爸当时是某个牧业村的队长，虽然语言不通，但坚持把最小的孩子送到这里。刚开始一二年级的时候，我特别头疼，我甚至和孩子交流不了，因为他在牧区没有上幼儿园，上学时把孩子放到姑姑家，他姑姑、姑父略懂汉语，但也不是特别流畅，爸妈一句都不懂，六年下来，除假期外没见过母亲，只见过他爸爸，他爸爸来学校总是带着翻译。这个孩子特别有责任心，比如大家一起做值日，他就能按照老师的要求去做，别的孩子有老师不看着就不做的现象，但这个孩子你不管教室里是否有人他都能把事情做好，责任心特别强。这个孩子毕业很长时间了，到现在都忘不掉。这个孩子成绩是怎么提高的呢，三年级之前学习真不行啊，就是到三年级以后，慢慢地口头语言基本可以交流了，我们就乘此机会积极帮助他，甚至最后我们组建了帮助他的助学小团队，慢慢到小学六年级的时候两门课可以及格了。在一二年级的时候，真是话都说不通，字都不会写，我们在教汉字时都有书写笔顺，他只能倒着把它描下来，这已经非常不错了，就是那样的情况下，看着他写作业，不管多晚都要把作业做完才睡。

——某中心小学校长

我们学校的生源主要是牧民的孩子，不像二中等汉语授课的学校。学校一部分学生住宿，还有一部分学生自己租房，或住自己家买的楼房。在思想教育、管理方面确实存在问题。因为父母一个必须放羊，另一个看孩子。对牧民来说只有一个人在牧业上是不可能的，母亲两边跑。母亲不在时，吃饭也是个困难。有的家庭两个娃娃、三个娃娃，有的家庭是兄弟姐妹的娃娃合住在一起，孩子住在一起，大的给小的做饭，大的照顾小的，生活可以，但这样影响学习。大部分牧民的经济还是困难的，虽说课本是免费，但其他方面的投入还是不少。牧民的收入是从羊身上来的，按今年来说，一个最好的羊才 600 多元，有些娃娃吃的方面都有困难。

——某中学副校长

总之，在新型城镇化背景下，虽然不断加强民族教育的硬件建设，但是软件建设方面仍存在诸多问题。这些问题聚焦点主要是家庭教育与学校教育的脱离、传统教育与现代教育的断裂等问题，缺乏一种调适传统与现代、城镇与乡村的教育发展模式。究其原因主要是各界对新型城镇化的认识不足，普遍存在城镇化实施过程中重经济贡献、忽视文化创新的现象，缺乏一种尊重文化多样性的发展模式；民族地区经济社会的整体发展滞后、法律法规等制度不完善、民族语言文化保护和发展意识不强等，导致学校制度层面不全，老师、家长、学生互动不够，文化自觉意识不强，适应与创新经验不足等。

四、对策建议

新型城镇化追求城镇化经济指标的同时必须要理性思考文化的传承。新型城镇化进程需要有文化的支撑，满足城镇化进程中人与自然、人与人、人与社会不同的文化诉求。当前功利化、粗放式的城镇化其实质是文化的缺失。“赶超式”的城镇化导致了城市文化、农村文化和城乡文化的断裂，追求城镇化经济指标的同时，必须理性思考文化的传承，依据哈耶克和诺思的制度变迁理论，我们可以构建城镇化进程中文化传承的制度分析框架。中国城镇化进程中的文化传承存在两条共存共依的基本路径：一是柔性的、非正式制度式的文化自由演进路径；二是刚性的、正式制度式的政府主导文化演进路径。前者有助于促进社会和谐，增强社会凝聚力；后者旨在通过文化制度的反馈反作用于文化传承，继而产生新的演进。[①] 其实这一问题在少数民族教育中的聚焦点是民族传统教育与现代教育的断裂问题。

在新型城镇化背景下，少数民族教育的使命是培养适应新型城镇化所需的多元文化人才。我们可以从文化心理学的视角，观察和研究我国少数民族学生在城镇化进程中遇到的具体困难，为少数民族学生提供有力的文化心理工具。因此，从宏观上，正确认识和把握新型城镇化进程中的民族教育发展规律，找准城镇化与民族教育发展的适切点，通过国家、地方、企业、个体等多方面的联动协作，在政策、法律、资金、技术等多方面向边境民族地区的民族教育事业倾斜，为少数民族教育适应和推动新型城镇化提供有利条件，从而构建多元和谐社会。从微观的教育策略上，我们必须在挖掘和整理少数民族传统文化教育资源的基础上，把其中优秀的资源整合到现代学校教育中，给民族个体的健康快乐发展提供一个有利的文化教育环境。

① 蔡瑞林、陈万明：《城镇化进程中文化的断裂与传承》，载《中州学刊》，2014（11），111 页。

（一）创新教师队伍建设机制，保障双语教师的发展与质量

教师是确保民族教育质量的关键因素。我们必须要重视民族地区教师专业发展，尤其是重视双语教师的培养和发展。

1. 创新教师发展机制建设

近年来，我国制定了教师特岗、轮岗政策，教师培训政策等一系列教师队伍建设方面的政策，但是专门针对少数民族地区双语教师队伍建设方面的内容较少。因此，要创新用人机制，扩大招聘，提高工资待遇，增加跨文化考核指标等，壮大双语教师队伍，优化双语教师队伍的结构，提升双语教师的整体水平。例如，对本研究中涉及的地方财政较好的边境小县，可以针对当地实际，出台一些激励政策，提高双语班班主任工资待遇或在考核制度等方面增加多元文化、跨文化能力的指标，增加双语双文兼通老师的文化贡献方面的特殊加分指标等，激发这些地区教师的工作热情和能量。

2. 创新教师教育培训模式

近年来，民族地区教师参加各级教师培训的机会不断增多，但普遍反映整体培训人数和效果不够理想，培训内容缺乏针对性，很少涉及民族文化、双语教学策略和技术等方面的具体内容，培训形式也较单一。因此，必须因地制宜，挖掘和研究教学一线双语教师的教学成功经验，探索和实验课程中心模式、学校中心模式、项目推进模式、中小学与大学合作模式等多种培训模式，加大培养多元文化涵养的民汉兼通双语教师的力度，为少数民族学生的认知发展提供智力保障。

（二）从教育教学规律出发，科学设置课程和教材建设

民族语言是民族文化的载体，是民族学生身心健康发展的最主要的文化心理工具。因此，社会各界要结合实际，进一步研究民族地区学校的课程设置和教材建设。

1. 基于认知规律开发数理化双语课程与教材

根据民族地区学生理科成绩普遍较差的实际，深入调查研究，研究少数民族学生在理科学习中的具体难点，通过本民族传统文化教育中的自然科学知识资源的系统整理，追寻人类文化中一些普适性的因素，探索研究中介学习策略，促进少数民

族学生学业成效的不断增长，让其轻松愉快地学习和生活。例如，编制一些理科专用名词的双语辅助教材，研究开发一些基于民族文化社会知识体系的理科教学课件、教材等，切实解决双语教师和学生在教学过程中面临的问题。

2. 瞄准当地实际有效开发利用校本课程和乡土教材

贯彻落实民族民间文化进校园政策，鼓励民族地区多方面挖掘和整理当地的优秀文化资源，认真遴选和实验开设地方特色文化校本课程和乡土教材，把传统文化中的优秀内容引进学校，进一步在学科教学中穿插民族传统文化的内容，激发学生的学习兴趣，提高创造力。在课程设置和教材研发过程中要注重民族文化的深层内涵性和实际操作性。例如，可以通过“民间艺人进校园讲课”“民族文化体验探究课程”“乡土知识竞赛”等课程和活动，解决师资教育资源问题，推进学校特色文化建设。

（三）充分考虑民族地区教育实际，构建多层次多元化的评价体系

民族地区社会文化与学校文化丰富而多样性的特点，需要民族教育教学评价的多元化。教育教学评价要发挥评价的导向作用和反馈作用，就必须构建科学而多元化的教育教学评价体系。

1. 教师评价中增加文化贡献性指标

在民族地区教师评价中不仅要考虑教师的业务素质，还应把“双语兼通”能力、多元文化素养等文化贡献率方面的指标考虑进去，这样既符合民族地区实际，又可调动双语教师的积极性和创造性，还为教师的自我发展和努力提供了标准和依据。

2. 学生评价中要增加文化背景差异性指标

对民族地区学生的评价，应从少数民族学生的文化教育背景差异实际出发，在试卷、问卷等测试考核指标的评价工具的具体设计和运用中，注意民族文化中语言文字和文化知识的差异性，避免因评价中的不公平而导致少数民族学生厌学、自卑等文化心理上的不适应问题；在综合评价中重视学生品性指标等内容，激发少数民族学生的学习积极性和主动性，提高学生的全面发展。

（四）根据牧区城镇化的实际，积极推进学校、家庭、社区的有效互动

1. 以培训为引导，提高家长的多元文化素养

通过多层面的培训引导，推动牧区家庭、社区、学校的有效互动。学校、社区可以通过举办“家庭教育辅导”“心理健康”等专题讲座、培训班等手段，传播现代教育文化理念和知识，逐渐提高家长的文化自觉意识和现代文化素养；通过参加“科技培训”“民族文化手工班”等活动，穿插现代教育相关内容，激发家长参与学校教育和社区活动，提升家长的文化互动能力。

2. 以项目为引导，搭好互动的桥梁

通过筹措资金，加大投入，规划和实施多元文化专题项目，加大学校、家庭、社区之间的联系，共同探寻解决城镇化中具体存在的困难和问题，从而推动多元一体化的文化进程，促进民族教育的可持续发展。

参考文献：

[1] 安学斌．边疆民族地区城镇化的理论与路径——边疆民族地区城镇化论坛论集．北京：中国社会科学出版社，2015.

[2] 倪鹏飞，等．教育新结构促进新型城镇化：以宁波等城市为案例．北京：社会科学文献出版社，2015.

[3] A. 柯祖林．心理工具：教育的社会文化研究．黄佳芬，译．上海：华东师范大学出版社，2007.

[4] 周依．文化断层背景下的新型城镇化问题研究，宁夏社会科学，2014（11）.

[5]《和布克赛尔蒙古自治县概况》编写组．和布克赛尔蒙古自治县概况．北京：民族出版社，2009.

[6] 和布克赛尔蒙古自治县党史办公室，地方志办公室．和布克赛尔蒙古自治县年鉴（2013）．乌鲁木齐：新疆人民出版社，2014.

[7] 梁雪芹．新疆和布克赛尔县推进新型城镇化建设的思考．实事求是，2013(3).

[8] 刘亮程．和布克赛尔之和．北京：中国文化出版社，2012.

贵州少数民族地区农村人口城镇化的制约因素及发展路径

蒋焕洲

促进农村人口城镇化的人口配置是即将实施的国家主体功能区划提出的一个重大发展命题。农村人口城镇化是指农村人口非农化和地域的转移，以及社会生活方式城镇化转变的过程。贵州全面建设小康社会，关键在少数民族地区的农村人口，重点和难点还是在少数民族地区的农村人口。而促进贵州少数民族地区农村人口的城镇化发展，是有效转移贵州少数民族地区农村剩余劳动力，发展农村经济，转变农村居民社会生活方式，破解“三农”问题的关键所在。

一、贵州少数民族地区城镇化的发展现状

（一）城乡二元结构突出

贵州少数民族地区经济社会发展状况是贵州省情的重要组成部分。贵州是个多民族地区，少数民族人口有1400多万，占全省总人口的39.0%。主要分布在全省3个自治州和11个自治县，以及253个民族乡。民族自治地区土地面积占全省总面积的55.5%。少数民族地区贫困面大、贫困程度深，全省50个国定贫困县中民族

自治地方就有36个，占全省总贫困县的72%。因此，没有贵州少数民族地区的现代化，也就不可能实现全省的现代化。

改革开放以来，贵州民族地区经济社会得到了长足的发展和进步，农村基本摆脱贫困，总体实现小康。但由于各种原因，“欠发达、欠开发”的贵州城乡二元结构十分突出。2007年，贵州城镇居民人均可支配收入和农村居民人均纯收入分别相当于全国平均水平的77%和57%，不仅整体收入水平低于全国，而且城乡居民人均收入的差距正在加速扩大。城乡收入差距已从1978年的2.39倍扩大到2000年的3.73倍，2006年进一步上升到4.59倍。与现代城市相比，贵州少数民族地区的农村是一种落后的聚落形式，远远满足不了居民对发展机会、文明享受、社会交往等高层次的需求，其出路是走城镇化发展的道路。

（二）农村剩余劳动力数量庞大，农村人口非农化转移的愿望强烈

贵州省少数民族90%以上是农村人口，少数民族地区农村剩余劳动力数量长期以来一直保持在高位水平，农村人口剩余劳动力大量积淀。以黔东南苗族侗族自治州为例，2003年，农村人口达到354.25万人，农业劳动力232.81万人，农业就业人口215.23万人，从事第一产业的占88.1%，从事第二产业的占5.5%，从事第三产业的占6.3%。90%以上的劳动力集中在有限的耕地上，大量的富余劳动力滞留在农村。全省农村剩余劳动力达670万人，而且每年还以30万人的速率增加，农村剩余劳动力数量庞大。当农村人口离开农业和农村后，对土地的依赖减小，对工业化城镇化的依赖逐渐增强，非农化转移的愿望强烈。

（三）城镇化发展水平低下

长期以来，在各种因素的严重制约下，贵州少数民族地区农村人口城镇化发展缓慢而滞后，目前尚处于中弱化—弱化的低水平城镇化发展状态。2005年，贵州省城镇化人口比重是26.87%，在全国31个省、市、自治区中排倒数第二位；全省3个自治州城镇化人口比重仅为23.32%，比全省平均水平低3.55个百分点，低于全

省其他6个地区、市7.01个百分点，低水平的城镇化使少数民族地区的城乡二元结构更加突出。因此，亟须加快贵州少数民族地区产业非农化和人口城镇化的发展，化解突出的城乡二元结构，从而实现贵州全面建成小康社会的目标。

（四）农村人口的“异地”转移———非完全式城镇化明显

在少数民族地区农业产业化弱化和工业化水平低下，城市规模发展不足，城市吸收和容纳能力有限，人口就地城市化困难，人口本地城市化缓慢发展的现实条件下，以及经济发达地区高势能经济信息区位优势的吸引，贵州少数民族地区的劳动力向户籍所在地以外的区域跨越式转移活跃，大尺度的外部“异地”城镇化明显。2007年，贵州省农调队对全省33个县、市、区的3200个农村转移劳动力的抽查显示，有37.47%的乡村劳动力在本省县城和乡镇谋生，而62.53%农村剩余劳动力是大尺度跨区域转移（表1）。黔东南苗族侗族自治州台江县2007年抽样调查显示，该县劳动力输出中，省内输出仅占5.9%，省外输出占94.1%；初中以上文化程度占76.5%，高中以上文化程度占5.9%。贵州省少数民族地区农村劳动力主要流向东南沿海等劳动力需求超过供给的经济发达省市，农村劳动力在省内转移的比例很小，而且有60%以上是非完全式城镇化转移，他们农闲在外务工，农忙季节回乡务农，劳动力转移的“两栖性”非常突出。

表1　贵州省乡村剩余劳动力转移的空间分布

地区	农村转移劳动力（人）		比例（%）	
	大城市	县城及乡镇	大城市	县城及乡镇
东部沿海地区	522	1205	16.31	37.65
中部地区	145	47	4.53	1.48
西部地区（不含贵州）	58	24	1.81	0.75
贵州	587	612	18.34	19.13

数据来源：2007年贵州省农调队抽样数。

二、贵州少数民族地区农村人口城镇化发展的制约因素

（一）脆弱的自然环境

贵州 92.5% 的面积为山地和丘陵，是全国唯一没有平原支撑的省份。贵州少数民族地区大多为“八山一水一分田”的典型地形，山高沟深，水土流失、泥石流、滑坡等自然灾害频繁发生，生态环境极为脆弱。光、热、水、土资源等组合常常不匹配，土地的人口承载能力较低，人地矛盾突出。脆弱的自然环境严重制约着民族地区经济发展，影响民族区域农村城镇化进程。与全省全国经济发达地区相比，贵州少数民族地区经济总量小、人均水平低，农村及农民贫困现象严重。2007 年，民族地区生产总值 674.7 亿元，占全省总量的 30.05%，人均 5965 元，仅为全省、全国人均水平的 87% 和 30%；“九五”到“十五”期间，民族自治地方人均国内生产总值比全省 6 个其他地区、市分别低 1481 元、11.22 个百分点。目前全省还没有解决温饱的人口和低收入人口（人均年收入低于 675 元）半数以上分布在民族地区。贵州少数民族地区经济发展滞后，严重贫困的农村及农民，既是现阶段全省解决“三农”问题的主要症结，也是影响民族地区农村人口城镇化发展的重要制约因素。

（二）土地细碎

现行农村土地的集体所有制和土地使用权的家庭承包的一个必然结果是“均田”，即平均分配同等质量的耕地并且造成田块的狭小和破碎，土地破碎使农业和农民发展受到极大束缚。再加上山区自然条件的制约，在贵州少数民族地区形成了众多的单体农户，“土不成田、田不成块、地不成方”致使“屋不成村”。土地与农民居住地之间的生产半径规定了农屋必然是散落的，甚至连建设规模聚落的土地（地块）都难以寻觅，农业规模化经营程度低，农产品加工拉动作用弱。2006 年，全省 3 个民族自治州农业、家庭畜牧业在第一产业中所占比重高达 93.7%，其中农业比重为 54.5%，畜牧业比重为 38.87%，仍以传统种植业和养殖业为主，农业产业结构不合理，产业化程度不高。推动农业向工业转换以及工农业向服务业转换在

这些少数民族地区十分困难。

（三）区域产业结构不合理

一般而言，城镇化水平的不断提高与区域产业结构的高级化相伴而行，城镇化与第一产业呈负相关关系，与第二产业、第三产业呈正相关关系。贵州少数民族区域三次产业结构虽已由2000年48.23∶27.17∶24.60的一、二、三型调整为2005年37.23∶27.41∶35.36的一、三、二型，2006年调整为34.76∶29.64∶35.60的三、一、二型，但要过渡到“二、一、三”型，再向“二、三、一”型转变，还有着较大的距离。全省少数民族地区经济还是以农业为主导的传统经济，少数民族人口80%以上从事传统农业生产；第二产业发展十分缓慢，总体落后；第三产业发展较快，但未得到充分的发育。高投入、低产出的粗放型经济增长方式还没有得到根本改变。少数民族地区产业结构不合理制约了第二、三产业在城镇聚集和人口向城镇地区转移。

（四）农村教育边缘化，农村劳动力素质偏低

长期以来，民族地区农村教育一直是个非常薄弱的环节，发展总体滞后，甚至被边缘化，主要表现为：①农村教育资源短缺。2004年，全国小学师生比为1∶19.98，贵州为1∶26.52，位居全国首位，贵州少数民族地区生师比远远高于全国、全省平均数，教师资源远不能满足民族教育发展的需要。②农村学生的辍学问题严重。据贵州省教育厅2004年统计，全省中、小学生辍学率分别在3%和2%左右，而少数民族地区边远农村小学普遍高于2%，初中在5%～10%。③人口受教育程度偏低。2005年，平均每万少数民族人口有高中在校生146人，中职在校生67人，与全省同比分别少546和8人。④贵州少数民族地区农村劳动力科技文化素质普遍较低（表2），平均劳动力受教育年限仅为6.79年。农村劳动力人口文化素质低，加大了农村劳动力城镇化转移的难度。

表 2　贵州少数民族地区农村劳动力的文化构成（2006）

文化程度	人口数量（万人）	比例（%）
文盲或半文盲	219.15	13.53
小学文化	742.70	45.85
初中文化	558.05	34.45
高中文化	80.48	4.97
大专及以上文化	19.34	1.20

数据来源：贵州省第二次农业普查主要数据公报，2008-04-10。

（五）民族地区城镇集聚人口的能力弱

民族区域城镇结构不合理，城镇集聚人口的能力弱。目前全省 3 个自治州的区域性中心城市（凯里市、都匀市、兴义市）市区人口都远不足 50 万，城市的首位度低；区域内没有超过 5 万人口的县城，大多数建制镇是“既不像镇，又不像村”，人口不足 5000 人。全省少数民族地区的城镇规模小，而且结构不合理，与现代城市结构体系差距甚远，难以作为城乡一体化发展的支撑点和有效载体。

（六）农村劳动力转移的制度不完善

首先，在我国特定的“城乡分离”户籍制度的影响下，大多数转向非农产业部门的农村劳动力，由于受社会保障制度、教育制度、就业政策、医疗和农村土地流转等障碍性制度的影响，导致农村劳动力城镇转移的成本高、难度大，降低了农民向城镇转移的能力和热情；其次，许多城市在用工制度上对农民工歧视，使农民工的就业范围缩小，不能和城市人享受平等的就业机会和用工待遇。这种城乡分割的二元管理制度，严重影响了农村劳动力向城镇的转移。

三、贵州民族地区农村人口城镇化的发展路径

（一）加快民族地区新农村建设，培植人口城镇化的推力

改革开放以来，我国的城镇化进程具有鲜明的二元性，既有农村向城市的异地转移——人口城市化，也有农村劳动力的就地转移——农村城镇化。贵州民族地区农村人口城镇化，必须要与农村的经济社会发展现状相适应，必须面对贵州民族地区农村人口占90%的现实，通过民族地区的新农村建设，集聚人口和生产要素，使农民的生活、生产方式向城镇化发展。也就是说，通过新农村建设，发展农业产业化，形成“不离土不离乡”在农业内部消化吸收农村剩余劳动力的就地城镇化和“离土不离乡”在当地从事二、三产业来转移农村剩余劳动力的就地城镇化。

（二）优化民族区域城镇结构体系，提升人口城镇化拉力

优化民族地区的城镇结构体系，发展和壮大城市第二、三产业，提升人口城镇化的拉力，大力吸收农村剩余劳动力进入该地区各级城镇从事城镇传统产业，形成“离土又离乡”式的本地城镇化。从黔东南苗族侗族自治州来看，为优化区域经济发展规划，需要构筑具有区域特色的“区域性中心城市—次区域性中心城市—县城—重点镇—一般镇（乡）”的现代化城镇体系。其城镇体系建设的重点不是低层次的乡镇，而是不同层次的城镇，并以中心城市为城镇体系的核心。

具体举措：①加快建设30万人以上的区域性中心城市和10万～30万人次区域性中心城市，培育“城市增长极”。通过发展城市集群产业，充分发挥中心城市和次中心城市的人口集聚功能。②加快把县城建成3万～10万人的城市，将县城建设成为县域经济的龙头和农村城镇化的经济中心。发展以县城为中心、乡镇为纽带、农村为腹地的县域经济，发挥县城在突破城乡二元结构、实现城乡统筹中的作用。③加快建设1万～2万人的民族特色重点镇，培育和发展特色“产业增长极”，依靠当地人口的农转非，推进据点式城镇化。总之，优先发展区域性中心城市和次区域性中心城市，构建现代化的民族区域特色城镇体系，使民族地区大部分人口向

“本地”各级城镇集聚，降低劳动力转移的成本和就业风险，从而实现少数民族地区农村人口城镇化的社会目标。

（三）加强区域间的政府合作，稳步推进民族地区农村人口大跨度的“异地”城镇化

加强区域间的政府合作，稳步推进农村人口大跨度的“异地”城镇化，是今后较长一段时期内促进贵州少数民族地区人口城镇化健康发展的重要路径之一。但是，当前全省民族地区农村劳动力人口大跨度的“异地”转移，还是在由血缘、亲缘、地缘关系组成的社会关系网络中的自主迁移流动，是一种市场指导下的非户口自发迁移，政府管理缺位，政策性引导和组织化低，存在着相当程度的盲目性和随意性，劳动力市场机制不健全，信息服务滞后。因此，急需加强区域间的政府合作，发挥政府的指导、组织、培训等作用，使民族地区农村劳动力的转移朝着“转移有组织、就业有管理、技术有培训、流动有服务、失业有保障”的完全式的健康城镇化方向发展。

（四）完善推进城镇化的政策系统，提升民族地区人口城镇化水平

创新土地流转制度。逐步割断农村转移劳动力同土地联系的“脐带”，尽快出台、完善、创新土地调整与流转政策、扶持土地流转的财政与信贷政策、农产品价格导向支持政策、农业劳动力转移就业政策等多种政策及其组合来促进土地流转，鼓励土地市场购并、合并行为，促使劳动力的土地实现集中管理。

创新户籍制度，降低农民进入城镇落户的门槛。要全面放开贵州少数民族地区县城和中心镇的户口迁移制度，允许有非农产业能力的转移农民在小城镇取得城镇户口，实现职业和身份的双重转换，享有城市居民的同等身份待遇。消除就业、上学、生活、社会、服务方面的“户口歧视”，实行城乡一体化管理。

完善社会保障体制。要逐步实行城镇范围内非农人口与农业人口的社会养老、失业、医疗和工伤保险等社会保障体制的完善和统一，解决完全脱离土地进城落户

农民的后顾之忧，适应城镇化的要求。

（五）加快劳动力的知识化和技能化，增强民族地区农村人口城镇化的原动力

实现农村人口城镇化最为根本的措施就是提高农村人口的科技文化素质。科技文化素质低的农村劳动力，转移难度越来越大。因此，只有加快农民知识化和技能化进程，才能增强农民的市场竞争能力和把握各种就业机会的能力，进而增强人口城镇化的原动力。所以，一要加强农村基础教育，不断降低少数民族地区未来农村人口的文盲、半文盲数量。二要发展农村职业技术技能教育和成人教育，培养面向农业、农村的新型农民，提高他们的农业专术水平和经营管理能力；培养面向城市和工业服务的新型农民，使他们拥有转岗就业成为城市劳动力所需要的一切知识和技能。三要加大对农民培训的教育经费投入，制定利于农民培训的政策措施，充分调动和激发农民学科技、用科技的积极性。

四、结　语

在贵州少数民族地区特殊的自然条件和人口与经济状况下，加之相关政策、制度的不完善，该地区积淀了大量的农村剩余劳动力，而转移农村剩余劳动力迫切需要农村人口城镇化的发展。人口的“就地”城镇化、“本地”城镇化和“异地”城镇化是贵州少数民族地区农村人口城镇化的三条路径依赖；需要通过完善和优化城镇化的政策系统，提高农村人口的科技文化素质，打造农村人口城镇化政策环境的“软实力”和农村剩余劳动力人口自身的“硬实力”之合力，促进贵州少数民族地区农村人口城镇化的可持续发展。

参考文献：

[1] 丁四保，宋玉祥，王荣成．农村人口城市化是实现主体功能区价值目标的

根本途径．经济地理，2009（8）．

[2] 邸晶鑫．贵州民族地区经济发展的思考．贵州大学学报：社会科学版，2009（4）．

[3] 翁泽江．贵州民族地区“两欠”现状及历史成因研究．贵州民族研究，2009（4）．

[4] 吕萍．贵州民族地区农村剩余劳动力转移之思考．贵州大学学报：社会科学版，2006（4）．

[5] 李国平．我国工业化与城镇化的协调关系分析与评估．地域研究与开发，2008（5）．

[6] 吕萍．城乡一体化进程中贵州农民增收问题研究．贵州师范大学学报：社会科学版，2008（6）．

少数民族人口流动与城市民族教育问题之探讨

——以山东省青岛市朝鲜族教育实践为例①

郑信哲

青岛市地处我国改革开放的前沿地带。改革开放以来，随着城市化进程的加快和少数民族人口流动频繁，青岛市少数民族成分增多，少数民族人口增长迅速。尤其是，随着中韩建交及山东省与韩国经济文化交流频繁，韩资企业增多，流动至青岛市的朝鲜族人口激增。青岛市成为朝鲜族的新的聚居地之一，他们面临着许多过去未曾遇到的问题，民族教育问题即属此例。鉴于此，2009 年 8 月初，我们对青岛市朝鲜族社会进行了为期一周的实地调查，其间我们通过座谈、访谈等形式对青岛市朝鲜族教育现状进行了较为详细地了解，以便把握问题、研究对策。

一、青岛市成为朝鲜族的一个新的聚居地

青岛市地处山东半岛南部，东、南濒临黄海，东北与烟台市毗邻，西与潍坊市相连，西南与日照市接壤。青岛市居我国改革开放的前沿，1981 年被列为中国 15

① 2009 年 8 月 2—8 日，我们对青岛市朝鲜族社会进行了实地调查，调查得到了青岛市民族宗教事务局、青岛市少数民族联合会、中韩经济发展协会等有关部门和朝鲜族民间团体有关人士的大力协助，在此深表谢意。

个经济中心城市之一，1984年被列为中国14个沿海开放城市之一，1986年被列为5个计划单列城市之一，1994年被列为全国15个副省级城市之一。2008年末，全市户籍总人口为761.56万人，其中市区（市南、市北、四方、李沧、崂山、城阳、黄岛7区）人口276.25万人，5个县级市（胶州、即墨、平度、胶南、莱西）人口485.3万人。在青岛市人口中，除汉族外，还有满族、回族、朝鲜族、壮族、蒙古族等50个少数民族，据2005年《山东统计年鉴》，青岛市少数民族人口为4.51万人。

青岛市属于少数民族杂散居地区，50个少数民族中人口较多的有朝鲜族、满族、蒙古族、回族等。随着朝鲜族人口的迅速增多，朝鲜族人口在当地少数民族总人口中占多数，青岛逐渐成为朝鲜族新的聚居地方，许多在此工作生活的朝鲜族将青岛视为他们的“第二故乡”。

我国朝鲜族人口达190多万，主要分布在东北的黑龙江、吉林、辽宁三省，据1990年第四次人口普查，朝鲜族总人口的97%以上都居住于此。随着我国改革开放的进一步深入，尤其是中韩建交以来，朝鲜族人口流动更加频繁，许多朝鲜族离开传统聚居地区纷纷流向山海关以南城市，如今分布于山东半岛、京津地区、长江三角洲和珠江三角洲等地区的朝鲜族人口达50万～60万，这表明我国朝鲜族三分之一人口已经离开传统聚居地区而流向山海关以南城市。①

随着人口流动，朝鲜族在一些城市聚集、定居，形成新的聚居区，其中山东省青岛市最为典型。据1982年全国第三次人口普查，青岛市常住朝鲜族人口只有83人，加上现纳入青岛市辖区的崂山县、即墨县等地的朝鲜族75人，也就是150多人，到1990年也不过500人。而据2000年第五次全国人口普查，青岛市朝鲜族常住人口已达14491人，10年间增长近30倍。然而，包括暂住人口在内的流动人口数量远远多于常住人口，青岛市已经成为山海关以南的城市中朝鲜族最为聚集的地

① 郑信哲:《中国的农村政策与朝鲜族农民土地保护问题》,见《2009朝鲜学—韩国学研讨会论文集》,26页,北京，中央民族大学朝鲜学—韩国学研究所，2009。

方。目前，关于青岛的朝鲜族人口数量众说纷纭，有说35万的，有说20万的，也有说5万多的，从中不难看出如今在青岛的朝鲜族人口的确不少。综合多方因素，我们估算在青岛朝鲜族人口中，除了有户籍人口3万多人以外，包括暂住人口在内的流动人口已达到10多万人。

青岛市朝鲜族人口迅速增多，并呈现出聚集、定居之势。如今，青岛朝鲜族比较集中居住的城阳区、李沧区、市南区、即墨市等地，已出现许多朝鲜族聚居的小区，如即墨西元庄小区开发9800套住房，其中6500套由朝鲜族购买；城阳区天泰城交付款的3390住户中，20%的住户是朝鲜族；李沧区百通花园小区1000多住户中，朝鲜族约600户。[①]据不完全统计，在青岛购房的外来朝鲜族已有35000多户。[②]

青岛市能够成为朝鲜族新的聚居地，与其站在我国改革开放的前沿分不开，也与韩资企业大量入驻青岛分不开。我国实施改革开放政策，青岛得益于其位居沿海，站在改革开放的前沿，最先开展与韩国经贸交流，1989年中韩两国建交以前，就有韩资企业落户青岛。1992年中韩建交以来，山东省作为与韩国最早联系的省份，与韩国的经济文化交流十分活跃，而青岛市借助其诸多优势更是走在中韩交流的前列。我们以青岛市与韩国城市缔结友好城市为例，1993年12月4日青岛市与韩国的大邱广域市（相当于我国的直辖市）缔结友好城市关系，之后，1995年9月27日与仁川广域市、1999年8月10日与京畿道平泽市、2003年3月23日与釜山广域市、2003年9月21日与庆尚南道群山市等缔结了友好城市关系。

青岛市与韩国相关地区的密切交流，积极招商引资，吸引韩资企业不断投资青岛。据统计，至2008年末，曾在青岛得到许可的韩国投资项目件数达10242个。[③]随着韩资企业的源源流入，与韩国人“同源异流”的我国朝鲜族凭借其族缘、人缘

---

① 根据调查所获资料，如下未注明出处的均同。

② 南龙海：《青岛朝鲜族聚居地方的现状与展望》，见中国朝鲜民族史学会：《“改革开放三十周年朝鲜族社会的变化与发展”研讨会论文集》，10页，2008。

③ 至2007年末正常经营的企业有4081家，占青岛外国投资企业数的50.6%。如果加上未注册的企业，现有韩资企业6000多家。见韩国驻青岛总领事馆网站。

和语言优势，纷纷由东北流入青岛，在青岛的朝鲜族人口迅速增多。朝鲜族积极为中韩两国经贸交流穿针引线，为当地招商引资起了重要的中介桥梁作用，为当地经济社会发展做出了重要的贡献。

二、青岛市朝鲜族社会与民族教育

朝鲜族人口的大量流入，使得青岛成为朝鲜族新的聚居地。在党和国家民族政策指引下，依靠当地政府的支持和朝鲜族自身努力，青岛朝鲜族社会已经为其发展打下了良好的基础。开始，来青岛的许多朝鲜族与韩资企业（以下简称“韩企”）密切相关，他们在韩企打工，许多人经历了一个从普通职员、科长、理事（理事在韩企属于上层管理干部）到独立办企的成长历练过程。韩资企业为朝鲜族提供了一个锻炼的平台，1997 年亚洲金融危机后许多韩国老板回国，由朝鲜族接手韩资企业，也有一部分朝鲜族从韩资企业出来独立办企业。据统计，在青岛的朝鲜族企业有 1000 家左右，其中城阳区就有朝鲜族注册的有限责任公司 42 家，朝鲜族注册的个体户 300 多家。

来青岛的朝鲜族首先是男性，在青岛立足后，许多人就把家属（父母、妻子、儿女）带过来，朝鲜族人口迅速增多。随之而来，学校、饭店、宾馆、旅行社、车行、租赁行、超市等服务于民族群体的相关生活设施相继出现。在青岛的朝鲜族人群教育水平较高，他们当中除了办企业以外，许多还分布于大学、文化领域，例如在中国海洋大学、青岛大学等高等学府任教和在其他事业单位工作的朝鲜族人口有 100 多人。朝鲜族也热心民族工作，如今在青岛市 12 区市属下的少数民族联合会会长中，有 3 位朝鲜族。此外，朝鲜族群体的消费也很可观，例如在青岛市城阳区人口总数中朝鲜族人口所占比重不到 10%，而他们的消费额却达到该区消费总额的 30% 以上。

种种迹象表明，朝鲜族社会在青岛逐渐形成。一个明显的事例就是在青岛，朝鲜族教育已经提上议事日程。朝鲜族重视民族教育，从历史看，只要朝鲜族聚居的地方，就一定会有学校。朝鲜族的这种优良传统经久不衰，也体现于当今的青岛朝鲜族群众之中。

在青岛，朝鲜族教育作为起步阶段还未能纳入公办教育系统，但已有两所朝鲜族民办学校——碧山朝鲜族学校和西元庄朝鲜族学校。

碧山朝鲜族学校位于青岛市李沧区，是青岛市教育局批准的民办全日制朝鲜族学校。该校设立于2000年8月，当时学生只有12名，校舍也是租用的。经过10年的发展，学校初具规模，办学走向正规，虽然校舍仍然是租用的，但已开设了小学一年级到六年级的全部课程，附设了幼儿园和朝鲜语周末学校。学校现有小学生300多人，幼儿园学生213人，教职工40余人（50%为汉族，50%为朝鲜族）。学校采用青岛市市区小学统一教材，增加了朝鲜语、英语口语（外教）等特色语言课程，除朝鲜语、英语口语和音乐以外其他课程全部采用汉语教学，保证学生与义务教育的同步，从而实现了朝鲜语、汉语、英语“三语教学”。 学校注重对学生进行特色教育，除了语言特色以外，还注重学生综合能力的训练和培养。开设多种特长课，培养学生掌握基本礼仪，培养学生自立生活和自主学习能力。学校拥有完备的特长教育设施，如音乐教室、美术教室、语音教室、计算机教室、科学实验室、图书室、播音室、多功能活动室，并由专业教师挖掘学生的兴趣爱好，培养学生掌握一门特长。学校具备完善的寄宿制度，宿舍食堂整洁有序，每天安排教师管理学生每天的晚自习、晨读、后进生的辅导等学习和食宿生活。学校配备班车每天接送，学生还可以选择走读。

西元庄朝鲜族学校，是由曾创办青岛碧山朝鲜族学校的金长雄在2006年所建。2006年7月1日，金长雄租用西元庄村校舍，先创办了西元庄朝鲜族幼儿园，8月28日创办了西元庄小学。现在，西元庄朝鲜族幼儿园和小学在校人数有500多人。由于是民办院校，学校常年处于亏损状态，仅2008年就亏损10万元。

三、青岛市朝鲜族教育存在的问题及其对策

朝鲜族人口在青岛市开始聚居，民族教育提上日程，已经创办了两所民办朝鲜族学校。但是，由于民办得不到相关部门的支持，在校舍、师资及经费等方面面临诸多问题和困难，青岛市朝鲜族教育发展步履艰难。其主要表现如下：

一是得不到相关政府部门的重视。朝鲜族历来重视子女教育问题，普及教育水平和接受教育年限均居我国各民族之前列。在青岛，随着朝鲜族人口聚居，也出现了两所朝鲜族学校，但由于两所都是民办学校，生源有许多是没有当地户籍的，得不到相关政府部门的经费资助，学校经营只能完全依赖于学费。而每学期3500元左右的学费（另外住宿生每学期还要多交1000元的住宿费）比当地公办学校多10倍左右，这给家长带来较大负担。如果不是念及民族教育，许多父母是不会将孩子送至朝鲜族学校读书，而是就读当地学校。朝鲜族父母希望子女懂得民族文化与语言文字，但现实面临的是民族学校昂贵的学费，他们处于进退两难。面对这种无奈，他们更渴望政府相关部门认真贯彻落实党的民族政策，政府出面解决民族教育问题。

二是学校校舍问题。目前，青岛市的两所朝鲜族民办学校的校舍、场地都是租用的。租赁校舍存在两个突出问题：一是要从每年的学费中拿出很大一部分缴纳租金，学校没有更多的资金以满足教学、教研以及校舍建设；二是租赁校舍具有不稳定性，因而办学投资者不敢也不愿意在学校基础设施配备以及办公条件改善方面投入大量资金，这种状况下学校无法走可持续发展之路。

三是师资问题。青岛的两所朝鲜族民办学校，老师都是招聘而来，教职工来自东北三省和本地，50%为汉族、50%为朝鲜族。他们学历达标，具有较高素质，但由于是民办学校，这些老师无经费，也没有时间接受继续教育。还有，受聘的老师均没有正式编制，享受不到公立学校教师应有的福利待遇。此外，老师人事、档案关系基本都留在原单位，给学校的管理也带来一定困难。

四是少数民族儿童无法享受接受义务教育的权利。由于朝鲜族学校经营完全依赖于学生交纳的学费，在民办学校就读的朝鲜族学生的学费高于当地公办学校。此

外，朝鲜族学校的学生的大部分属于无当地户籍的外来人口（属于常住人口）。所以，这些少数民族孩子在非户籍地要想接受民族教育很难，他们几乎无法享受国家规定的接受义务教育的种种权利。

青岛市属于少数民族杂散居城市，少数民族教育问题还没有引起相关政府部门的重视。究其原因，一是因为不是民族地区，少数民族人口本来就不多，更何况许多少数民族成员及其子女不具有当地户籍，引不起当地政府相关部门的关注；二是民族教育有其特殊性，在非少数民族聚居的城市要进行民族教育，其人力、财力、物力在同样条件下要花费更多，而当地上级政府还没有制定相关政策予以规范，当地政府也没有予以足够的重视。当然，从严格意义上说，在我们统一的多民族国家内，各个地方都必须贯彻落实党和国家的民族政策，少数民族不论到哪个地方应该都能享受民族政策的关怀。随着城市化进程的加快，少数民族人口越来越多地分布于非民族地区的城市，城市民族问题将日益复杂多样，这要求各级城市政府必须改变传统工作思路，转变观念，认真贯彻落实党和国家的民族政策。

一要重视城市民族教育问题。随着改革开放的进一步深入，我国城市化进程加快，城市居民多民族化现象日益显著。城市居民的多民族化不仅带来了城市文化的多样性和城市民族关系的复杂化，也提出了如何在城市进行民族教育的课题。特别是我国城市化进程的加快，加速了民族地区少数民族人口向大中城市的流动，其子女接受民族教育的问题日益突出，少数民族成员关于在城市设立民族教育机构，进行民族教育的呼声也日益强烈。然而，城市民族教育方面除了已有的冠以少数民族名称的学校以外，相关部门很少关注民族教育的实施，新设的民族教育机构微乎其微。这表明，在城市如何进行民族教育已提到议事日程，是各级城市政府必须面对的新问题。

随着朝鲜族人口迅速增多，青岛已经成为朝鲜族在山海关以南城市中的一个新的聚居地方，民族教育问题日趋突出。民族教育关系到少数民族人口素质的提高和民族文化的传承和发展，也关系到增强民族成员自信心和自尊心。但是，由于得不到当地城市政府教育行政部门的支持和资助，现有的两所民办学校经营面临较大困难，朝鲜族教育步履艰难。所以，相关政府部门应该重视朝鲜族民族教育现状及朝鲜族民众对政府的要求，采取一定措施切实解决民族教育问题。

二要认真贯彻落实党和国家的民族教育政策。2006 年修订的《中华人民共和国义务教育法》第二条规定："义务教育是国家统一实施的所有适龄儿童、少年必须接受的教育，是国家必须予以保障的公益性事业。实施义务教育，不收学费、杂费。"第四条规定："凡具有中华人民共和国国籍的适龄儿童、少年，不分性别、民族、种族、家庭财产状况、宗教信仰等，依法享有平等接受义务教育的权利，并履行接受义务教育的义务。"这些规定强调了享受义务教育的权利与履行接受义务教育的义务的统一性，也表明义务教育是国家投资免收学费的。依照这一规定，朝鲜族子女具有与其他民族子女一样接受义务教育的义务，同时应享有平等接受免费义务教育的权利。各级城市政府及其相关部门应该认真贯彻落实党和国家的民族教育政策，遵行《中华人民共和国义务教育法》和《城市民族工作条例》关于"城市人民政府应当重视发展少数民族教育事业，加强对少数民族教育事业的领导和支持。城市人民政府应当采取适当措施，提高少数民族教师队伍素质，办好各级各类民族学校（班），在经费、教师配备方面对民族学校（班）给予适当照顾"的规定[①]，重视实施民族教育，采取切实可行的政策措施为散居于城市的少数民族子女接受民族教育创造条件。

三要积极设立形式多样的民族教育机构。在中华人民共和国境内，依照党和国家的民族政策，少数民族子女无论在哪个地方都有接受民族教育的权利，而进行民族教育，让少数民族子女接受民族教育应该是各级人民政府的责任和义务。以青岛市朝鲜族学龄儿童为例，如果这些孩子没有离开东北聚居地区，他们完全有机会、有条件接受公办学校进行的民族教育。但是，他们离开聚居地区，首先面临的是在新的地方没有民族教育机构，其次也得不到当地教育行政部门的支持资助，要接受民族教育不得不去民办民族学校，在这里他们不仅不能免除学杂费，还需要交纳远

① 沈林、李志荣编：《散杂居民族工作政策法规选编》，49 页，北京，民族出版社，2000。

高于公办学校的费用，无法享受免费义务教育的权利。因此，类似青岛市这样朝鲜族人口比较集中、学龄儿童达到相当数量的城市，应该关注其民族教育，积极创造条件让这些少数民族子女接受民族教育。在调研中，我们经常听到朝鲜族人士关于创办民族教育机构的呼声，一些上了年纪的人甚至说："在青岛如果看不到朝鲜族教育前景，我们这些老人死了也不能安心。"

当地朝鲜族社会认为，如今居住在青岛市内的朝鲜族学龄儿童已达几千人，政府应该为他们设立公办民族学校，如果建立公办民族学校的条件暂时还未成熟，那么先在当地中小学里附设一些民族班，或者从政策上、经费上鼓励民办民族学校，给少数民族子女创造在义务教育阶段接受民族教育的机会。在少数民族新的聚居城市，各级设立民族教育机构（民族学校或民族班），是落实党和国家的民族平等政策和民族教育政策，搞好城市民族工作的实际要求所决定的。

四要对现存的民办朝鲜族学校给予政策上的支持和经费上的扶持资助。根据朝鲜族社会对民族教育的需求，在青岛应运出现两所民办朝鲜族学校，但学校经营，包括校舍租赁、教师聘请等，完全依靠学费，这不仅增加了接受民族教育儿童家庭的经济负担，而且无更多的余力投入学校的再发展，学校前景令人担忧。然而，从青岛朝鲜族社会实际看，民族学校不能没有。所以，应该认真对待现有的民办朝鲜族学校，采取一定措施，从政策上给予支持，从经费上给予资助，使之能够摆脱困境，为当地朝鲜族教育多做贡献。可以说，对于各级城市政府来说，关注少数民族群体，花费精力认真解决少数民族社会存在的实际问题，应该是一项重大的政治任务，也是加强民族团结、构建和谐社会的重要举措。

总之，随着居民成分的多民族化，城市民族教育问题需要提上议事日程。中央政府对随父母流动至城市的少数民族子女如何接受民族教育应该有相应的政策规定。相关城市政府及教育行政部门也应认真贯彻落实党和国家的民族政策，倾听少数民族的呼声，并采取有效可行的措施，在少数民族人口比较聚居的城市社区创办民族教育设施，切实解决好城市少数民族子女接受民族教育的问题，将党和国家的民族政策落到实处。

试论城镇化进程中肃南裕固族自治县民族教育的发展

索　迪

一、背　景

“城镇化是一个国家和地区经济社会发展的重要标志，它不仅仅是物质文明的表现，也是精神文明前进的动力。”[①] 我国西部民族地区与经济发达地区的差距某种程度上也是城镇化的差距。因此，民族地区要逐步缩小差距，实现全面建设小康社会目标，城镇化建设是必由之路，肃南裕固族自治县“十三五”规划也将城乡统筹发展、体制机制创新纳入经济社会发展主要目标。

民族教育事业在民族地区城镇化建设中具有基础地位。实证研究结果表明，人口较少民族聚居区的教育发展与全国平均水平存在一定差距，而且这种差距并没有缩小的趋势。[②] 为了加快推进民族地区教育事业发展，缩小民族地区与经济发达地区的教育差距，甘肃省根据《国务院关于加快发展民族教育的决定》制定了《甘肃

① 黄伟、田娟娟:《论民族地区城镇化建设中教育事业的发展》,载《民族教育研究》,2006（4）,78 ~ 84 页。

② 何立华、成艾华 :《人口较少民族聚居区教育发展问题的实证研究——基于第五、六次全国人口普查的分县数据》，载《民族教育研究》，2016（1），5 ~ 12 页。

省加快发展民族教育专项规划（2016—2020年）》（以下简称《规划》）。《规划》指出，省内民族教育存在许多薄弱环节，整体发展程度与全省平均水平存在较大差距。城镇义务教育资源短缺；普通高中投入不足；双语教育师资和教材资源缺乏。《规划》提出了新阶段民族教育发展目标是缩小民族教育与全省教育平均水平的差距，实现教育服务民族地区脱贫攻坚，助力全面建成小康社会。

肃南裕固族自治县（以下简称肃南县）是全国唯一的裕固族自治县，有裕固族、汉族、藏族、蒙古族等11个民族，总人口3.6万人，其中农业人口2.45万人，少数民族人口1.96万人，占总人口的54.4%，裕固族近1万人，占27.8%，是一个地广人稀、山大沟深，海拔高、战线长，靠天然草场放牧的传统畜牧业县。裕固族是全国22个人口在10万人以下的人口较少民族之一，国家非常重视这类民族地区的教育发展，出台了许多优惠政策，肃南县民族教育也取得了不菲的成绩。但由于历史、环境原因和少数民族自身的特殊因素，以及城镇化建设的快速进行，肃南县民族教育仍然面临许多固有问题和新的问题。通过阅读肃南县民族教育相关研究文献和两次在肃南调研的经历，笔者梳理了肃南县民族教育取得的成绩，总结了现阶段存在的问题并进行分析和探讨。

二、肃南县民族教育的发展与存在的问题

《国家中长期教育改革发展规划纲要（2010—2020年）》的民族教育专章中指出要加大对人口较少民族教育事业的扶持力度。进入21世纪以来，国家有关部门先后制定和出台了包括《扶持人口较少民族发展规划（2005—2010年）》等政策措施，民族教育，尤其是人口较少民族教育发展迅速。

新中国成立以来，肃南县民族教育快速发展。旧社会存在的文盲充斥现象不复存在。到1997年，全县基本实现“普九”目标。进入21世纪，随着教育投入的增加，全县实行了“两免一补”和“三免两补”的政策，促进学生的入学机会均等；改善办学条件，调整学校布局，集中力量建设好教育的物质基础。截至2009年8

月，人口较少民族适龄儿童入学率普遍达到95%以上，初中毛入学率多数达到90%以上，基本落实“两免一补”政策。[①]

随着经济发展和教育改革的不断深入以及城镇化的快速发展，肃南县民族教育中一些深层次的矛盾和问题逐步浮现。

（一）固有问题

1. 重要学科师资缺乏，教师队伍结构不合理

首先，理科教师缺乏，造成学生偏科现象。这一现象在中学阶段尤其明显。一般的高中往往重视理科而文科学生的数量较理科少，而肃南县恰恰相反，学生在高中阶段大量选择文科，文科生数量多于理科生数量，造成这种情况的根本原因在于肃南县理科师资的薄弱，导致学生在高中阶段觉得学不懂理科而被迫选择文科。数理化是需要学生在基础教育阶段就打好基础的学科，如果在基础教育阶段没有优秀的理科教师，理科自然不能够引起学生的兴趣。2008年第一位裕固族学生考入清华大学，该生肃南籍，理科生，但高中就读于张掖市，虽然之后陆续又有不少肃南籍少数民族学生考入名校，但观其教育经历大多就读于张掖、酒泉等教育水平较高的城市。学生的理科素养受教师因素的影响巨大，而理科类又是与民族地区发展紧密联系的学科。民族地区理科教师资源的缺乏还在一定程度上影响了民族高等院校的专业设置和招生，致使许多民族院校的专业设置大多是文科类型，民族高校理工类专业发展薄弱，限制了民族高校为民族地区服务的能力。

其次，教师年龄结构不合理，缺少高质量的在职培训。从城乡学生和教师结构分析，全县城乡学校的师生数量分布均衡。但教师中，年龄分布失衡，且骨干教师所占比例较低，城乡学校分别面临教师年龄偏大和偏小带来的教学压力。[②]笔者在肃南县城中心小学调研时发现，有许多数学教师的年龄和教龄偏大，他们虽然有着

① 孙美玉：《肃南裕固族自治县基础教育均衡发展的实证研究》，西北师范大学，2011。

② 安维武：《破解制约提高基础教育教学质量的瓶颈——对甘肃省肃南裕固族自治县教师队伍建设的思考》，载《河西学院学报》，2014（1），12～18页。

丰富的教学经验，却很少接受高质量的教师发展培训。环境限制了人的思维和才能的拓展，边远民族地区基础教育的教师素养仍然不能紧跟教育发展和改革的前沿。从长远看，这样的老龄化并不能带来真正的优势，却更多地表现出对教育改革的阻力、知识的老化和教学质量的下降。

另外，校长专业水平不高、教师晋职难、教师地位待遇低等问题①也影响着教师自我效能感，在长期的工作中容易产生职业倦怠，从而放松教育教学的自我监督和提高。

2. 民族文化传承有待加强，双语教育面临困难

1982年全国第三次人口普查资料显示，全国裕固族人口共计10569人，居住在肃南裕固族自治县的8088人，其中说裕固语的7431人。到1990年全国第四次人口普查时，全国裕固族人口为12279人，居住在肃南裕固族自治县的8825人，其中说裕固语的6887人。由近几次数据可以看出，虽然裕固族人口不断增长，但是说裕固语的人数有下降趋势。②

在现代化和城镇化影响下，裕固族人民生产、生活的环境和方式一直都在发生变化，如牧业转农耕的生产方式变化以及裕固族与其他民族通婚或者外出学习打工等，使得裕固族文化，尤其是语言文化的传承面临困难。学生群体还受到以下因素的影响：一是由于2000年以来全县中小学校撤点并校和标准化寄宿制学校建设，使裕固族儿童在校学习、生活时间急剧增加，参与家庭生活、牧业生活的时间大大减少；二是由于裕固族总人口少且只有语言没有文字，裕固族无法像维吾尔族、蒙古族地区一样进行双语教育，日常教学无法使用本民族语言。③裕固语衰退迹象明显，一些大量保存在口头文学中的重要的民族史料和传说面临失传的危险。

3. 学校布局调整，学生难以适应寄宿制生活

国家为了优化农村地区教育资源配置，全面提高中小学教育投资效益和教育质

① 参见安维武：《破解制约提高基础教育教学质量的瓶颈——对甘肃省肃南裕固族自治县教师队伍建设的思考》，载《河西学院学报》，2014（1），12～18页。

② 参见钟进文：《裕固语面临传承困境》，载《中国社会科学报》，2011-11-15。

③ 安维武、蔡世宏：《裕固族语言文化传承，一道待解的难题》，载《中国民族教育》，2015（5），42～43页。

量，2011 年起正式开始涉及全国农村中小学重新布局的“教育改革”，具体来说，就是大量撤销农村原有的中小学，使学生集中到部分城镇学校。笔者在 2014 年前往肃南县调研时了解到，为了将乡村学生数量不足的学校合并，把学生集中到县城以及附近的教育质量更高的学校学习，2000 年以来，全县中小学实行撤点并校和标准化寄宿制学校建设。虽然在这一过程中肃南县基础教育的教育硬件得到很大提升，校舍建设和教学器材及信息化建设取得了很大的进步，但是也产生出一些负面影响。笔者曾对县城中心小学的一位教师进行访谈，被访谈教师认为，撤点并校对孩子的身心影响很大，许多孩子从一年级就开始住校，且不能擅自离开学校，生活圈很小，加上父母无暇看望，缺乏家庭教育，学生难以适应寄宿制生活，有的教师不得不在自己家里照顾学生，这无疑增大了教师的额外负担。

表 1　肃南县各年度学校数量统计表（部分）

年度	学校总数	小学	各类学校减少情况	各类学校增加情况	增减原因
2001 年度	49	38	0	0	
2002 年度	38	27	11	0	生源不足，合并学校
2003 年度	38	27	0	0	
2004 年度	38	27	0	0	
2005 年度	39	28	0	1	迁址建校
2006 年度	39	28	0	0	
2007 年度	37	26	2	0	生源不足，合并学校
2008 年度	27	16	10	0	生源不足，合并学校
2009 年度	23	12	4	0	生源不足，合并学校
2010 年度	23	12	0	0	
2011 年度	20	11	3	0	生源不足，合并学校
2012 年度	20	11	0	0	

资料来源：肃南县教育局，2012 年 7 月 31 日统计。

（二）新的问题：环境教育

在城镇化进程中对经济发展的过分强调，对现代生活方式的过度推崇，难免将民族的生态伦理教育抛到脑后，造成以牺牲民族生态环境为代价获取经济的快速发展，这与民族地区传统生活方式和生态伦理产生断裂，这样的城镇化不利于少数民族地区的可持续发展。

祁连山自然保护区，是我国西北最重要的生态屏障，由于生态破坏严重，2015年9月，环保部对张掖市等三部门进行了约谈并要求整改，而中央第七环境保护督察组在2016年12月底结束对甘肃省的督察后发现，祁连山生态破坏问题依然严重，“母亲河”变成“下水道”“垃圾场”，未经处理的工业废物直排进入祁连山自然保护区。甘肃省和张掖市政府高度重视，展开了环境问题大检查、大整治。破坏环境的行为很大程度上是环境教育缺失的产物，为此，肃南县开展了“保护环境，从我做起”的主题教育活动。笔者在2016年于肃南县调研当地中学的环境教育问题时发现，学校教育层面的环境教育由于受到升学压力和安全考虑，只能采取课程渗透模式与校内活动实践相结合的方法将环境教育与常规的教学相结合，学校的围墙阻止了学生体验自然环境的机会，他们缺乏深入自然的生活；社会、学校、政府三方面对环境教育缺乏进一步的互动支持；社会和政府层面的环境教育均以环保意识宣教为主，针对社会大众的环境教育重视不足。可喜的是，来自肃南牧区的少数民族学生由于他们的生活环境亲近自然，长期受长辈的教导，天然地具备一定的生态伦理，能够天然地对自然充满感情。

习近平总书记指出：“我们既要绿水青山，也要金山银山。宁要绿水青山，不要金山银山，而且绿水青山就是金山银山。”城镇化进程中的环境问题已经蔓延到了民族地区，为了民族地区的可持续发展，大力加强环境教育已经刻不容缓。

三、思考与建议

民族地区有特殊的历史、地理环境、经济和文化背景，不能完全由优胜劣汰的市场经济规律支配，也不能完全由国家事无巨细大包大揽。随着民族教育复杂性日益凸显，对民族教育的管理重心应逐步下移，管理方式应逐步转向政府统筹规划和宏观管理，完善和落实民族教育的管理自治权。同时，由于民族地区城镇化建设的快速推进，民族教育的城镇范式出现端倪，民族教育发展应顺应变化，更加关注民族教育的城镇范式，在人才队伍、关注的主题方面作出转变。①

首先，民族地区要充分贯彻民族区域自治方针，为民族教育服务。民族教育管理自治权，是指国家法律赋予民族自治地方的自治机关在国家教育方针的统一领导下，依据义务教育法、教师法、教育法等国家法律法规的规定，自主地管理和发展本地区的民族教育的自主权。②《中华人民共和国民族区域自治法》第三十六条也肯定了民族自治地方有权根据法律规定决定本地方的教育规划，因此国家应该支持民族自治地方扩大教育政策制定的自主性。民族地区也应根据《中华人民共和国民族区域自治法》的规定，对不适合民族地区教育实际情况的上级国家机关有关民族教育的政策和指令，如对民族地区学校布局调整和撤点并校做法的变通执行，对符合本地区民族教育发展的对策要善于采纳，在符合国家教育政策精神和法律原则的基础上制定灵活的政策措施。

其次，民族地区教育发展需要国家宏观层面的大力支持。民族地区经济水平和教育发展不足，仅仅依靠自身力量难以实现与城镇化建设相匹配的要求，所以国家应携手民族地区从以下三个方面促进民族教育发展：①国家应完善关于教育的财政、金融等支持政策，从财力上支持民族教育事业的发展。②国家应鼓励优秀人才支援和服务民族地区教育事业，支持民族地区完善教师引入选拔机制，完善基础教育阶段各学科教师队伍的均衡发展，提高民族地区教师待遇，推动教师专业发展，形成长效机制，从人力资源上支持民族教育事业。③国家应从智力和政策上支持民族自治地方建立一套有利于裕固语言文化学校传承、教师培养、教学评价、政策支持的

① 参见陈·巴特尔、李双龙：《新型城镇化进程中的民族教育研究——“新型城镇化建设与民族教育”专题会议述评》，载《中国民族教育》，2016（12），14～17页。

② 宋才发：《民族区域自治法通论》，272页，北京，民族出版社，2003。

长效机制，组织相关专家与民族地区学校开发民族文化课程资源。

最后，民族教育向城镇范式转变带来了与之相对应的一些问题，如文化多样性的保护问题，学生居住环境和家庭教育问题，人与自然环境关系的问题等，给民族地区教育带来了新的挑战。“因而，审视与反思民族地区当前城镇化进程中存在的问题与不足，寻求一条兼顾民族文化特质与社会总体要求，使民族文化与现代文明有机结合的新型城镇化路径，进而实现民族地区城镇化的特色化与可持续性具有重大社会意义。”① 这不但需要民族地区加大挖掘民族传统文化中蕴含的生态伦理并加大教育力度，还需要社会、学校、民族自治地方三方面对环境教育进一步的互动支持。

参考文献：

[1] 黄伟，田娟娟．论民族地区城镇化建设中教育事业的发展．民族教育研究，2006（4）．

[2] 何立华，成艾华．人口较少民族聚居区教育发展问题的实证研究——基于第五、六次全国人口普查的分县数据．民族教育研究，2016（1）．

[3] 孙美玉．肃南裕固族自治县基础教育均衡发展的实证研究．西北师范大学，2011．

[4] 安维武．破解制约提高基础教育教学质量的瓶颈——对甘肃省肃南裕固族自治县教师队伍建设的思考．河西学院学报，2014（1）．

[5] 钟进文．裕固语面临传承困境．中国社会科学报，2011-11-15．

[6] 安维武，蔡世宏．裕固族语言文化传承，一道待解的难题．中国民族教育，2015（5）．

[7] 陈·巴特尔，李双龙．新型城镇化进程中的民族教育研究——“新型城镇

① 么加利：《民族地区城镇化进程中的教育担当》，载《中国民族教育》，2014（Z1），8～12页。

化建设与民族教育”专题会议述评 . 中国民族教育，2016（12）.

[8] 宋才发 . 民族区域自治法通论 . 北京：民族出版社，2003.

[9] 么加利 . 民族地区城镇化进程中的教育担当 . 中国民族教育，2014（Z1）.

城镇化进程中云南德宏傣族景颇族自治州傣汉双语教育发展研究

吴明露　董　艳

双语教育是民族教育的一个重要组成部分，双语教育的质量决定了民族教育的质量。随着商品经济的不断发展，我国各民族聚居及杂居地区的语言生活都发生了显著变化，少数民族语言的社会文化生态环境现状等都需要我们少数民族教育工作者对其进行全面准确地把握。在这种情况下，调查研究新时期傣族的语言文字使用情况、双语教育及其发展趋势成为一项十分迫切的任务。

一、德宏傣族景颇族自治州傣族双语教育总体概况

云南省德宏傣族景颇族自治州（以下简称德宏州）居住着傣、景颇、傈僳、阿昌等多个少数民族。其中傣族是德宏州人口最多的少数民族。

德宏州在傣族学校中实施傣汉双语教育。1955 年，德宏州政府确定了“少数民族学生应当首先学好本民族语文，同时必须学好汉语文”的方针，并在部分农村傣族小学推行双语教育。1981 年，德宏州教育局做出了在民族小学开设民族语文课的决定，制定了傣文教学大纲，编写了小学 1 ～ 10 册傣文课本，并在傣族小学实施。

1987 年，德宏州教育局将傣文、景颇文教学大纲修订合并为《全州全日制小学民族语文教学大纲》，制定了小学第一年以学习本民族语言文字为主，第二年开始学习汉语统编五年制教材的小学六年教学方案。1987 年，德宏州教育局成立了民文教研编译室，负责全州民文教材编译、教材教法研究、教学评价及师资培训工作。

2006 年，德宏州人民政府出台《关于进一步加强农村少数民族聚居区小学“双语双文”教学工作的意见》，进一步加强农村少数民族聚居区小学“双语双文”教学工作。文件中提出双语双文教学必须从当地实际出发，重点安排在没有汉语言基础的农村少数民族聚居区的学前班、小学段前三年进行，使农村少数民族学生在较短的时间内过“汉语关”，为学好规定教材奠定必要的汉语基础，促进农村少数民族聚居区小学教育教学质量的提高。在教师培养方面，提出德宏高等师范专科学校要将“双语双文”作为德宏州生源的师范类专业学生的一门选修课，或举办专门的“双语双文”师资班，对选修“双语双文”课程的学生给予一定奖励。

2012 年 3 月 16—20 日，德宏州教科所组织开展的《德宏州义务教育（含学前）少数民族双语课程标准》审定工作完成，该课程标准制定的目的是努力提升德宏州双语双文课程标准的科学性、合理性和规范性，充分发挥课程标准在教材编写、课程设置、教育教学中的引领作用。课程标准规定小学课时安排如下 ：

表 1　小学课时安排表

课程＼周课时＼年级		一	二	三	四	五	六
双语双文型	民语文	10	10	7	7	7	7
	民族文化活动课	1	1	1	1	1	1
双语型	民族文化活动课	1	1	1	1	1	1
民文型	民文			2	2	2	2
	民族文化活动课	1	1	1	1	1	1

其中，双语双文型是指一至六年级民语文课程按照国家课程标准的要求开设，使用省编双语文教材。双语型是指在汉语课堂教学中采用以汉语普通话为主，少数民族语言为辅的双语课堂教学模式。民文型是指为了传承少数民族文化，在少数民族聚居区小学中、高年级开设民文课程，使少数民族学生更好地学习本民族的文化知识。

双语幼儿园的小班、中班要解决民族幼儿的语言障碍问题，加强幼儿民汉口语交际能力，要开设民汉会话课。双语幼儿园的大班或学前班“双语双文型”要开设民数学课和民汉会话课，使用德宏州教科所编写，并经云南省中小学教材审定委员会审定的学前教材。“双语型”必须开足双语口语训练课的课时。

学前教育课时安排为：

表 2　学前教育课时安排表

课程 \ 周课时 \ 年级		小班	中班	大班或学前班
双语双文型	民语文			8
	民数学			2
	民汉会话	5	5	2
双语型	双语口语训练课	5	5	5

在 7 ~ 9 年级，在同一民族相对集中的学校建议开设民文选修课或课外民族文化活动课，以提高学生的汉语交际、民汉互译、书面表达、艺术鉴赏等方面的能力。

2013 年 3 月，云南省通过了《云南省少数民族语言文字工作条例》，要求加强少数民族语言文字工作，保障各少数民族使用和发展本民族语言文字的权利，并要保护和抢救少数民族传统文化，促进民族团结进步和少数民族文化繁荣发展。师资培养方面，提出民族高等院校和其他有条件的高等院校应当设置少数民族语言文学专业，按照语种与高考招生同步单列录取。报考师范类专业的考生，熟练掌握一种少数民族语言并经少数民族语言测试合格的，应当优先录取。

德宏州傣汉双语教师的培养主要分为人才培养和在职培训。人才的培养主要通过省内的高校，如德宏师范高等专科学校开设傣语班，为傣汉双语教学培养双语人才。“据了解，1985—2004年，原德宏州师范曾办过傣语、景颇语民语班各五届，学制为三年。后来由于生源问题，停招了纯民语的班级，改招为以傣族、景颇族学生为主，其他民族为辅的民族普师班。在随后长达8年的时间里，民语课仅仅只能作为选修课，虽然深受州内外大学生喜爱，但也严重制约了民语在德宏州高校的发展，也成为我州民语人才培养的瓶颈。”[①] 2011年，德宏师专的五年制初等教育（傣语、景颇语方向）两个专业班开始招生。

德宏州每年在进行双语教学的学校中选择部分任教的双语教师参加双语培训，培训内容包括学习傣族山歌、民歌，观摩课学习等。在教师引进方面，针对少数民族采取了一些优惠政策。如《德宏州教育局2013年招聘287名教师简章》规定：“德宏州户籍、德宏州生源地五种世居少数民族（傣族、景颇族、傈僳族、阿昌族、德昂族）加照顾分5分，计入总分。”

民文课基本统一在小学二年级开设，让学生学习傣族文字，课时按民语教学大纲规定编排，每周2课时。民文教材一律按州教科所要求使用经云南省教材审定委员会审定通过的教材。双语教学是由双语教师在学科教学的过程中用民族语来辅助学科的学习，主要是用汉语讲课，遇到不懂的地方可以用民族语来翻译、解释。农村小学的傣汉双语教学总体情况比城镇学校好。

本研究调查的德宏州某 M小学二年级53人，其中汉族17人、傣族36人，汉族和傣族在一个班上课。上傣文课的时候，全班分为四组，其中傣族三组，汉族一组。汉族学生有的也愿意听，觉得新鲜。毕业以后有的汉族会说傣语。但是期末考试汉族不参加傣语考试。

①《德宏师专民语大专班就业形势看好》，http://www.yn.xinhuanet.com/nets/2012-06/28/c_131681530.htm，2012-06-28。

二、德宏州傣族语言文字使用情况

目前，德宏州少数民族聚居区少数民族使用民族语言的情况大致有三种类型：一是母语型。以本民族语言作为主要交际工具，多为聚居于坝区的傣族和山区的景颇族、德昂族等。二是兼语型。既使用本民族语言，也使用汉语或其他民族语言，多居住在民族杂居区和集镇或交通要道附近。三是汉语型。本民族语言已经丧失，现完全转用汉语，多居住于汉语占绝对优势的杂居区。

在实地调查中，把语言掌握程度分为“熟练”“较熟练”“一般”“略懂”和“不会”五个等级。“熟练”“较熟练”“一般”是指具备傣语或汉语语言文字能力，“略懂”表示只具备部分傣语或汉语语言文字能力，“不会”则表示完全不具备傣语或汉语语言文字能力。下面将以本研究调查的德宏州 M 小学和 N 小学为例，介绍德宏州傣族的语言文字使用情况。

（一）学生语言使用情况

在学校，学生之间用傣语交流，和老师讲话用普通话；在家里和村寨，学生和家长之间主要使用傣语，和傣族小伙伴们之间用傣语，和其他民族用汉语交流。民语老师上课的时候可以进行双语教学，帮助学生理解所学知识。在城镇中有些学生上学以前就学会了普通话，傣族聚居区以前都是用傣话的，现在也逐渐与城市接轨，学习用普通话。

傣族学生掌握傣语言文字和汉语言文字的情况如下表所示，可以看到学生掌握傣语的情况比掌握傣文字的情况要好一些，大多数学生的傣语比较熟练，但是傣文就相对来说差一些。汉语言文字方面，大多数学生的汉语和汉字掌握情况都是比较熟练的。

表 3 傣族学生掌握傣语言文字的情况

单位：%

	能听懂傣语	能说傣语	能读新傣文	能写新傣文
熟练	68.6	59.3	7.4	9.3
较熟练	21.1	23	15.2	12.3
一般	9.8	14.7	33.3	28.4
略懂	0.5	2.9	22.5	24
不会	0	0	21.6	26

表 4 傣族学生掌握汉语言文字的情况

单位：%

	能听懂汉语	能说汉语	能读汉文字	能写汉文
熟练	68.6	58.8	51.5	58.8
较熟练	21.1	27	31.4	22.1
一般	6.9	10.3	10.8	13.2
略懂	1	2.9	4.4	2.5
不会	2.5	1	2	3.4

大部分的傣族学生都是从小就跟着父母学习傣语，有些学生是从小学才学习傣语，极少数学生是从幼儿园开始学的。大部分学生是在学校的幼儿园或者是小学阶段开始学习汉语，有少部分傣族的家长从小就教孩子学习汉语了，这部分学生占总

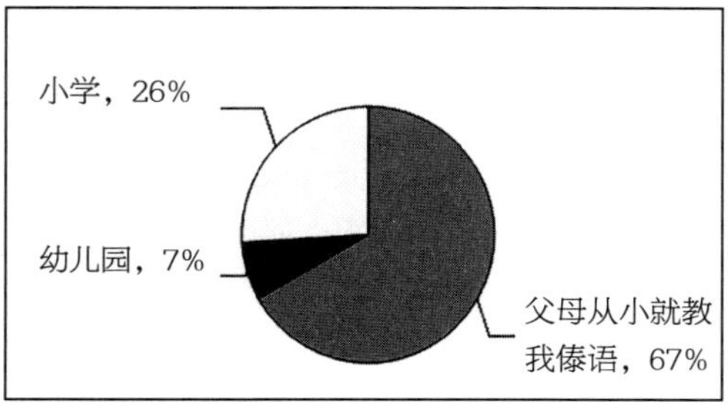

图 1 开始学习傣语的时间

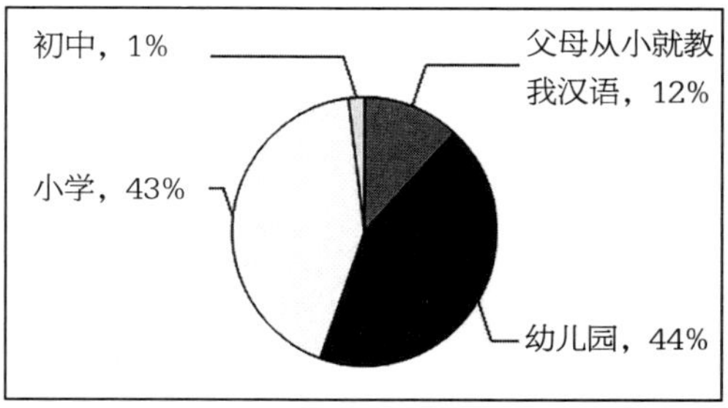

图 2 开始学习汉语的时间

体的 12%。

（二）家长语言使用情况

在被调查家长中，有 4 位为汉族，其余为傣族。傣族家长掌握傣语言文字和汉语言文字情况如下表所示，可以看出，傣族家长傣语普遍都很熟练，没有不会的，但是存在着对傣文不熟练的情况，有 18.9% 的傣族家长不会读新傣文，23.4% 的傣族家长不会写新傣文。汉语言文字方面，大部分家长能够在日常交际中运用汉语言文字，只有很少一部分的家长选择了“略懂”“不会”。

表 5　傣族家长掌握傣语言文字情况

单位：%

	能听懂傣语	能说傣语	能读新傣文	能写新傣文
熟练	91.9	84.7	27.9	30.6
较熟练	5.4	13.5	22.5	16.2
一般	1.8	0.9	22.5	22.5
略懂	0.9	0.9	8.1	7.2
不会	0	0	18.9	23.4

表 6　傣族家长掌握汉语言文字情况

单位：%

	能听懂汉语	能说汉语	能读汉文字	能写汉文字
熟练	33.3	28.8	20.7	21.6
较熟练	30.6	24.3	14.4	12.6
一般	30.6	43.2	45.9	42.3
略懂	3.6	0.9	11.7	18.9
不会	1.8	2.7	7.2	4.5

（三）当地民众的语言文字态度

1. 学生的语言态度

被试傣族学生对于傣语的态度，如下图所示，大部分傣族学生喜欢傣语。37%的傣族学生认为学习的傣语难度适中，也有 23% 的学生认为比较难，20% 的学生认为“非常简单”。

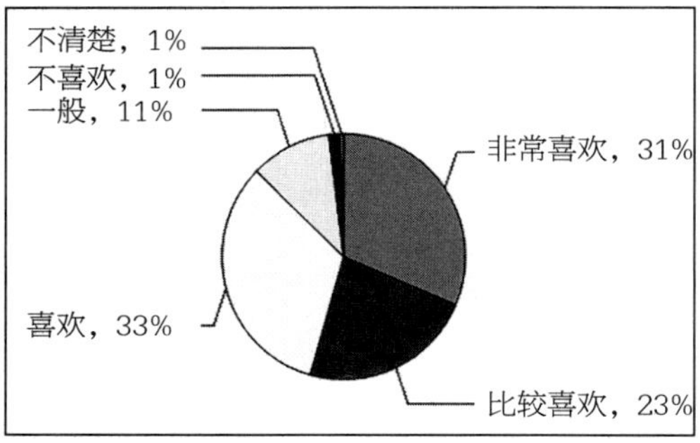

图 3 对傣语的态度

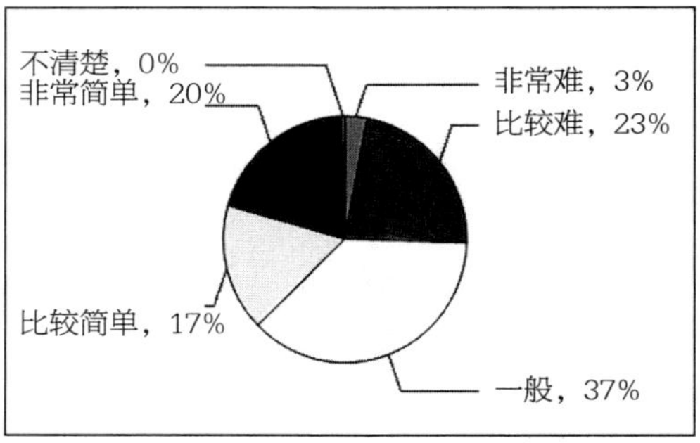

图 4 学习傣语的难易程度

2. 家长的语言态度

傣族人对于自己的民族语言是非常重视的，对于傣语也有着深厚的感情，认为在现在的时代学习和使用傣语言文字是重要的。在选择喜欢看的电视广播节目时，约一半人选择了喜欢傣语节目，也有 16% 的傣族家长选择了喜欢汉语节目。

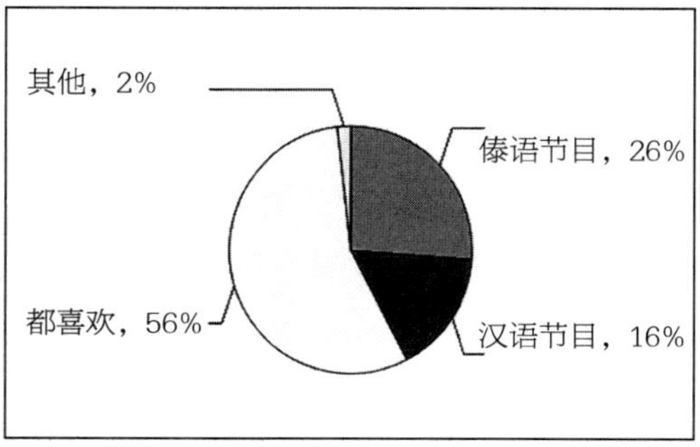

图 5 喜欢的电视或广播节目

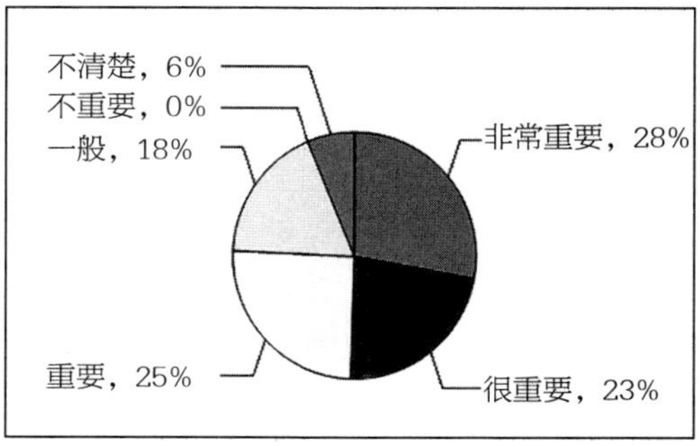

图 6 您对学习和使用傣语的看法

由此可以看出，傣族学生和群众对傣语感情深厚，热爱自己的民族语言，并且大部分人的汉语水平较好，可以满足日常的交际需要。

三、城镇化进程中的傣族双语教育困境

城镇化是一个国家现代化程度的标志。一般表现为农村人口向城镇转移，向第二、三产业转移。德宏州城镇化过程中虽然还存在着很多问题，但是城市和农村都在稳步向前发展，城镇化水平也在不断提高。

根据德宏州2012年国民经济和社会发展统计公报，2012年末，德宏州全州从业人员76.27万人，全年城镇新增从业人员7061人；年末城镇登记失业率为4%，与上年持平；全州外出农民工6.54万人。

表7 德宏州2012年国民经济和社会发展统计情况表

指标	单位	绝对数	比上年增长（%）
全州年末总人口	万人	122.94	0.73
年末人口中：城镇人口	万人	46.14	6.8
城镇化率	%	37.53	较上年上升2.1个百分点
少数民族合计	人	591135	0.8
其中：五种少数民族合计	人	567688	0.5
傣族	人	354472	0.6
景颇族	人	135964	0.4
阿昌族	人	30844	0.7
傈僳族	人	31821	0.3
德昂族	人	14587	0.4

数据来源：德宏州2012年国民经济和社会发展统计公报。

德宏州城镇化主要有两个方面的表现：①人口流动性增强，外出打工人口增多。随着生产技术的不断发展，剩余劳动力增多，越来越多的年轻人开始脱离土地，选择外出打工，剩余劳动力向第二、第三产业转移。一位居民介绍说："汉族搬迁过来，傣族进城务工，或者到外省。汉族人租田地种蔬菜，去城里卖。"外出从业人

员收入稳步增长。2012 年，德宏州推动经济转型、产业结构调整，加大对剩余劳动力转移力度，促使更多的富余人员到经济发达的地方从事非农工作，获得更多的劳动报酬。调查数据显示，德宏州农村居民外出从业收入人均达 114.0 元，增加 42.6 元，增长 59.7%。[①] ②农村居民收入增加，生活水平提高。随着农村居民收入渠道的增多，收入持续增长，在市场物价保持温和通胀的状况下，生活水平进一步提升，消费能力进一步提高，有效增强了市场需求。[②] 据德宏州全州农村住户抽样调查结果显示，2012 年，全州农村居民人均纯收入实现两位数增长，较好地完成年初预定目标，人均纯收入达 4763 元，比上年增加 667 元，增长 16.3%。

少数民族地区的城镇化是社会发展的必然趋势，而这些社会经济变化必然会对人们的语言文字产生影响。“语言文字的使用与社会的变革、经济的发展有着密切的关系。历史的经验告诉我们：每当社会发生重大改革、经济有着重大发展时，语言文字的使用就会出现新的特点。”[③] 改革开放以后，随着全国经济的发展，少数民族地区的经济也不断取得新的成就，先后开始了城镇化进程。少数民族地区人们在政治、经济、文化以及民族关系上发生了重大变化，这对人们的语言文字使用产生了很大影响。

（一）语言文字使用变化

城镇化进程中，德宏州傣族人民的生活发生了很大变化，思想和观念，尤其是语言观有所改变，这些变化也相应地体现在语言的使用上。

1. 汉语言文字的使用范围扩大

首先，在少数民族地区，汉语作为国家通用语的重要地位渐渐受到重视。汉语

①《2012 年德宏州农民人均纯收入实现两位数增》，德宏州人民政府门户网站，http://www.dh.gov.cn/dhzrmzfgzxxw/397303358992207052 8/20130408/349972.html，2013.4.8。

②《上半年德宏州农村居民人均现金收入增幅呈现两位数增长》，德宏州人民政府门户网站，http://www.dh.gov.cn/dhzrmzfgzxxw/3973033589922070528/20130809/357219.html，2013-08-09。

③ 戴庆厦：《我国南方少数民族教育研究的现状及任务》，载《民族教育研究》，1996（2），54 页。

是我国的通用语，我国的大多数出版物及媒体都是用汉语作为媒介语言。随着城镇化的进程，更多少数民族群众认识到如果想要走出少数民族地区，就必须要学好汉语。学会了汉语，不仅可以与其他民族进行交流，而且可以通过阅读汉语书籍来了解国内其他地区及国外的最新信息，学习先进的生产技术，在就业时也能有更多更好的就业机会。因此很多少数民族家长希望自己的下一代学好汉语。

其次，少数民族人口流动性的提高加强了民族交往。过去德宏州少数民族大多以农耕为生，世代生活在自己民族的聚居区内，安土重迁，民族之间交往较少。随着城镇化的发展，交通变得更加便利，德宏州很多少数民族的年轻人走出家乡，到外地打工挣钱，开阔了眼界。而少数民族聚居区内的汉族商人、游客等也越来越多，民族之间的交流与互动日益增多，随着民族间的交流与接触日益频繁，一些汉族人处在少数民族语言环境中会学习部分少数民族语言，少数民族群众的汉语水平也提高了，另外，由于民族杂居的特点，少数民族与汉族间通婚的情况也越来越多。在傣汉族际婚姻家庭中，儿童、青少年有机会学习两种语言，提高了学会汉语的概率。

最后，现代媒体的普及促进了汉语能力的提高。随着科技的不断发展和人们生活水平的逐步提高，现代化的电视、媒体走进了少数民族地区的家家户户。而这些电视、电影节目和报纸等使用的媒介语言大多是汉语，因此少数民族群众，尤其是青少年更容易接受这些新式的信息传播方式，受到的影响也更大。在接受这些信息的同时，包含着学习汉语的过程。人们在看电视、听广播的过程中不自觉地学习了汉语，提高了汉语水平。

2. 民族语言文字使用范围缩小

随着汉语越来越受重视，民族语言文字相对就有弱化的趋势。在德宏州，傣语的使用范围正在逐渐缩小。

城镇的学生在学校里接受正规教育，都要使用普通话，学习汉文字，缩小了使用傣族语言文字的空间。M 小学的老师介绍说："傣族学生在家里和村寨，与家长之间用傣语，和傣族小伙伴们用傣语，与其他民族交流用汉语。"

城镇化的发展和汉语使用范围扩大对于民语有一定的冲击。有家长认为学习汉语十分重要，学习民族语会影响到汉语的学习，民族语没有汉语使用范围广，会选择让孩子从小学习汉语，家庭条件好点的，会把孩子送到市里的私立、公办的学校，从小就学汉语。

（二）双语教学的变化

城镇化的进程对德宏州双语教学也产生了影响，双语教学面临严峻考验。

1988 年，全州有民族小学 730 所，占全州小学总数的 1446 所的 50%，其中应开展双语双文教学的学校有 665 所，已开展双语双文教学的学校有 387 所，占应开展双语双文教学学校的 58%。1991 年，全州有民族小学 632 所，已开设民族语文的有 398 所，另外有使用民族语言辅助教学的民族小学 234 所，双语教学得到有效的开展。1992 年，国家九年义务教育课程教材整体试验开始实施。全州九年义务教育学制除个别乡镇作“五四”制试点外，其余均改为“六二”学制。学制和教材的改变，对使用五年制教材的德宏双语双文教学产生了极大的冲击，致使双语教学难以开展。1995 年，全州有 140 所半寄宿制高小开展双语双文教学，大部分学生学会使用本民族的语言文字，汉语文学习也有长足的进步。2003 年，全州只有 212 所少数民族小学开设双语双文课程，比 1992 年前减少了 159 所，下降 42.86%。2005—2008 年，全州只有 108 所小学开展双语双文课程，比 2003 年减少了将近一半。①

目前在德宏州的首府芒市只有芒市镇、风平镇、轩岗乡、遮放镇和西山乡开展了双语双文教学，江东乡、三台山、五岔路和遮放镇的东山等少数民族聚居区的小学，在学前班或 1 ～ 3 年级运用双语教学。全市有农村小学教师 1625 人，其中傣族教师 346 人，傣族教师中懂民文的为 227 人，占 65.6%，现任双语双文教师 37 人，双语教师 275 人。全市农村小学学生 25656 人，其中傣族 5385 人，占 21%。全市现开设“双语双文型”教学的学校有 41 所，其中汉傣语 38 所。接受“双语双文型”教学的学生有 2208 入，其中傣族学生 1821 人。“双语型”的学校有 86 所，

① 德宏州教育局：《德宏教育志（1978—2008 年）》，芒市，德宏民族出版社，2010。

其中汉傣语学校 75 所。接受“双语”教学的学生 7181 人，其中傣族学生 5166 人。

在德宏州城镇尤其是城市，汉族人增多，学校里汉族学生也在增加，一些开设双语教学的学校已经不开设傣语课了。M 小学的老师介绍说 ：“学校之前有傣语班，在城区附近，后来外来务工人员增多，当地也有汉族，现在学生多数是汉族。”

在农村少数民族聚居区的小学开设民文课的学校、班数和人数在逐步减少。就德宏州芒市傣文教材的发行量而言，2004 年的发行量为 3763 册，2005 年的发行量为 2922 册，2006 年的发行量为 1883 册，2007 年的发行量为 1763 册，双语双文教学走向低谷。

目前德宏州双语教育最大的两个问题，一是双语教学仍存在很多不足之处，不能帮助傣族学生学好汉语课程，达到民汉兼通 ；二是傣族语言文字和文化的传承面临考验，这是伴随着城镇化的进程而逐渐凸显出来的。而这两个问题又具体表现为：

第一，小学尤其是城市里的小学双语教学弱化，民族小学傣族学生少，不开设傣语课。

第二，学校双语教学没有达到使学生民汉兼同的目的。因为两种语言的思维方式不同，有些学生由傣语向汉语转化过程困难较多。在少数民族聚居区尤其是山区小学使用双语教学，一部分学生学习汉语的主动性不够，造成学生汉语口语表达能力低下。由于上课听不懂影响学习成绩，造成自信心不强，对学习没有兴趣，进而又影响学习成绩，形成恶性循环。他们也成为学校的“弱势群体”。

第三，在城镇化的大背景下，民族之间杂居的趋势日益明显，汉语作为国家通用语的作用日益重要，傣语使用范围缩小，其作为交际语言的功能也被限制在一定的空间内。因此在这样的大环境下，很多年轻人转用汉语。而曾在学校中学习的傣语和傣文因没有使用的环境渐渐被遗忘了。家长的语言观和教育观也影响着儿童和青少年的语言使用。很多家长希望孩子从小学好汉语，傣语的传承形势堪忧。

而傣文在实际生活中已经渐渐失去了原有的用途。村民介绍说 ：“现在只有老人在奘房中阅读经书，写红字礼簿单会用傣文，在大街上看到的路牌等，尤其是商店招牌上几乎都使用汉语书写，少见有用傣文书写或傣汉双文书写的。”

第四，傣族文化受到一定冲击，电视及新媒体的普及使家家户户接触的都是主流文化，现代的文化、观念等也更多地被傣族人民所接受，加上越来越多的年轻人外出打工以及其他民族移居傣族聚居区，加强了民族文化的交流，也使傣族人尤其是年轻人增长了见识，接受了更多的现代思想和信息。

学生们接受的媒体都是主流媒体。电视频道除了一两个民族特色频道外，其他的都是汉语频道。在儿童节等节日举行的晚会上，保留了民族歌舞的节目，也会表演很多新近流行的音乐舞蹈节目，包括街舞等。

四、德宏州傣族双语教育困境分析

双语教育是少数民族学生利用本民族语言学好汉语达到民汉兼通的重要途径。城镇化进程中出现的新形势，使傣族双语教育面临更加严峻的挑战。傣汉双语教育目前还存在以下问题。

对双语教育认识不足，政策执行难度大。双语教育的目标认识不统一，民族语传承与教学质量之间存在矛盾。德宏州有一系列双语双文教学政策，但在执行的过程中困难较多，一些促进双语教学的政策也没有得到真正落实。双语教学状况受政策影响较大，政策支持较好的时候双语教学的情况也会好转。近些年来，德宏州双语教学政策存在一些波动的状况。

少数乡镇学校对双语双文教认识不够、重视不够，对开设民文课持消极态度，只是随便开设两个班，以应付上级的检查。此外，管理机构不健全，双语教学没有明确纳入教育教学管理范畴，认为双语教学不属于考试范围，可有可无。还有，一些学校和群众对双语教学的认识也不完全统一。主要表现在，认为时代在进步，科技在发展，少数民族和民族地区在经济等方面落后，原因就是受少数民族语言的制约，认为应当让少数民族儿童从幼儿期即开始接触汉语言，尽快尽早学好汉语，从而推动本民族发展、繁荣、进步。

绝大部分傣族学生家长认为有必要开展傣汉双语教学。在问卷调查中对“在学校进行傣汉双语教学的态度”这一问题上，42.3% 的家长选择了“非常有必要”，16.2% 的家长选择了“很有必要”，27% 的家长选择了“有必要”，可见绝大多数傣族学生家长认为应该在学校开展双语教学，辅助学生学习。

学校教师大多认为有必要开展傣汉双语教学，但真正实施起来难度很大。双语教学对教师的要求较高，教师不仅要掌握汉语言知识，还要掌握民族语。双语教学的目标不是很明确，学前班或低年级的学生在学习傣文时容易和汉语拼音混淆。

开展双语教学的学校少，课时也少，学生在学习傣文后不能及时巩固和复习学习过的内容。山区的小学教育教学质量令人担忧。德宏州实施九年义务教育政策后，学生的辍学率得到了控制，但是也让一些学生抱着不管学成什么样都可以升初中的思想，缺少努力学习的动力。

缺乏稳定和有效的双语教学模式。双语课堂没有形成稳定的教学模式，老师们的教学方法不同，在民族语与汉语使用的平衡上意见也各不相同。双语教学过程中，如果使用傣语过少，就不能有效地帮助少数民族学生学习汉语课程，起到很好的辅助作用；如果使用过多，又会影响学生向汉语思维的转化，也会由于语言上的障碍，使学生产生畏惧的心理，害怕学习、厌倦学习。

德宏州大多是在学前班的时候教授汉语拼音，让学生接触汉语，培养汉语思维。为了保存民族的语言文字，统一在二年级开设傣文课，这对民族语言文字的传承与保存有重要的意义。但是这样的设置也存在一些不足，“在这种情况下，学习民语不是以辅助汉语学习为主要目的，主要是针对本民族文化的保存与发展。实践表明，学生汉语基础不好的话，则这种方式对于实现民语向汉语的过渡基本上是没多大益处的，而且，学生的负担也比较重”①。

评价方式单一。在双语双文教学中存在评价方式过于单一的情况。教师方面，在德宏州，大多数双语教师是兼职教师，在教授一门专业课的情况下，又要教授民

① 徐忠祥、陶天麟、郭云龙：《双语教学是克服云南少数民族聚居区学生语言障碍的有效途径》，载《民族教育研究》，2003（2），42 页。

族语言文字，但是计算教师的绩效工资时并不包括民族语文课的课时，而主要是和学生的学习成绩挂钩。另外，傣语文程度高低也不作为教师能力的依据。这样不仅加重了教师教学的负担，而且教师还得不到应有的待遇，工作积极性不高，造成在工作中容易轻视民族语文教学，只重视国家统一科目。

学生方面，学生学习傣语傣文的好坏不作为升学考试的依据，因此学生学习傣语文的积极性和主动性不够。对傣语文的评价制度不健全，一般只是作为一个考查，并不算入总的成绩。一些学生认为学习傣语文占用了学习其他科目的时间。以前德宏州制定过相关的政策，将民族语文作为毕业考试的一个科目，在招聘中也要加试民族语文，但是后来都不再实行了。

双语师资缺乏。德宏州双语教师，尤其是双语双文教师匮乏，一定程度上影响了双语教学的正常进行。如今能真正承担双语双文的教师在逐渐减少，根本不能满足农村少数民族聚居区的民族教育的需要。学校里傣族老师较少，有的也不会说傣语；汉族老师不懂民族语；有的双语老师没有经过系统的民族语言文化知识学习。大部分学校的双语双文教师是兼职教师，有些是由掌握两种语言、教授专业课程的老师来教授。据德宏州芒市调研统计显示，芒市共有傣族教师 346 人，其中任教双语双文的教师 37 人，仅占 10.7%。

师资匮乏的原因，一方面是懂少数民族语言文字的专职双语教师非常紧缺。教师中熟悉少数民族语言的，大多数汉语水平不高；汉语水平高的，又不懂少数民族语言。既懂汉语又懂少数民族语言，既有丰富的教学经验，又有良好的语言修养的承担双语教学任务的教师比较匮乏。双语双文教师大多是没有经过正规师范培训，缺乏教学理论和经验，教学方法单一，专业文化素质不高。另一方面是双语教师没有配套的优惠政策。在山区或村寨里的小学教学点分散，有些校点条件比较艰苦，任务繁重，但是双语教师也没有特殊待遇，在评职称、评先进、晋升方面没有优惠政策。双语教师的编制难以落实，教师变动较大，师资队伍不够稳定。山区和城镇的师资不平衡也影响了双语教学的顺利进行。

教师培养方面，双语人才培养供需错位。一位老师介绍道：“原来的德宏州民族师范学校，初中毕业以后进入民语班，全是傣族，学傣语。设立的目的是为了培养少数民族教师，教小学的双语课、傣语课，希望培养双语人才毕业后去教傣文。但是实际上毕业之后大部分分在汉族学校，明显达不到按专业分配。”F 老师 2004 年音乐班毕业，参加工作以后教授的是数学课。原来的德宏州教育学院是专科学校，招高中毕业生，分配后教中学，2001 年和德宏州民族师范学校合并为德宏师专（大专，五年制）。德宏民族师范学校和德宏州教育学院合并为德宏师专后，由于学生就业问题，民语班（傣语和景颇语）停办，也造成双语人才的断层，现在的双语双文老师一般都是过去培养的，因此师资培养也已成为双语教学中的一个重要问题。

教师的引进方面，一般是采取考试统一招聘的形式。和汉族相比，傣族老师相对竞争力不强，虽然有的招聘会给少数民族教师加分，但是在招聘方面对于会民族语的老师没有相关优惠政策，造成傣族毕业生进入教师队伍相对汉族更难。

德宏州和芒市虽然每年都有双语教学教师培训，也会举办双语教师讲课比赛，但是只有部分教师有机会接受这样的培训，能参加的教师只是一小部分。对于这些在职培训，有的老师有这样的感慨：“在培训的时候，大家都是双语教师，聚在一起，保护民族语言文化的热情就特别高涨，但是回到学校后，回到现实，依然是困难重重。”教师们参加双语教师培训后确实能够提高自身的教学素质，但是真正能用到教学当中的较少。

家庭教育缺失。家庭教育对孩子的人格养成和身心健康都是很重要的，尤其是在少儿和青少年阶段。这个阶段的孩子好奇心强，自律能力差，自我保护意识也较弱。如果没有家长的教育和关爱，很容易误入歧途，因此这个时期的家庭教育对孩子的整个人生都有着至关重要的意义。

城镇化对德宏州的傣族家庭也产生了影响。由于城镇化，生活在村寨的家庭收入显著增加，生活条件好了，很多家庭有了汽车、电脑。有时老师会让学生上网查资料，但一些学生只是上网聊天玩游戏，并没有用到学习上。

在 N 小学，很多学生都是由老人带，因为很多家长没有时间管孩子，和孩子见面少、沟通少，对孩子的学习情况和身心发展不关心，老人又管不了，孩子就处在没人管教的状态。经济条件提高后，学生接触到更加丰富多彩的社会，容易被各种各样的诱惑迷惑，加上学习的内容都是课本上的，在实际生活中用不到，就更觉得学习枯燥无味。有教师说 :“孩子之间只比经济不比学习，有的学生想上学就上，不想上就不上，对学习没有兴趣，作业不愿做，稍难一点的就不做了。一些学生觉得反正是义务教育，考不好也能进初中，没有毕业考试的压力，想让学生塌下心来学习难上加难。”

五、城镇化进程中德宏傣汉双语教育发展趋势分析

城镇化是一个国家和地区经济和社会发展的重要标志。德宏州的城镇化表明少数民族地区经济发展了，人们的生活水平也提高了。它也必然带来社会各个方面的重要变化，包括人们的思想、观念、语言文化等。

城镇化促进了汉语的传播和使用。随着经济的发展，德宏州傣族人民的生活融入整个社会的发展，生活的各个方面都越来越多地受到经济发达地区的影响。

城镇化促进了民族之间的交融。在工作和生活中，傣族与其他民族尤其是汉族的接触越来越多，在交际的过程中汉语水平迅速提高。同时，不可避免地，城镇化也给民族语言及文化传承造成一定的冲击。

在汉语水平提高的同时，民族语使用范围缩小，比例下降，傣语水平有所下降。双语使用类型向第二语言汉语大幅度倾斜的现象是少数民族地区经济发展变化促使语言使用嬗变的产物。

德宏傣族人对傣语有着深厚的感情。傣语作为傣族人民之间交流的语言工具这一点在短期内不会改变，双语兼用现象更加普遍已成为一种趋势。

德宏州应继续开展并不断完善本地的双语教育，促进傣族语言文化的保存和传承，弘扬民族精神，提高学生的综合素质，为培养少数民族人才奠定基础。

六、城镇化进程中傣族双语教育的对策与建议

（一）统一认识，保证双语教学政策一贯性，营造重视民族语、双语教学的大环境

加强对民族语的宣传，路牌、店牌要使用傣、汉两种语言。鼓励民族语出版物的出版，增加傣文报纸、杂志、教学参考书、课外读物等的出版，让人们能够感受到民族语的重要性。现在有一些宣传傣语言文化的网站，如傣语网、孔雀之乡网民族语频道等，要继续加强傣语言文化网站建设，让更多的傣族人和其他民族的人了解傣语和傣族文化。

保障双语教育资金的投入。设立双语教学专项资金，保证专款专用，为德宏州傣族双语教学提供经济支持。加强双语教材的建设，改善教学设施和教学环境。另外也可以寻求新的集资方式，集资方式多样化，加强社会集资，呼吁民间或企业投资，为德宏州双语教学提供资金保障。

（二）加强教师队伍建设，提高教师双语教学综合素质

利用民族大学、傣族地区师范学校、民族中专、民族干部学校等培养双语教学人才。与民族高校及本地的本专科学校建立联结，开设傣族语言文学专业，对学生进行民族语言文字、汉语言文字以及民族文化的专业教育和系统培养。

教师培训方面，要继续坚持每年的双语教师教学培训并扩大规模，保证大部分教师参加培训，提高双语教学技能和水平，为教师提供更多的互相交流学习的机会。培训内容要与实际的教学相结合，使老师们能学有所用，提高教学实践能力。

教师引进及待遇方面，在引进教师时，要对傣族教师采取优惠政策。双语教师要进行专门招聘，掌握傣语言文字是一名合格的双语教师的必要条件，因此在招聘时要有专门的民族语考试。教师待遇方面要考虑农村小学条件较艰苦等特点，适当放宽农村少数民族聚居区小学的教师编制，提高少数民族教师待遇。

（三）积极探寻适合本民族地区的双语教学模式

少数民族学生从小学习自己的民族语，思维方式也习惯用民族语思维。在进行双语教学的过程中，要考虑到学生民族语和汉语之间思维的转换。教学中既不能不考虑学生的基础，完全用汉语，也不可忽视汉语的学习，完全使用少数民族语言进行教学。

要加强双语教学理论及实践研究，鼓励教师将教学和研究相结合。教师是双语教学实践的实施者，对于双语教学模式最有发言权。充分利用老师们的教学实践经验和教学智慧，尽最大努力在提高教学质量与民族语言文字传承之间寻找平衡，探寻实施合理稳定的特色双语教学模式，细化各学段的阶段目标，体现双语课程的整体性和阶段性，促进双语教学的规范化。加强试点工作，对于科学的适合德宏州傣族双语教学的模式予以推广，并注意因地制宜。

（四）遵循学生的身心发展规律和民族语言学习规律，选择教学策略

学生生理、心理以及语言能力的发展具有阶段性特征，不同内容的教学也有各自的规律，应该根据不同学段学生的特点和不同的教学内容，采取合适的教学策略，促进学生双语素养的整体提高。在教学中，教师应根据学生的汉语水平，灵活使用民语辅助教学，对汉语水平较低的学生，应多用民族语，汉语水平较高的学生应尽量少用或不用民族语。

根据实际情况，建立多样而有效的合理的评价标准。德宏傣族不同地域之间语言环境和汉语学习条件不同，要考虑到不同地区经济和教育发展的不均衡性，遵循语言学习规律和不同年龄段学生生理、心理发展的需求和特点，建立促进学生全面发展的评价体系。评价不仅要关注学生的学业成绩，也要发现和发展学生多方面的潜能，了解学生发展中的需求，帮助学生认识自我，建立自信。发挥评价的教育功能，促进学生在原有水平上的发展。

运用多种方式全面评价少数民族双语学习。突出评价的整体性和综合性。要根据各学段的目标达成的要求，抓住关键，突出重点，进行全面、综合评价。考试只

是评价的方式之一，要突出课程评价的整体性和综合性，促进评价主体的多元化。评价时，应注意教师的评价，加强少数民族学生的自我评价和相互评价，还应该让学生家长积极参与评价活动。评价要尊重少数民族学生的个体差异，促进每个学生的健康发展。

（五）编写特色教材，加强校本课程、地方课程建设

德宏州使用的是国家统一的教材，国家统一教材中体现的是城市的、现代的、主流的文化，有些地方是完全脱离当地文化的。民族地区使用的教材学习的知识如果完全与本地文化无关，那么学生学习的知识就只能停留在书本上，无法在现实生活中学以致用，导致学生难以理解教材知识，对学习知识的兴趣也会下降，影响教学效果。

双语课程教材应突出民族特色，体现时代特征和现代意识，关注人类，关注民族语言文化及其趋于经济发展，关注大自然，理解、尊重和倡导多元文化。教材的编写要符合民族学生的身心发展特点，遵循民族学生的认知规律、思维习惯，适应民族学生的年龄特征和认知水平，教材要尽可能选取真实、典型和本土的民族语言素材。注意教材内容来源于生活，注重开发丰富多彩的社会双语课程资源，可以将本民族的风俗习惯、歌曲舞蹈等因素加入校本课程和地方课程中，编写具有民族特色的“接地气”的民族语教材、民族语言的课外阅读书籍，促进民族文化的传承。

（六）学校要为学生营造好的民汉双语学习环境

学校应积极创造条件，为学生营造良好的学习汉语、本民族语言的环境。学校的标语、宣传语可以用双语来书写，开展多种形式的双语学习活动，让学生在学校中有更多的学习和使用汉语和民族语的机会，在潜移默化中提高汉语和民族语水平，增强民族自豪感和责任感。

双语教师应转变观念，更新知识，不断提高自身的综合素养。应创造性地理解和使用教材，积极开发课程资源，灵活运用多种教学策略，引导少数民族学生在实

践中学会学习。在教学过程中，要善于总结，把课堂上的教学经验和感悟整理上升为理论，加强相互之间的交流。不断提高自己的双语教学水平，将传承民族文化和提高教学质量相结合，让更多的学生学会汉语，用好汉语，同时也要成为傣族语言文化的传承人。高度重视课程资源的开发与利用，创造性地开展各类活动，增强学生在各种场合学习民汉语言和传承民族文化的意识，通过多种途径提高学生的双语素养。激发民族学生学习汉语的浓厚兴趣，让少数民族学生在双语教学活动中主动获取汉语和本民族语言的听说读写能力，促进少数民族学生和谐发展，为培养民汉兼通的优秀人才奠定基础。

（七）家庭教育对孩子的发展至关重要，要注意加强家庭教育

家长应增强传承民族文化的责任心，自觉学习和使用民族语言。把对傣语言文化失传的担忧和对傣语的喜爱转化为自身传承民族语言文化的动力，在生活当中从自己做起，保护民族文化。增加与孩子共处的时间，多关心他们的生活和学习。把民族的语言文化传承给下一代，让孩子学习民族语的同时，加强汉语的学习。关心他们在学校的表现，多与老师沟通，帮助孩子管理自己，培养他们热爱本民族语言文化的意识，学习好国家通用语，努力成为双语兼通的人才。

德宏州在城镇化的大背景下，傣族群众与汉族等其他民族接触和交流增多，汉语水平明显提高。这种形势给傣族双语教育带来了机遇也带来了挑战，我们要坚持走双语兼通、双语相互促进的原则，坚持在民族学校大力开展双语教育，多种形式和类型，因地制宜，不搞一刀切，保存少数民族语言文字和少数民族文化，也为促进边疆地区稳定和文化安全发挥教育领域的独特作用。

边疆民族地区新型城镇化建设进程中继续教育发展研究

——以云南省为例

矣胜辉　宁莎莎　潘艾伦

在边疆民族地区经济社会发展进程中，城镇化不仅是其实现现代化的必由之路，更是破除其城乡二元结构的重要举措。

边疆民族地区的新型城镇化建设离不开来自各行各业优秀人才的支撑，在整体受教育水平普遍较低的现实条件下，大力发展继续教育将是实现为边疆地区新型城镇化建设培养高素质人才的重要依托。云南省作为边疆民族地区重要的构成，其城镇化是在“山区、民族、边疆、贫困”四位一体的基本省情下推进的，具备边疆民族地区城镇化建设的典型特征。因此，选取云南省为代表，对其城镇化进程中的继续教育发展进行研究，阐述继续教育享有的新机遇，分析继续教育面临的新挑战，并以此为基础探索继续教育在云南新型城镇化建设进程中的发展策略，这对于促进边疆民族地区“人的城镇化”以及解决边疆民族地区城镇化建设进程中出现的“城镇化水平低于全国平均水平”“农业转移人口难以享有与城镇居民同等的基本公共服务”“城镇规模结构不合理”“城镇规划建设管理水平有待提高”以及“城镇产业发展支撑能力不足”等突出问题都具有重要的意义。

一、边疆民族地区新型城镇化建设进程中继续教育发展的新机遇

（一）新市民的学习需求增大

随着边疆民族地区新型城镇化建设进程的不断加快，新市民的学习需求在规模与内容上都在极速增长，这是继续教育发展所拥有的最重要的机遇。近年来，云南省在“守住红线、统筹城乡、城镇上山、农民进城”城镇化发展新思路的指导下，人口城镇化增速明显。云南省政府在《云南新型城镇化规划（2014—2020年）》中指出，2011—2013年，全省常住人口城镇化率从36.8%上升到40.48%，年均上升12.3个百分点；户籍人口城镇化率从16.5%上升到27.2%，年均上升5.35个百分点。按照2013年底统计数据（全省常住人口4686.6万人，全省户籍总人口4604万人）计算，云南每年新增 576.4518万常住城镇人口和246.314万户籍城镇人口，这些新市民进入城市之后迫切地需要融入新的环境，学习需求增大。

（二）政府政策支持

1. 各级政府普遍重视“人的城镇化”

随着改革开放的不断深入，我国已进入全面建成小康社会的决定性阶段，处于城镇化深入发展的关键时期。在这一关键时刻，中央政府在总结以往城镇化建设经验的基础上，充分认识到虽然我国城镇化建设已取得突出成就（常住人口城镇化率为53.7%、户籍人口城镇化率为36%左右），但这仍然远低于发达国家80%的平均水平，并且存在着诸如“大量农业转移人口难以融入城市社会，市民化进程滞后”“土地城镇化快于人口城镇化，建设用地粗放低效”“城市管理服务水平不高，‘城市病’问题日益突出”等诸多问题，为了实现城镇化的健康持续发展，适时地提出了“新型城镇化建设”战略。在中共中央国务院印发的《国家新型城镇化规划（2014—2020年）》中明确指出“以人的城镇化为核心有序推进农业转移人口市民化，

走以人为本、四化同步、优化布局、生态文明、文化传承的中国特色新型城镇化道路”，充分肯定了“人的城镇化”的重要地位，并将“以人为本，公平共享”作为国家新型城镇化建设的首要原则。而在云南省政府印发的《云南省新型城镇化规划（2014—2020年）》中也明确指出“以科学发展为主题，以人为核心”，对“人的城镇化”同样非常关注。人的城镇化就是指不断提高人口素质，促进人的全面发展，实现人的市民化，而这所有的一切都离不开教育特别是继续教育的支持。

2. 各级政府关注继续教育的发展

进入21世纪以来，“终身教育、终身学习、学习型社会”的理念在我国广泛传播，并得到社会各界特别是政府部门的高度重视，继续教育作为构建终身教育体系的重要组成部分、践行终身学习的重要途径和实现学习型社会的重要依托在新形势下引起了各级政府的普遍关注。在国家层面上，《国家中长期教育改革和发展规划纲要（2010—2020年）》不但制定了“继续教育参与率大幅提升，从业人员继续教育年参与率达到50%”的继续教育发展战略目标和“从业人员继续教育由2009年16600万人次增至2015年的29000万人次，到2020年达到35000万人次”的继续教育发展阶段性目标，并在第二部分发展任务中设专章对继续教育进行了规划，提出“加快发展继续教育”“建立健全继续教育体制机制”“构建灵活开放的终身教育体系”等发展任务，对继续教育的发展从国家层面上进行了科学规划。在地方层面上，《云南省中长期教育改革和发展规划纲要（2010—2020年）》同样制定了继续教育的发展目标，即继续教育参与率大幅提升，从业人员继续教育年参与率达到45%；现代国民教育体系更加完善，终身教育体系基本形成，促进全体人民学有所教、学有所成、学有所用。同时也立足于地区发展实际设专章对继续教育发展进行了区域规划。从以上政府文件可以看出，继续教育的发展受到了各级政府的普遍重视，这给继续教育的发展提供了有效的政策支持。

（三）继续教育体系逐步完善

1. 政府办学体系不断优化

随着“终身教育、终身学习、学习型社会”理念在边疆民族地区的广泛传播，边疆民族地区各级政府对继续教育的关注程度逐年加深，在这些区域逐渐形成“由国家教育部统筹、各省市教育行政部门审批、各办学单位实施教育”的继续教育办学格局，其中由政府主导的办学形式有：开放大学、职工高等学校、职业技术学院、管理干部学院、教育学院、独立设置的函授学院和普通高校所属的成（继）教院等多种形式。在云南省，经过新中国成立后60多年的发展已经形成以高校成（继）教院为龙头，职业技术学院、教育学院、独立设置的函授学院等为辅助，开放大学、职工高等学校、农民高等学校、管理干部学院等为重要补充的政府继续教育办学模式，政府办学体系逐年优化。

2. 市场办学蓬勃发展

随着边疆民族地区市场经济的深入发展，社会对高素质人才的需求愈来愈大，而以政府为主体办学的继续教育由于体制、运行新模式等多方面原因的影响，表现出专业设置较为死板、对社会需求反应过慢等问题，不能够有效地满足人们的学习需求。因此，在这一大背景下，边疆民族地区在市场广泛需求的支配下出现了大批的市场继续教育办学机构，各种民办的培训班、总裁班、证书班、职业学校层出不穷，极大地补充了继续教育发展的不足。以云南省教育厅发展规划处公布的统计信息为例，2011—2014年，民办中等职业学校招生人数由32358人增至41629人，3年共增加9271人，平均每年增加3090.3人；而民办中等职业在校生人数由原来的92234人增至102929人，3年来共增加10695人，平均每年增加3565人。由此，我们可以管窥边疆民族地区市场办学之蓬勃发展。

二、边疆民族地区新型城镇化建设进程中继续教育发展面临新的挑战

（一）特色城镇化建设的挑战

在边疆民族地区城镇化建设进程中，各地区依托自身独特的地理条件和文化背景对城镇化建设路径进行不断探索并取得了突出成就。在云南，人们也取得了众多突出成果：①从全省国土面积 94% 为山区的实际出发探索出了一条独具云南特色的"山地城镇化"之路；②立足于城镇化水平远低于全国 53.7% 的平均水平的发展阶段，提出要持续推进特色小城镇发展，充分发挥小城镇的能动性推动新型城镇化建设；③从省内历史文化名城名镇名村名街聚集的实际出发，提出加强历史文化名城（镇、村、街）保护与发展，保护民族的历史和文化，维护文化的多样性；④从 25 个少数民族聚集的现状出发，提出积极推进沿边和少数民族城镇村寨的发展，充分展现民族特色，促进民族团结进步和边疆繁荣稳定。如此众多颇具特色的城镇化发展模式给传统的继续教育办学模式提出了巨大挑战，如何探索出与特色城镇化发展模式相适应的继续教育办学模式成为边疆民族地区在以后很长一段时期内不得不面临的问题。

（二）少数民族人口城镇化速度加快对继续教育教学内容与规模的挑战

近年来，边疆民族地区依托自身优势逐渐探索出适合自身特色的新型城镇化之路，城镇化建设取得了突出成就，人口城镇化速度加快。在云南，全省常住人口城镇化率与户籍人口城镇化率分别以每年 12.3% 与 5.35% 的速度增长，大量的农村人口涌进市区，他们原有的知识技能无法满足新的生活，因此人们选择参加继续教育以提升自身的生存生活技能。在这些区域，由于少数民族聚集，这就使得继续教育在面临人口城镇化快速增长挑战的同时必须担负起团结各民族共同为新型城镇化建设努力的使命。这一现状是边疆民族地区继续教育在发展过程中不得不面临的挑战，如何在有效利用现有教育资源的基础上开发新的资源，以满足来自不同民族与文化的"新市民"的学习需求是继续教育工作者必须思考的问题。

（三）产业结构优化升级的挑战

在边疆民族地区进行城镇化的进程中，人们逐渐认识到传统的产城分离的发展模式是制约城镇化发展和产业升级的重大阻碍，因此不断对产业发展和城镇建设之间的“良性互动”模式进行探讨，并及时对产业结构进行优化布局。产业的升级直接影响对不同专业人才的需求强度，这给继续教育的专业设置提出了巨大挑战。如何确保自身所开专业是“市场所需、人们想学”，这是边疆民族地区继续教育在新型城镇化进程中面临的又一个重大挑战。

三、继续教育服务边疆民族地区新型城镇化建设的策略探究

（一）探索适应特色化城镇建设的继续教育发展模式

边疆民族地区的新型城镇化道路是独具特色的，在这一过程中逐渐形成了“山地城镇化模式”“特色小城镇发展模式”“沿边和少数民族城镇村寨发展模式”等多种新型城镇化建设模式。很显然，成熟于平原地区和大城市的传统继续教育发展模式不能够满足特色城镇化建设的需求。因此继续教育为了实现自身与边疆民族地区新型城镇化建设的良性互动，必须积极探索适应特色化城镇建设的发展模式，做到因地制宜、因时制宜。

（二）重视新市民，特别是少数民族新市民的学习需求

新型城镇化的关键在于“人的城镇化”。在边疆民族地区城镇化的进程中，大量来自农村的人员向城镇流动，并决定在此长期或永久定居下去，这一大批新市民的融入给城镇的各个方面带来巨大的挑战，继续教育当然不能视而不见。因此，继续教育在发展过程中必须重视新市民，特别是少数民族新市民的学习需求，从学习者的学习需求出发，不断优化自身的课程与专业设置，切实地为边疆民族地区新型城镇化建设培养所需人才。

（三）关注民族文化的传承

新型城镇化的建设倡导城镇要延续自身文化特色，反对“千城一面”错误路线，这在边疆民族地区显得更为重要。在保护和传承民族文化的历史任务面前，继续教育扮演着不可替代的重要角色。继续教育的对象是边疆民族地区社会发展的主要力量，他们在社会生产和再生产的过程中创造和传承着民族文化，因此继续教育在服务边疆民族地区新型城镇化建设的过程中应始终关注民族文化的传承。这不仅是新型城镇化建设的应有之意，也是边疆民族地区保护和传承民族文化、维护国家文化多样性与民族文化独立的有效措施。

（四）注重与社区，特别是少数民族社区的合作

新型城镇化建设的最终目的是实现人们生活的幸福安康，而人们的幸福安康离不开所处社区的和谐发展。因此，边疆民族地区继续教育为了更好地为新型城镇化建设服务，必须重视与社区的合作，特别是与少数民族社区的合作。少数民族社区的稳定发展关乎各民族的平等团结和边疆的和谐稳定，是不容忽视的重大问题。继续教育在发展过程中应积极推动社区内教育资源的优化整合，调动社区成员学习的积极性，提升社区整体素质，为社区发展和新型城镇化建设服务。

参考文献：

[1] 欧阳忠明，肖菲．新型城镇化使命下，成人教育何去何从．光明日报，2014-04-29．

[2] 张璐．城镇化：农村职业教育不该袖手旁观．中国经济时报，2014-06-16．

[3] 朱涛．城镇化——成人教育提供强力支撑．河北师范大学学报：教育科学版，2002（2）．

[4] 郭莲纯．城镇化背景下发展现代职业教育的思考．继续教育研究，2013 (6)．

[5] 刘征．城镇化建设与职业教育发展研究——以湖南省为例．中国职业技术教育，2008（35）．

[6] 杜睿云，安树伟．人口城镇化战略下的职业教育发展——以中国西部地区为例．职业技术教育，2013（19）．

[7] 张占斌．新型城镇化的战略意义和改革难题．国家行政学院学报，2013（1）．

[8] 单卓然，黄亚平．“新型城镇化”概念内涵、目标内容、规划策略及认知误区解析．城市规划学刊，2013（2）．

[9] 朱东辰，李英．边疆少数民族地区城镇化建设初探．黑龙江民族丛刊，2013（5）．

[10] 朱胜晖，毛艳．西部地区高校继续教育特色化发展研究．当代继续教育，2014（6）．

试论新型城镇化进程中广东民族地区职业教育的发展

陶　红　廖慧琴

新型城镇化是党的十八大提出的“四化发展”路径之一，目的在于实现城乡统筹发展，解决当前我国区域经济发展不均衡的现状。职业教育对经济发展有着明显的促进作用，是提高劳动者就业能力、促进劳动者就业的重要途径。职业教育在传播文化，传授科学技术，提高人口素质，缩小城乡差别，促进城乡物质文明、精神文明和政治文明建设等方面，发挥着独特的桥梁和纽带作用，尤其是在推动新型城镇化进程中发挥着独特的作用。同时新型城镇化的推进需要高质量的职业教育，新型城镇化建设赋予了职业教育新的机遇和挑战。作为广东重点扶持的三个民族贫困县——连南瑶族自治县、连山壮族瑶族自治县、乳源瑶族自治县应抓住机遇，大力发展职业教育，适应新型城镇化发展的需要。积极探索新型城镇化进程中职业教育的发展策略，对新型城镇化战略的实施有着重要意义。

一、新型城镇化与广东民族地区职业教育现状分析

（一）新型城镇化概念的界定

新型城镇化其实质是科学发展观统领下的城镇化建设，它是指坚持以人为本，以新型工业化为动力，以统筹兼顾为原则，推动城市现代化、城市集群化、城市生态化、农村城镇化，全面提升城镇化质量和水平，走科学发展、集约高效、功能完善、环境友好、社会和谐、个性鲜明、城乡一体、大中小城市和小城镇协调发展的城镇化建设新路。简言之，新型城镇化的“新”在于提升城市文化、公共服务、城镇化建设的质量，实现经济社会和谐发展，推动区域协调发展，促进社会全面进步。新型城镇化有四个特征：

一是注重文化内涵建设。新型城镇化的目标不仅是要把我国建设成高楼林立的物质强国，更要把我国建成文化强国。这就要求提高人民的文化水平、道德素养和身心素质。在职业教育方面，就体现在要求提高劳动者素质和技能。

二是注重人口的市民化。人口的市民化包括农村劳动力的转移、就业、生活、居住等一系列问题，并使这些问题有效地解决，才是真正的农村人口市民化。其中，与职业教育关联最为密切的是就业。目前，人口市民化对职业教育的最基本要求之一便是提高农村劳动力的素质。

三是注重文化传承，彰显特色。根据不同地区的自然历史文化禀赋，体现区域差异性，发展有历史记忆、文化脉络、地域风貌、民族特点的美丽城镇，形成符合实际、各具特色的城镇化发展模式。这一特征要求职业教育的办学不能盲目地“随大流”，而应结合地方特色办学，做到与当地文化特征相辅相成，达到人才培养与文化传承的双赢目标。

四是注重生态环境建设。未来的城镇化建设只有走“集约、智能、绿色、低碳”的道路，才符合建成“美丽中国”的要求。这一特征要求职业教育应面向市场要求，调整办学结构，设置与生态环境保护相关的专业，培养具有环保意识和时代精神的高技能人才。

（二）广东民族地区职业教育现状分析

广东省现有连南瑶族自治县、连山壮族瑶族自治县、乳源瑶族自治县3个自治县，以及连州市瑶安瑶族乡、三水瑶族乡，龙门县蓝田瑶族乡，怀集县下帅壮族瑶族乡，始兴县深渡水瑶族乡，阳山县秤架瑶族乡，东源县漳溪畲族乡7个民族乡，以瑶族、壮族同胞为主。广东民族地区职业教育发展存在的问题与当地特有的民族文化、地理环境、自然禀赋、发展形态息息相关，这也使其职业教育存在自身的特殊问题。具体来说，当前广东民族地区职业教育发展存在以下几个问题。

一是对职业教育的重要性认识不足。广东民族地区世居人口大部分为农民，且以瑶族农民为主。一方面，由于贫困原因，大部分农民为初中或初中以下文化水平，平均文化水平较低。另一方面，由于受中国传统“学而优则仕”观念的影响，人们的思想观念较为落后。广东民族地区的人们普遍存在对职业教育不了解、不重视的现象，片面地认为职业学校就是培养“打工仔”的地方，培养出来的人始终低人一等，不如直接回家务农或外出务工。因此，学习成绩好的学生不愿读职业学校，学习成绩不好、家庭条件较差的学生也不愿读职业学校。已经就读职业学校或者准备就读职业学校的人群中，有部分人是考虑到上学不用收取学费、学生年纪小找不到好工作，甚至是在有关人员的一再劝说下才选择去职业学校“混”日子的。可见，广东民族地区的家长和学生对职业教育的重要性认识不足。

二是职业教育与当地经济发展不相适应。广东民族地区职业学校存在培养目标与当地经济不相适应的问题，培养目标缺乏时代性和长远性。职业学校不能随着当地社会经济的发展及时调整和完善培养目标，不能根据市场需要及时调整专业，对市场的适应性较差。在新型城镇化建设的背景下，广东民族地区职业学校没有对培养目标、专业设置等作出相应的调整，少部分已调整的也未能从根本上有效地应对新型城镇化发展的要求。此外，职业学校的培养目标和课程设置之间、课程设置和新型城镇化下岗位群的知识技能要求之间出现脱节现象。同时，职业学校大部分教学内容缺乏时代性，教学过程由于教学条件的限制仍重理论、轻实践，重知识、轻技能。简言之，无论在专业设置还是办学模式上都与民族地区经济社会发展不相适应。

三是职业教育办学结构类型单一。目前，广东民族地区的职业教育只有国家办学这单一主体，且办学规模小，办学质量不高，没有发动企业和社会团体力量参与到办学中去。作为生产性、实践性强的职业教育，是需要政府的大力支持、政策的积极引导来促进校企合作、校企合办职业教育。然而，广东民族地区企业参与职业学校的合作办学的积极性不高，且政府对职业教育的校企合作、校企办学的相关政策扶持力度有限，相关指令性条款不足。此外，现阶段广东民族地区只有中等职业教育一个层次，连南瑶族自治县、连山壮族瑶族自治县和乳源瑶族自治县均无高等职业教育，这在一定程度上也难以满足地区经济社会发展对不同层次人才的需求。

二、新型城镇化对广东民族地区职业教育的需求

（一）新型城镇化要求提高劳动者素质和技能

随着新型城镇化的推进，广东省民族地区大量的剩余乡镇劳动力涌进城市，向非农产业转移。然而，转入城市的乡镇劳动力素质不高，几乎没有受过专业技能训练，难以适应新型城镇化的发展要求。职业教育具有专业性、实用性、多样性、针对性等特点，能够使入城的劳动力获得所需技能，提高素质。通过职业教育培养培训和提高他们的素质和职业技能，增强其就业能力，使其能较好、较快地融入城市，适应城市新的工作和生活。

（二）新型城镇化要求吸收并培养大量的年轻劳动力

新型城镇化的进程，要求提高劳动者素质和技能的同时，还能延迟低龄青少年劳动力进入就业市场的时间，降低农村低龄青少年的劳动参与率。目前，广东民族地区有部分十五六岁甚至更低年龄的农民工子女随父母进城务工。他们因年龄小、缺乏专业知识和技能，劳动收入相当低，生活困难。同时，低龄劳动者的出现也在一定程度上增加了城市就业市场的压力。职业教育可以吸收并培养大量的年轻劳动

力，缓解低龄劳动力转移给就业市场造成的压力，通过职业教育培训提高其素质和职业能力，为地方民族经济建设储备一批技能型人才和高素质劳动者。

（三）新型城镇化要求职业教育结合地方特色办学

新型城镇化进程中一个鲜明特征便是彰显个性特征。对于广大民族地区而言，由于民族地区自身不同的文化、习俗、环境和发展条件，自身特点尤为突出，由此孕育出来的新型城镇化也应具有与众不同的地域风貌、民族特点、文化传承等特色。职业教育作为推进新型城镇化的重要力量之一则应结合地方特色办学。

（四）新型城镇化要求职业教育面向市场，调整办学结构

新型城镇化的发展将导致产业结构的转变，第一产业比重下降，第二、三产业比重提高。广东民族地区的新型城镇化遵循这一发展规律，在产业结构转变的过程中，将产生大量新的就业方向、就业岗位和用工需求，创造更多的就业空间，吸引更多的乡镇剩余劳动力向城市转移。尤其是以服务业为主的第三产业，如物流业、营销、建筑装潢、学前教育、餐饮、酒店管理等行业的迅速发展，用工需求量将大幅度增长。这就急需职业教育提供相关专业，开展相关教育培训工作，培养大批能适应新的就业方向和就业岗位需求的技术技能型人才和高素质劳动者，以满足新型城镇化发展的用工需求。

三、新型城镇化进程中广东民族地区职业教育的发展策略

（一）转变观念，提高对职业教育重要性的认识

针对广东民族地区广大群众对职业教育的偏见，首先，各级政府特别是当地县级政府应做好教育宣传工作，充分利用各种媒体开展宣传工作。如政府部门可以在官方网站建立专栏普及职业教育相关知识，使群众充分了解职业教育优越性并积极参与职业教育的建设。其次，各类教育机构应积极开展招生宣传工作。如定期举行

职业教育讲座和职业培训活动，解释与阐述有关职业教育的各类问题，转变群众落后的思想意识，加强对职业教育的认同度。最后，各个职业学校应举行家长、学生免费参观活动，宣传学校的办学方针和人才培养模式，介绍相关专业及人才培养的输送渠道，提高群众对职业教育重要性的认识。

（二）加大投入，提高劳动者素质和技能

针对广东民族地区特殊的社会经济，继续加大对职业教育的投入。首先，在国家对中职学生实施免费政策的基础上，根据地方经济的实际状况，给予贫困学生经济补助，助其顺利完成学业。其次，加强职业学校硬件设施的建设，为职业学校提供更完善的教学设备，以增强其实践教学效果，使学生掌握所需的就业技能，提高学生的就业率，从根本上保证职业教育的质量，达到提高职业教育吸引力的目的。最后，针对民族地区专任职业教师队伍不足的情况，加强民族地区职业教育教师队伍建设。以有力的资助政策为前提，完善的教学设备为基础，优良的师资队伍为保证，来推进民族地区职业教育的发展，提高民族地区职业教育的吸引力，提高民族地区劳动者素质和技能，为新型城镇化建设服务。

（三）立足实际，发展具有广东民族特色的职业教育

发展广东民族地区的职业教育，要以民族地区的特色经济为着眼点，要根据民族地区的优势资源来开办相应专业，要满足当地民族地区经济发展的需要。职业教育的专业要根据民族地区需要怎样的技术人才，需要开办怎样的专业，需要怎样的技术技能来开设。要坚持把稳定、长效和需求量多的专业同易变、短期和需求量少的专业相结合，以保持民族地区职业学校的办学活力和办学竞争力。如近年来乳源瑶族自治县的旅游业得到了较快的发展，当地职业学校可以开设一些与当地旅游业相关的导游专业；这几年当地的建筑工程业有较好的发展前景，当地职业学校可以适时、适量地开设一些具有当地民族特色的建筑学专业。广东民族地区的职业教育还应着眼于发展民族地区农产品加工业，以延伸农业链，增加农产品附加值，消化

吸收劳动力等。这些都是民族地区新型城镇化发展的有效载体。

（四）面向市场，调整广东民族地区职业教育的办学结构

广东民族地区职业教育发展要面向市场，就必须根据市场的需要及时准确地调整职业教育的办学结构。首先，广东民族地区职业学校的发展方向，可以在立足民族地区经济发展的基础上，依据珠江三角洲经济发达地区的市场需求，制定培训目标和培训专业。其次，在珠江三角洲经济发达地区建立一些人才交流中介组织，并与企业合作，建立与学生专业对口的实践基地，逐步实现校企合作、产学结合、产教融合。最后，在扩大职业学校办学规模的同时，拓宽办学主体。目前，不论从学生人数、教学场地还是教学设备来看，广东民族地区职业教育的办学规模都是欠缺的，并且只有国家这单一的办学主体。因此，广东民族地区的职业学校要面向珠江三角洲地区，提高自身吸引力，扩大招商引资力度，吸引企业参与职业教育教学，鼓励社会力量办学。各级政府部门应积极参与职业教育办学，为校企合作搭建平台，出台相关政策和条例，为校企合作设立专项资金等。在贯彻落实的过程中政府要加强监督管理力度，引导行业、企业积极参与民族地区职业学校的校内生产性实训。最终使人才流动进入有序化阶段，减少盲目性，以更好地完成转移广东民族地区劳动力，促进广东民族地区经济，实现新型城镇化的快速发展。

贵州民族地区城镇化进程与职业教育发展研究

胡朝映

城镇化是指农村人口和各种生产要素不断向城镇聚集而形成的经济结构、生产方式、生活方式以及社会观念等向城镇性质转变的过程。城镇化是工业化和现代化的必然趋势。城镇化水平是衡量一个国家和地区经济发达程度、社会发展水平和人民生活水平高低的一个重要指标。目前，贵州城镇化仍处于一个较低的水平，2010 年第六次人口普查数据显示，贵州城镇化率为 33.81%，比全国平均水平约低 15%；2014 年，贵州城镇化率为 40.01%，但仍大大低于全国平均水平，给贵州社会经济发展带来了一系列不利的影响。因此，在贵州“十二五”规划中，贵州省委明确提出要把推动工业化和城镇化作为贵州加快经济发展方式的重中之重和基本途径，在“十二五”时期，重点实施工业强省和城镇化带动两大战略。然而，作为一个多民族交错杂居和一些民族成片聚居的省份，特殊的地理、历史条件和落后的经济发展水平使全省各地区经济、社会发展水平极不平衡，城镇化发展存在极大差距，尤其是占全省总面积 55.5%、占全省总人口 41.2% 的民族地区发展水平差距更大。造成民族地区城镇化缓慢的主要原因是什么？如何加快民族地区城镇化发展，积极稳妥加快建设科学合理的城镇体系，大力提升城镇综合承载力、吸附力和辐射力，使城镇成为经济社会又好又快、更好更快的平台与载体？如何实现农村剩余劳动力转移和带动农村经济发展，促进贵州经济快速发展和社会全面进步？这是民族地区加快城镇化发展不可回避的问题。

城镇化的关键问题是经济问题，城镇化的核心是“变”人，也就是将农村富余劳动力培养成大量的从事现代化建设所需要的各种层次的专业技术人才。职业教育在这一过程中起着至关重要的作用。职业教育是推进城镇化不可或缺的重要基石。只有采取多种方式大力发展职业教育，才能促进和加快城镇化进程。

一、贵州民族地区城镇化、工业化的现状

（一）城镇规模较小，城镇化水平低

到目前为止，贵州城镇数量已发展到700余个，其中100万人以上特大城市 1个（贵阳市），50万～100万人口的城市1个（遵义市），20万～50万人口的中等城市 7 个（六盘水市、安顺市、都匀市、兴义市、凯里市、毕节市、铜仁市），10万～20万人口的小城市4个（清镇市、赤水市、仁怀市、福泉市），小城镇约700个。在贵州3个自治州和11个自治县中，只有3个中等城市和1个小城市，城镇规模小。不仅如此，由于历史、自然及经济发展等诸方面的原因，民族地区城镇化发展缓慢、水平较低。2009年，全国城镇化率为46.6%，贵州省民族地区低于这一水平，有的甚至低于全省平均水平，以3个自治州为例，黔东南苗族侗族自治州为28%、黔南布依族苗族自治州为33.5%、黔西南布依族苗族自治州为27.1%，远低于全国和全省的平均水平。

（二）产业化程度低，产业结构不合理

新中国成立以前，贵州少数民族分别处在前资本主义的各个社会发展阶段，生产条件差，生产工具和生产方式原始落后，生产力水平低下，社会发展相对落后。新中国成立后，特别是党的十一届三中全会后，贵州省在加强民族工作，推进民族区域自治的同时，大力发展少数民族地区的经济文化事业，使少数民族地区的经济

社会面貌发生了翻天覆地的巨变。2005 年，民族自治地方国内生产总值达到 561.89 亿元，其中第一产业 186.39 亿元、第二产业 176.96 亿元、第三产业 198.54 亿元，民族自治地方产业比重为 33.17：31.49：35.34，由于原来的基础较差，产业结构虽然实现了三、一、二排序，但仍是低水平的排序，一产不活、二产不强、三产不大的问题仍然相当严重。

（三）城镇基础设施水平低

城镇基础设施是城镇化发展的物质载体。世界城镇化进程表明，城镇基础设施的增长应快于人口的增长，这样才能满足经济和社会发展的需要。而民族地区基础设施如道路交通、信息通信、输电输气、供水排水、垃圾处理等相对落后，基础设施建设水平低，不仅制约了民族地区经济的发展，而且也制约了农业人口向城镇转移。

（四）城镇化发展特色不明显，比较优势不突出

民族地区在城镇化发展的过程中，并没有充分借助自己的资源优势，因地制宜，建设富有特色的各种不同类型的城镇。“千城一面”“万街雷同”，优势不突出，特点不明显。贵州是一个多民族聚集的地区，民族文化资源丰富；贵州特殊的地貌、气候环境和地质构造，孕育了丰富的自然资源。民族地区要借助自己的资源优势，或能源，或矿产资源，或民族文化资源，或区位资源，积极探索符合自身发展的旅游景区型、工矿园区型、交通枢纽型、民族风情型、商贸集散型等各具特色的城镇。

近年来，贵州民族地区工业化进程加快，小城镇迅猛发展，城镇化水平有了较大提高。城镇化既是国家工业化的产物，又是工业化的必然结果。城镇化最重要的表现为农村人口向城镇人口转化。而要使农村人口向城镇人口转移，关键是“变”人。贵州民族地区的城镇化离不开职业教育。大力发展职业教育，才能将贵州民族地区农村富余劳动力培养成现代化建设所需要的各种层次的专业技术人才。

二、职业教育在民族地区城镇化进程中的作用

城镇化水平是一个国家或地区经济发展水平的重要标志。它集中反映了人们的生产生活方式和思维观念模式。世界各国的工业化进程都表明，要推进城镇化、工业化和经济进程，就必须实现人口从农村向城镇转移，劳动力从第一产业向二、三产业演进；必须有效地提高农村人口的素质，使他们熟悉现代化产业要求的各种技能，才能完成产业结构调整所需的变化。因此，发展教育事业，特别是发展职业教育，是推进城镇化进程的基本途径。

（一）职业教育为城镇化进程提供了强大的智力支持

城镇化需要生产要素的集聚，高素质的劳动者可以使生产诸要素产生最大效益。西方人力资本理论通过大量的实证研究证明，凝聚在劳动者身上的知识、技能及其所表现出来的能力，对生产起促进作用，是生产增长的主要因素。有关研究指出，农民工每多接受一年小学毕业后的教育，其收入会增加8.13%。因此，城镇化过程中要实现一、二、三产业的结构调整，使大量农民流入二、三产业，完成就业结构演进，客观上要求职业教育给农民提供技能培训，消除结构性摩擦。从职业教育对经济发展的作用来看，职业教育是科学技术向现实生产力转化的重要途径。通过提高劳动者的专业知识和技能水平来促进劳动生产率的提高，进而达到促进经济发展的目的。

（二）职业教育影响了城镇化进程的规模和速度

从物理形态上，城镇化进程表现为城市面积不断扩大、空间不断延伸的运动，其对应的现象是城市郊区失地农民不断增加，生产生活方式彻底改变。如果不能有效地解决失地农民的就业问题，帮助他们树立全新的生活理念，城镇化进程必然会受到农民的抵抗和阻挠，城镇化过程中失地农民上访闹事现象有所增加就是例证。就业乃民生之本，根据世界各国的经验，针对结构性失业，采用积极的就

业政策，开展职业培训比消极的救济更为有效。因此，职业教育程度影响着城镇化进程的速度。

（三）发展职业教育是巩固城镇化成果的重要手段

职业教育能提高农民的专业知识和技能水平，使知识最终被物化为现实的资源。知识的物化就是科技成果的推广和产业化，直接联系着科研创造和生产加工。在科技成果的物化和产业化过程中，掌握着一定技术水平和加工能力的生产队伍是十分关键的。近年来，中部地区到沿海打工的群体中已明显出现了中专学生替代农民工成为主体的现象，许多农民工岗位遭到替代，被迫回流到农村。农村劳动力“低素质屏障”已成为制约他们获得更高收入的主要因素。从长期看，要巩固城镇化的成果，实现农民向市民的转变，就应发展相关职业教育，使农民在知识、技术和观念方面符合城镇发展的要求。

三、贵州职业教育的发展为民族地区城镇化带动战略做出的贡献

要加快城镇化进程就必须培养一大批从事城市现代化建设所需要的各种层次的专业技术人才，而这种人才的造就和培养，单靠一些重点院校是远远不够的，大量复合型实用人才要通过职业教育来造就和培养。只有采取多种方式大力发展职业教育，才能促进和加快城镇化进程。

贵州省的职业教育经过20多年的努力，取得了长足的发展。据统计，截止到2010年，全省各类中等职业学校已达 317 所，遍及全省各地，招生数达20.9万人，在校生超过40万人。随着高等教育改革的不断深入发展，贵州省一批旨在培养从事生产、管理、服务第一线的实用型、应用型人才的高职院校应运而生，高等职业院校（含普通本科办的职业学院）已达 22 所，全省高职高专院校完成招生数 5.3 万人，占贵州省高等教育招生人数的56%，在校生达12 万人。建立了各种类型的培训机构和成人文化技术学校11747个。高等和中等职业院校分别以举办高职（大

专）和中职学历教育为主，设置的专业几乎覆盖了计算机技术、电子技术、数控技术、护理技术、采矿技术、建筑技术等贵州省紧缺人才和经济社会发展需要的各类职业技能人才的培养；各类职业培训机构承担了各行各业的继续教育工程、阳光工程、雨露计划、农村实用技术培训、农民创业培训、劳动力转移工程、下岗再就业培训等方面的各种长期和短期培训工作。形成了层次多样、专业门类齐全、结构较为完善的职业教育体系。在高等教育大发展的8年中，高等职业教育已经在贵州省高等教育中占了半壁江山，各地（市）基本上都有了自己的高职院校。高等职业教育的大发展弥补了贵州省高等教育结构单一的不足，为进一步实施科教兴黔战略，培养数以万计的专门人才打下了坚实的基础。2004—2009年，贵州各级职业院校累计为社会输送各种类型高、中级技能人才40余万人，完成农村劳动力转移培训近60万人次，农民实用技术培训1500余万人次，为社会培养输送了大量技能型人才和合格劳动者。他们大多数在贵州民族地区就业，既改变了农村的落后面貌，又推进了城镇化进程，为民族地区的经济发展和社会进步提供了巨大的人力资源和智力支持。

四、贵州民族地区职业教育发展的路径选择

（一）政府部门应大力支持职业教育

各级政府特别是教育部门要把加快发展现代职业教育摆在更加突出的位置，制定发展规划，创新管理方式，激发办学活力，加快现代职业教育体系建设步伐，为贵州民族地区工业化、城镇化建设提供大量人才。

近年来，贵州省城镇化和工业化进入了加速发展期。根据国内外实践经验，城镇化率从30%提高到70%的阶段，是城镇化加速发展阶段。2010年，贵州省城镇化率突破30%，进入了城镇化加速发展阶段；2013年，贵州省人均生产总值突破3000美元，进入经济发展“黄金期”，特别是工业化的加速期。这样我们就已经站在了城镇化加速发展的重要起跑线上，工业化和城镇化的快速发展需要大

量的高技术人才。

（二）要进一步扩大中等职业教育规模，大力提高高等职业教育质量

2014年6月，全国职业教育工作会议作出的决定提出，要总体保持中等职业学校和普通高中招生规模大体相当，高等职业教育规模占高等教育的一半以上，总体教育结构更加合理。这是适应经济社会快速发展对生产服务一线技能型人才迫切需求的需要，也是调整教育结构、满足人民群众职业教育、促进各级各类教育协调发展的需要。随着贵州省工业强省战略的实施，工业化进程进一步深入，产业规模的迅速扩大以及实施城镇化带动战略中积极培育黔中城市群，带来了快速铁路、高速公路和城市基础设施的大规模建设，随之而来的金融、教育、科技研发、现代物流等生产性服务业和生活性服务业的迅速发展，都急需大量的懂技术、会管理、善经营的产业工人和服务业从业人员。

（三）进一步深化职业教育教学改革

职业教育工作必须坚持以服务为宗旨、以就业为导向的办学方针，从服务就业出发，调整专业设置，推进课程改革，加强教材建设，强化职业院校学生实践能力和职业技能的培养。要加快推进职业教育培养模式由传统的以学校和课程为中心向工学结合、校企合作转变，积极开展学生通过半工半读实现免费接受职业教育的试点，逐步建立和完善半工半读制度。

（四）积极开展多层次、多形式的职业技能培训，推进贫困地区劳动力转移，提高农民进城务工本领

在实施工业强省战略和推进城镇化进程中，需要大量有技术、高素质的劳动者。大量农村劳动力向城镇转移既是贵州省城镇化带动战略的需要，同时也为贵州省工业化提供了所需的产业队伍。贵州省农村劳动者多数文化素质低、技能单一，很难适应劳动力市场的需要。不加强培训，提高劳动者素质，加快体能型向技能型、素

质型的转变，提高广大农村劳动者在市场中竞争就业的能力，农民就难以在城市或城镇长期生存，就很难融入城市真正成为市民。这就需要加强农民进城就业的培训，使之具备一技之长，才能在进城后实现稳定就业或创业，拥有稳定的收入，进而在城镇定居融入城镇真正成为市民。

民族地区新型城镇化进程中的职业教育研究
——以恩施土家族苗族自治州为例

曲木铁西　杨保云　孙燕一

城镇化是工业化发展过程中国家现代化的重要标志，表现为人口从农村向城镇的转移，第二和第三产业在城镇的聚集，生产和生活方式的变化，思维和价值观念的转变等。改革开放以来，伴随着经济的发展和现代化进程的加快，我国城镇化建设也在迅速推进。我国常住人口城镇化率经历了新中国成立初的10.64%到1978年的17.92%再到2015年的56.1%的过程，目前我国已经进入快速城镇化的阶段。然而，截至2015年底，湖北省恩施土家族苗族自治州（以下也简称恩施州）城镇化率为39.98%，远远低于全国城镇化率。

继中共中央、国务院提出推动中国特色新型工业化、信息化、城镇化、农业现代化道路同步发展的战略部署后，恩施州政府相继提出深入推进“六城同创”建设、加快新型城镇化，大力推进新型工业化、城镇化建设。职业教育肩负培养多样化人才、传承技术技能、促进就业创业的重要职责，在新型城镇化建设中具有重要的促进和推动作用。在新型城镇化建设、“智慧恩施”建设中，恩施州优先发展教育事业，实施了职业教育质量提升计划。目前，恩施州职业教育在新型城镇化建设中迎来机遇的同时，也要注意自身在发展过程中存在的问题，及时转变与调整，与新型城镇化建设相适应。

一、新型城镇化进程中恩施州职业教育的现状与问题

恩施土家族苗族自治州是1983年8月19日建立的湖北省唯一的少数民族自治州，并且被纳入西部大开发的范围，是个多民族的地区，有土家族、苗族、侗族、回族、蒙古族、彝族、纳西族、壮族等28个少数民族，人口中汉族、土家族、苗族最多，民族分布呈现大杂居小聚居的特点。恩施土家苗族自治州作为我国13个少数民族自治州中最年轻的一个，其职业教育历史悠久，最早可追溯到抗战时期，至今已有七十多年的发展历史。2016年，恩施州有高等职业学校1所（恩施职业技术学院，以下简称恩施职院）、中等职业学校（不含劳动部门学校）12所。在各类职业学校中，公办职业学校12所，民办职业学校1所（恩施土家族苗族自治州民族技工学校，曾为恩施楚才技工学校）。目前，湖北民族学院（以下简称湖北民院）已发展成为湖北省重点建设高校，同时也是湖北省政府和国家民委共建学校；恩施职业技术学院经过近些年的发展，已成为湖北省示范性高职院校。

我们在恩施地区的调研中发现，尽管在地区政府的支持下，恩施地区的职业教育规模和经费投入都在逐年增加，但是与恩施地区新型城镇化进程中对技术人才的需求增长和对职业教育事业发展的要求相比，恩施地区的职业教育在体制上和机制上都还存在一些问题。

（一）办学体制问题

目前，恩施地区的职业教育体制分为公办职业教育和民办职业教育两种体制。由恩施州政府直接承办的公办职业教育，包括恩施职业技术学院和一些中等职业学校。

在调研中，我们进行了多次座谈，座谈会上大家都认为，目前公办职业教育体制僵化，在专业设置、规模发展和教育方式，以及教师管理等方面往往受制于上级

政府主管部门，在招生或者新设专业时均需上报相关政府部门获得批准后方可执行，使得公办职业学校灵活性不够，跟不上市场需求的变化，对市场需求变化适应能力差。同时公办职业学校在办学上由于受到行政绩效考核的影响，往往一味地像普通学校一样追求招生人数和升学人数，因此为了保证招生人数，职业学校开始走向为“技能高考”而培养学生的道路，为了增加高中或者本科的学生数量，职业学校愈来愈多地采取普通高中的办学模式，在课程安排上根据技能高考对学生文化水平的要求增加一般文化基础课，减少专业技能学习课程，甚至专业技能课程的开设也是愈来愈多地针对技能高考需要，而不是劳动力市场就业的需求。随着公办职业学校越来越倾向于技能高考，专业技能学习的特征越来越不明显，为城镇化建设培养技能型人才的作用也越来越不显著，直接削弱了职业学校培养专业技能人才，提高恩施地区劳动力人口专业素质的能力。

相比于公办职业学校，恩施地区的民办职业学校教育体制具有很大的灵活性。民办职业学校在专业设置、规模发展和教育方式，以及教师管理等方面相对于公办职业学校具有很大的自主性，从而使得民办职业学校办学具有很大的灵活性，可以根据恩施地区的劳动力市场需求和学生来源特点的变化灵活调整自身的办学战略和办学模式，对市场需求变化的适应能力较强。但是，由于民办职业学校在体制身份上的差别，使得其在办学中也面临着很大的困难。首先，由于民办职业学校的民间身份，使得其很难得到与公办职业学校相同的恩施地方政府扶持政策待遇。例如，国家对于公办职业学校学生每年补助 2400 元，但是民办职业学校，如恩施土家族苗族自治州民族技工学校作为恩施一家民办职业学校的学生每年只有 2000 元，同时，也是由于该学校的民办身份，使得其在招生上，比公办职业学校更难得到社会以及学生和家长的认可，这些都导致学校在招生和学校发展方面都处于劣势地位，面临很大的困难。

（二）师资力量薄弱

我们在调研中注意到，职业学校的师资问题尤为突出。具体表现在以下三方面：

一是师资资源紧缺。职业学校需要的是既懂理论又懂实践的“双师型”教师，但实际很难找到这样的人才，而且也没有学校或者专业来专门培养这种教师。二是适合的留不住。由于职业教育所需的教师是“双师型”的，这类人才一般是具有一定学历并且在企业工作相当一段时间，有比较丰富的工作经验。但是由于目前教师的待遇并没有企业的好，所以职业学校很难把他们吸引到学校来，而学校的优秀教师也存在因经济待遇问题而很难留下来的现象。三是教师的身份问题。为解决“双师型”教师的难题，学校一般采取选择在高校招毕业生来教理论课程，在企业中寻找有经验的人才来教实践课，但是教实践课的专业型人才可能会因为理论水平无法通过相关考试，而难以解决他们的教师编制问题。

目前，职业学校师资队伍存在的主要问题：一是绝对数不足。例如，恩施职中实际在校生 3200 多人（在籍学生 4000 多人，但因高年级大约 1000 人在顶岗实习，不计入在校生），按照生师配比 13.8：1 来计算，至少应该有 250 名教师，但是目前学校只有 168 名在编教师。二是结构不匹配。为解决专业技能课教师少的问题，学校通常采取外聘或者从普通学校挖人的办法，如恩施职中从恩施州其他 7 个县市选来物理老师经过几个月培训后使其担任相近理工科的教师，这种短期培训的教师在结构上难以匹配学校设置的专业；汽车专业的教师结构为一个科班出身的（汽车专科毕业，从严格意义上来说并不合格），三个转型的（英语或者其他课程老师，送到东风汽车培训后转到汽车专业），两个兼职的（已退休的汽修厂长，聘为兼职教师）。三是校内实训达不到要求。因为缺少合格专业教师，所以学校的实训无法正常开展，达不到目标水平。

（三）专业设置不合理

在专业设置方面，恩施州职业学校新增专业需要在教育部公布的专业目录中，采用备案制，根据专业的招生数、就业率来限制或者开设专业，这就使得职业学校新增专业缺乏自主性。同时，恩施的职业学校，尤其是公办职业学校主要是根据学校现有资源来开设专业，而忽视了市场对某些专业型人才的要求。恩施州作为“世界硒都”，硒农产品产业是当地发展的一大特色，也是当地经济发展的重点产业，但是农业类专业由于缺乏相关专业师资只有部分学校开设，不利于以硒农产品为依托的农产业的发展。例如，恩施职业技术学院由原恩施教育学院、恩施财校、恩施工校、恩施农校、恩施林校和恩施供销学校合并组建而成，学校本身是有一定的农学专业基础的，所以开设有农学，但是恩施市中等职业技术学校并没有开设农学类专业，原因是学校要新增专业比较困难，同时学校本身又缺乏这方面师资等。另外，在专业设置上，各职业学校热衷于开设热门专业，造成专业设置重复。在我们走访的职业学校中，基本上每个学校都开设有旅游管理专业、汽车维修与驾驶专业。例如，恩施职业技术学院将旅游专业设置为一个单独的系，有专门的系建设和培养方案；恩施市中等职业技术学校现在开设的十多个专业中，其中一个也是旅游服务专业，并且在学校现有的五个部门中，其中一个是汽车驾驶培训中心。由此可见，旅游专业和汽车专业维修与驾驶专业在恩施职业学校中的重视程度。这种重复设置专业的现象导致本来就规模偏小的恩施地区职业教育在人才培养方面出现偏差，一些市场需要的专业人才不能得到满足，而一些专业又培养过度，学生人数过多，导致各学校之间不必要的竞争，浪费了宝贵的地区职业教育资源，不能有效地为恩施当地经济发展战略培养人才，也不利于恩施新型城镇化进程的推进。

（四）职业教育经费存在投入不足和投入力度不均衡问题

2014年，国务院印发《国务院关于加快发展现代职业教育的决定》（以下简称《决定》）中提出：“地方教育附加费用于职业教育的比例不低于30%。”虽然恩施州对职业教育越来越重视，近年来职业教育经费投入也在逐年增加（见表1），但是仍然达不到恩施州城市三税附加的30%。过去，地方政府未意识到职业教育对地方经济发展的重要作用，只注重义务教育的发展和高中学校的一本二本升学率，在国务院和教育部等相关部门出台一系列促进职业教育发展的政策后，才开始重视职业教育，但是力度仍然不够。虽然国家要求对普通教育和职业教育的经费投入应为1∶1，但是恩施州却是7∶3。中等职业学校在校生免除学费，而高等职业学校在校生并未享受这种优惠政策，中等职业教育的投入力度大大高于高等职业教育，并且在中等职业学校中，经费分配也不均衡。

表 1 2008 年以来职业教育经费投入表

单位：万元

年份	2008 年	2009 年	2010 年	2011 年	2012 年以来
投入经费	50	150	300	300	300 ~ 500

数据来源：恩施州内部调研。

（五）职业学校规模偏小

在高等职业学校中，恩施职院作为恩施州唯一一所高等职业学校，与恩施一所普通高等学校——湖北民院相比（见表 2），其 2015 年的毕业生数只有湖北民院的 20.09%，而湖北民院的招生人数却是恩施职院的 3.43 倍，在校生数是恩施职院的 5.73 倍，说明恩施高等职业学校的规模远远小于普通高等学校。在教职工数量上，湖北民院是恩施职院的 2.75 倍；在专人教师数量上，湖北民院是恩施职院的 3.02 倍，说明恩施高等职业学校的师资力量比较薄弱。

在中等学校中（见表 3），恩施普通中学 2015 年的毕业生数、招生人数、在校生数分别是中等职业学校的 6.19 倍、5.24 倍和 5.83 倍，说明恩施中等职业学校的规模远远小于普通中学。恩施普通中学 2015 年的教职工数、专人教师数分别是中等职业学校的 11.12 倍、11.87 倍，说明恩施中等职业学校的师资力量小于普通中学。虽然近年以来，恩施职业学校的在校生数在逐年增加，但是中等职业教育的在校生数仍然少于普通初中或者普通高中（见图 1）。如果将生师比看做在校生数和专人教师的比例，可以看出高等职业学校和高等普通院校的生师比分别为 20.74 和 7.26，普通中学和中等职业学校的生师比分别为 14.27 和 29.05，说明和普通学校相比，恩施职业学校无论是在教师数量还是教师结构上，其师资力量都比较差。因此，恩施职业学校的规模小于普通学校。

表 2　2015 年高等学校基本情况表

单位：人

类别	毕业生数	招生人数	在校生数	教职工数	专人教师
湖北民院	6517	5606	22337	1477	1077
恩施职院	1309	1634	3897	538	357

数据来源：2015 年恩施州统计年鉴。

表 3　2015 年中等学校基本情况表

单位：人

类别	毕业生数	招生人数	在校生数	教职工数	专人教师
中等职业学校	9033	11240	29687	1169	1022
普通中学	55957	58933	173047	12998	12130

数据来源：2015 年恩施州统计年鉴。

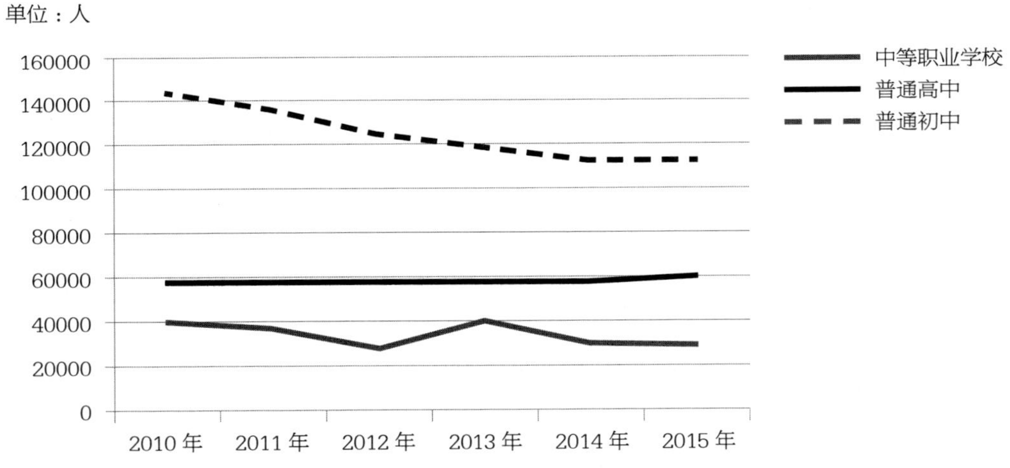

图 1　2010—2015 年各类学校在校生数变化图

二、新型城镇化进程中恩施州职业教育存在问题的原因分析和未来发展的对策建议

（一）新型城镇化进程中恩施州职业教育存在问题的原因分析

恩施州职业教育在发展过程中出现以上问题，可能有以下四方面的原因。

1. 职业教育未被当地社会正确认识和看待

在实际生活中，虽然我国已经有明确的法律和各种文件规定指出职业教育的重要性，认为职业教育是与社会工作连接最直接也是最紧密的教育事业，职业教育承担着培养各行各业技术人才的重担，但是在恩施州人们由于受到普通教育即是一等教育，而职业教育是二等或者差等教育，进入职业学校的都是差等生这种传统观念和社会偏见的影响，未能正确认识与对待职业教育。在现实中，学生一般都把接受普通教育作为学习目标，认为通过中考升入高中，再通过高考进入大学才是应该追求的理想，而把中考失利进入职高或者高考失利进入职业技术学校当作无奈之举，意识不到职业教育的重要性。

2. 公办职业学校考核机制不合理

恩施州对公办职业学校的考核机制和普通学校相似，考核指标包括招生人数、升学人数等，各公办职业学校为了能取得良好的考核结果，一味地追求招生数量、升学人数和一本二本的录取率，使得职业学校过于重视“技能高考”，偏离了为新型城镇化建设培养技能型人才的道路。

3. 专业设置未与当地新型城镇化需求相结合

恩施州是典型的劳动力输出地区，职业教育培养的人才大部分被输送到中部或者东部经济发达城市，开设的专业一般是照搬中东部地区，未与恩施当地新型城镇化对产业的需求相结合。

4. 缺乏“双师型”教师的培养机制

职业学校需要的是“双师型”教师，但是由于政府和相关部门未建立激励性和强制性的政策保障制度，使得校企共建的“双师型”教师队伍的机制尚未建立起来，

教师对参与企业的社会实践和企业技术人员对参与教学的热情都不够，而且，目前我国也缺乏专门培养“双师型”教师的专业或者学校，使得当前的“双师型”教师队伍很难满足职业教育的需求。因此，恩施州目前缺乏“双师型”教师的培养机制。

（二）新型城镇化进程中恩施州职业教育未来发展的对策建议

民族地区新型城镇化的建设有许多种模式，但这些模式都离不开各种产业的发展的支撑。各种产业的发展壮大增加了对各种专业技能型人才的需求，职业教育在这方面就显得尤为重要。民族地区要改变贫困落后的面貌，建设新型城镇化，就必须发展职业教育。民族地区职业教育的发展，离不开政府的支持、职业学校的改革以及学生的共同努力，只有当各个层面都深化对职业教育的认识，民族地区的职业教育才能有更好的发展前景。

1. 从政府层面加大对恩施地区职业教育发展的支持力度

政府对于民族地区职业教育的作用至关重要，国家或者地方政府可以从以下方面支持民族地区职业教育发展，为城镇化建设培养大量人才：一是鼓励开设培养“双师型”教师的专业或者学校。“双师型”教师的缺乏几乎是每个民族地区职业学校目前存在的问题，但是我国目前对于“双师型”教师的培养还不完善，国家可以通过鼓励开设相关专业或者开办相关学校机构等来专门培养“双师型”教师，填补这一缺口。同时，参照“免费师范生”的培养模式，为民族地区定向培养“双师型”职业教师，使教师能够留下来，为本民族地区的新型城镇化建设培养人才。二是建立校企政联合。政府起组织和督促作用，促进产学研相结合、校企合作的职业教育体系的建立。三是加大对民族地区职业教育经费的投入力度。教育是个长期投资的过程，政府官员要转变观念，去除投资职业教育短期内得不到见效从而会影响自己政绩的短见，从长远视角看待职业教育发展。四是对于公办职业学校，不能和普通学校一概而论，政府要打破过去的考核机制，设立针对性的考核体系。五是对于民办职业学校，政府可以在政策方面加大支持力度，为民办职业学校发展提供良好的环境。另外，我们在调研中发现一些民办学校中存在一些违规问题，如利用学生劳动力牟利的问题，政府应建立和强化监督机制，警惕民办职业学校的违规问题，防止民办职业学校走偏路。

2. 从职业学校建设层面促进恩施地区职业教育发展

职业学校是目前职业教育的主体，从职业学校建设层面促进恩施地区职业教育发展具有重要意义。针对目前恩施地区职业学校办学中的一些问题，我们在这里提出一些自己的建议与思考。

首先，集中资源和精力办好现有职业学校。职业学校是目前恩施地区职业教育的主力军。现在越来越多的职业学校开始走“技能型高考”这条道路，我们认为这偏离了职业学校的本质和办学初衷，不利于集中职业教育资源为恩施地区培养所需专业技能人才的目标实现，进而不利于恩施民族地区城镇化进程和新农村建设。因此，我们建议恩施地区的职业学校改变目前的“技能型高考”的做法，集中资源和精力办好现有的公办和民办职业学校的专业技术教育，为恩施地区培养所需的技术人才，加快推进恩施民族地区城镇化进程和新农村建设。

其次，大力发展民办职业学校，加强其内部管理。相比于公办职业学校，民办职业学校因具有较强的体制上的灵活性，在办学模式和专业设置方面能密切结合劳动力市场需求，培养市场需要的专业技术人才。同时，民办职业学校可从民间筹资，解决政府资金投入不足的问题。因此，应加大对民办职业学校的支持力度。同时，加强监管民办职业学校利用学生廉价劳动力谋取利益的行为，加强和完善民办职业学校内部管理体系，使得民办职业学校办学更加规范，防止出现违规、不利于民办职业学校办学的行为。

恩施地区职业学校的专业设置、教学方式与教学内容，应该更多地结合学生特点和地区经济和社会发展的劳动力需求，开展与市场需求相匹配的专业和课程，而不是盲目追求办学的正规化和开设热门专业。要根据当地经济和社会发展战略目标培养能“留下来”的学生，走校企合作、培养实际需要人才的办学道路，为恩施地区经济发展和新型城镇化建设提供优秀技能型人才，同时也为解决恩施地区社会就业问题做出贡献。

参考文献：

[1] 马宝成，江志安，何万丽．新型城镇化进程中宁夏职业教育发展的问题与策略．教育与职业，2015（5）．

[2] 习近平．加快职业教育发展——在全国职业教育工作会议上的讲话，2014-06-24．

[3] 刘芳震．在2016年政府工作报告——州七届人大六次会议上讲话，2016-01-12．

[4] 陈丰丹，许锋华．民族地区职业教育发展现状、问题与对策研究——基于对恩施州八县（市）的实证调查．职业教育研究，2015（9）．

[5] 张舸．高职院校师资队伍结构现状与成因分析的对策研究．继续教育研究，2015（2）．

[6] 王国超．武陵民族地区职业教育发展的困境与路径探析——基于教育“三要素”视角．教育文化论坛，2012（3）．

民族地区城镇化进程中少数民族大学生国家认同教育探析

李艳萍

一、民族地区的城镇化与少数民族大学生国家认同研究的城镇化视角

据中国社会科学院社会学研究所2011年12月19日发布的2012年社会蓝皮书《2012年中国社会形势分析与预测》称，2011年是中国城市化发展史上具有里程碑意义的一年，城镇人口占总人口的比重首次超过50%。这标志着中国发展进入了一个新的成长阶段，城市化成为继工业化之后推动经济社会发展的新引擎。[①] 2012年8月17日，国家统计局发布的报告也显示，党的十六大以来，我国城市化水平进一步提高，2002—2011年，我国城镇化率以平均每年1.35个百分点的速度发展，城镇人口平均每年增长2096万人。2011年，城镇人口比重达到51.27%，比2002年上升了12.18个百分点。

城市化同样也是民族地区经济社会发展的必然趋势。大学生作为推动民族地区城市化发展的重要动力，也是西方敌对势力和境内外势力与我们争夺的重点。因此，

① 东方网，www.eastday.com，2011-12-20。

加强对民族地区大学生的教育和引导，帮助他们形成正确的国家认同，既是多民族国家和现代社会发展的政治诉求，又是民族地区安全、稳定和发展的重要影响因素，还是我国实现“中国梦”的重要保障。

（一）民族地区的城镇化

20世纪80年代以来，我国社会发生了深刻的变化，开始了从传统向现代，从封闭向开放的变迁和发展过程，学者们把这一过程称为社会转型。这是一个社会生活中传统和现代、封闭和开放两类因素共同作用，从而推动社会跨越式发展的过程，其特征为：异质性、重叠性、不平衡性、茫然性。社会转型的必然结果之一是城市化，城市是现代社会进步的重要标志，城市化是地区和国家发展的重要指标。

城镇化也称城市化，是世界各国经济社会发展的必然产物和共同现象，是衡量一个国家和地区经济社会发展程度的重要标志。它是一个由生产力的变化所引起的，包含地理环境、人口因素、生产方式、生活方式、思维方式等变化在内的、复杂的经济社会文化变迁过程。就民族地区而言，这一过程涉及以下问题：①从本质上看，民族地区城镇化的实质是少数民族人口的经济转移过程。②从动力上看，民族地区城镇化的动力主要包括农业生产的发展、工业的发展和第三产业的兴起和发展。③从内容上看，民族地区城镇化的内容包括生活方式由封闭转向开放，生产方式由小农经济向现代化的转变，人的思维方式由保守、落后向开放、文明转变，科学、知识等现代化要素在社会生产力中的贡献率越来越重，人口分布由农村向城镇化聚拢，非农业人口的比重日渐上升。

（二）认同与国家认同

在弗洛伊德将对认同问题的研究引入心理学领域之前，“认同”是一个哲学范畴，弗洛伊德最先将“认同”界定为“是精神分析已知的与另一人情感联系的最早表现形式，它在俄狄浦斯情结的早期史上起一定的作用”，是“个人与他人、群体或被模仿人物在感情上、心理上趋同的过程”。[①]后来，以埃里克森为代表的很多心理学家都对认同问题进行了深入全面的研究，结果表明，认同是个体认可、赞同并模仿他人或群体的一种心理趋向和态度行为，目的是获得一种归属和增强个人的自信。

就本质而言，“认同”与“认异”相对，是主体在社会化的过程中所形成的一种定位，主要指个体通过对比“自我”与“他人”所形成的一种包括认知、情感和身份在内的归属感，并将其外化为一定的社会行为的过程。

国家认同是指一个国家的公民对自己归属哪个国家的认知以及对这个国家构成的情感倾向和心理归属。这是一个长期社会化的过程，是个体在社会生活实践中，在对比众多国家的文化、历史、社会因素基础上形成的对自己所归属国家的一种身份感认知和情感依附。

（三）少数民族大学生国家认同教育的城镇化视角

在城镇化背景下，加强对少数民族大学生进行有目的、有计划、有组织的国家认同教育，具有必要性和紧迫性。

首先，城镇化在民族地区社会发展中具有重要的作用，是民族地区社会转型的必然趋势。20世纪80年代以来，城镇化成为我国民族地区发展中的重大转折，是现代化进程中出现的新趋势。城镇化可以通过调整经济结构、构建良好的环境，充分发挥民族地区城镇化空间扩散与集聚效应等，为地区经济的发展注入强大的动力；可以通过提高人口素质，促进地区农业、工业、第三产业的加速发展，提高民族地区的社会发育程度；还可以通过充分、科学、合理利用丰富的自然资源，加快少数民族城镇化发展，在一定程度和范围内解决民族地区向现代社会转型过程中面临的一系列难题。

其次，少数民族大学生是民族地区城镇化的主力军。民族地区的稳定和发展不

① 车文博：《弗洛伊德主义原理选辑》，375页，沈阳，辽宁人民出版社，1988。

仅是一个重大的经济问题，也是一个重大的政治问题，事关民族国家的核心利益。民族地区城镇化的本质是少数民族人口的经济转移过程，而少数民族大学生作为民族地区的高素质人才，作为民族地区发展最重要的人才资源和人力资本，不仅要有丰富的专业知识、技能、创新观念，有效促进民族地区经济社会的发展和稳定，更要有忠诚于民族、国家和人民的认知和情感，才能成为民族地区经济社会发展的合格建设者和接班人。

20 世纪 90 年代，经济全球化时代到来。它带来的后果之一是西方的价值观、意识形态向全球的扩散；与此同时，西方敌对势力利用网络、宗教、跨国公司、文化产品等对社会主义国家的青少年尤其是大学生等进行渗透和“西化”。近年来在民族地区大学生中出现的新型宗教渗透说明，敌对势力一刻也未放弃以影响下一代而达到对中国“西化”与“和平演变”的目的，国家安全的一个新挑战便是文化安全。对大学生进行正确的民族认同和国家认同教育有助于培养和强化爱国主义，维护国家的稳定。

最后，城镇化进程中，少数民族大学生国家认同教育对于构建社会主义和谐社会具有重要的现实价值。民族地区城镇化过程将不同民族人口纳入同一有限的时空之中，引发人们的生产、生活、思维方式及价值观的急剧转变，因而，它在使民族交往和民族融合进一步深化的同时，又使民族关系、民族心理等呈现出复杂性。对少数民族大学生进行关于民族、国家的历史文化传统、核心价值观、理想信念、方针政策的系统教育，是培养他们正确价值评价的最有效的渠道。价值评价作为大学生对价值现象的认知，作为他们实践活动的规范尺度和要素，以及实践活动的目标，具有对实践活动发生导向作用、规范作用和精神驱动的作用。所以，国家认同本身就是个体价值评价的重要组成部分。同时，少数民族大学生作为民族地区的高素质人才，他们所具有的高度的国家认同，会对民族其他成员产生一种良好的榜样示范作用，使他们从心理上增强存在感和价值感。这一切对于巩固和发展平等、团结、互助、和谐的民族关系具有积极而重要的现实意义和价值。

二、城镇化背景下少数民族大学生国家认同教育的特殊性

（一）少数民族大学生的国家认同教育

教育是指个体或组织进行的有意识、有目的、有计划的以影响人的身心发展为直接目标的社会活动。人既是教育的对象，又是教育的主体，这种实践活动的特殊结构，决定了教育有着自身特殊的原则和方法。

所谓大学生国家认同教育，就是国家为了增强大学生的认同度，利用一定的教育机构和教学方法，通过相关理论知识的灌输和政治鉴别力的培养，以达到最终实现多民族国家的稳定和长治久安以及社会和谐发展的目的而进行的教育活动。

（二）城镇化背景下少数民族大学生国家认同教育的特点

就来源来看，认同源于社会生产和生活实践，是个体在社会化的过程中形成的。马克思主义认为，人类社会生活的本质是实践，但社会并非单个从事实践活动的个体所固有的抽象物。在现实的社会生活中，人通过实践创造社会关系，人既是社会关系的承担者，又是社会关系的产物。在其现实性上，人是一切社会关系的总和，离开了人的社会属性，离开人的实践活动，离开人的具体的、历史的社会关系，都没有办法抓住、理解人的本质。国家认同是一个长期社会化的过程，是个体在社会生活实践中形成的。从现实情况来看，城镇化的进程从多个方面改变了大学生国家认同发生的环境，从而必然对国家认同的发展及其特征产生深远的影响。

第一，少数民族人口数量增加，素质普遍提高，增强少数民族大学生的国家认同。第六次全国人口普查数据显示，汉族人口占全国总人口的 91.51%，比 2000 年人口普查的 91.59% 下降 0.08 个百分点；少数民族人口占全国总人口的 8.49%，比 2000 年人口普查的 8.41% 上升 0.08 个百分点。少数民族人口 10 年年均增长 0.67%，高于汉族 0.11 个百分点。《中国的民族政策与各民族共同繁荣发展》白皮书也指出，新中国成立 60 多年来，民族地区教育事业得到了长足发展。截至 2008 年年底，全国各级各类学校少数民族在校学生总数为 2199.6 万人。其中，普通高等学校少数

民族在校生数为133.9万人，占学生总数的6.2%。55个少数民族都有自己的大学生，维吾尔、回、朝鲜、纳西等十几个少数民族每万人平均拥有的大学生人数已超过全国平均水平。[①]

这种变化带来的最直接的后果是，少数民族大学生的国家认同普遍增强，甚至明显高于对本民族的认同。这是因为一方面，大学生在长期的学习生活中，受到国家主流文化的熏陶，从而对国家的历史、文化以及国家能力建设均表现出较高的认同；另一方面，更为重要的是，城镇化步伐加快带来了民族地区经济社会的飞速发展，少数民族同胞生活水平提高较快，民族发展进程中纵向的对比使大学生总体上能客观看待国家现代化建设过程中出现的一些不足和问题。因而，他们普遍具有较高的国家认同感，有较为明显的识大体、顾大局的观念，懂得“大家”和“小家”的关系。

第二，城镇化发展的不均衡，导致少数民族大学生的国家认同局部呈现两极分化的现象。近年来，民族地区城镇化进程中存在的一大问题是不协调，表现在：一是民族地区城镇化水平与国家平均水平差距显著，且呈扩大趋势；二是民族地区城镇化水平低于汉族地区城镇化水平；三是民族地区区域间城镇化水平差距明显。数据显示，从1978年到2013年，我国城镇常住人口从1.7亿人增加到7.3亿人，城镇化率从17.9%提升到53.7%，而民族地区城镇化率不足40%。第六次人口普查数据结果也显示，“汉族地区的城镇化率为52.9%，而少数民族地区的城镇化率仅为32.8%，其中甘肃、海南、新疆、湖南、贵州、云南、西藏等省区少数民族人口的城镇化率低于30%”[②]。

民族地区城镇化过程中这种不协调发展的现状容易引发少数民族大学生心理上的不满，他们常常把这种不利归于自己的民族身份，进而归结为国家政策不公、执政党执政能力不高等，使得大学生的国家认同呈现出两极分化的趋势：一极是大部

①《中国的民族政策与各民族共同繁荣发展》(白皮书)，中国民族宗教网，www.mzb.com.cn，2009-09-27。

② 中国经济网，www.ce.cn，2014-11-26。

分少数民族学生具有较高的国家认同，这是主流；另一极是少数学生尚存在着一些错误认识或是误区，并未形成科学正确的国家观和民族观，在一些大是大非问题上有根本性的认识错误。在笔者针对自己所在的民族院校的少数民族学生进行的一次访谈中发现，少数学生对我国的宗教政策、民主政治制度、民族区域自治制度等有抵触情绪，认为这些大都流于形式。有的学生认为他们的民族得不到足够的重视，发展速度缓慢。

第三，市场经济是推动城镇化的重要动力，城镇化背景下利益考量的增加，使少数民族大学生国家认同中情感因素的作用日益下降，功利性因素的作用日益上升。

城镇的发展需要现代经济的支撑，经济的发展所倡导的竞争意识、商品意识、法制观念等冲击着传统文化中的宗族意识、小农意识的观念，等等，在打破封闭的社会生产、生活方式的同时，也弱化了民族认同感，忽略了本民族文化的价值。这些负面影响同样会反映在少数民族大学生身上，使他们的价值观日益世俗化，使传统的亲情关系、家庭关系、宗教关系为核心的人际交往观念向世俗化、契约化、自由化、平等化、商品化为核心的观念转变。在城镇化进程中，支撑国家认同中的情感因素与功利性因素也在发生分离，且后者的地位日益突出。

此外，伴随着工业化和城镇化兴起的网络化、民族文化多元化、散杂居等现象日益突出，促使少数民族大学生国家认同的分层化。

三、城镇化背景下少数民族大学生国家认同教育的路径选择

（一）加快城镇化，尤其是民族地区城镇化的步伐，以此应对城镇化进程出现的矛盾和问题

从党的十五届五中全会通过的《关于制定国民经济和社会发展第十个五年计划的建议》正式采用“城镇化”一词开始，到党的十六大明确了走中国特色的城镇化道路，再到党的十八大提出“坚持走中国特色新型工业化、信息化、城镇化、农业现代化道路，推动信息化和工业化深度融合、工业化和城镇化良性互动、城镇化和

农业现代化相互协调，促进工业化、信息化、城镇化、农业现代化同步发展”，城镇化一直是我国的国家发展战略，也是推动民族地区发展的强大动力。

但城镇化发展水平的低下，不仅制约着民族地区产业结构的转换和升级，也引发了很多矛盾和问题，如城市流动人口增加，农村剩余劳动力不能科学有效转移，民族关系复杂化，人口与土地的矛盾加剧，城镇少数民族人口权益得不到有效保障，多元文化之间的碰撞、冲突加剧，等等，进而成为地区经济社会发展不协调的重要原因。

针对这些矛盾和问题，要从各个民族地区当前城镇化发展的不同方式、程度、效果出发，抓住各自特点，通过将优势产业转化为主导产业，提高地区工业的核心竞争力，走生态与可持续发展相结合的道路，提高民族地区城镇化发展水平和质量。只有通过不断发展才能最终解决发展中出现的问题。也只有这样，才能为提升少数民族大学生的国家认同奠定坚实的物质基础，提供良好的外部环境。

（二）推进民族地区市场经济和工业化发展水平，夯实党执政的合法性基础

国家认同首先是一种评价，从国家层面来讲，它是一个政党执政的重要合法性基础。在政治哲学中，一个执政党执政的合法性既包括法律赋予的执政权力上的合法性，又包括国家公民在心理、情感和行动上的认同与参与的合法性。前者是形式，后者是内容，后者是前者存在的基础，丧失了公民对国家认知和行为上的认同，上层建筑迟早要发生变革；前者对后者具有反作用，公民对执政党合法性的认同又要经过法律的形式得以确证。

市场经济和工业化是城镇化的发展动力，城镇化是市场经济和工业化发展的结果。民族地区低下的城镇化水平是市场经济和工业化落后的必然产物，势必影响中国共产党的执政合法性。为此，必须加强党的执政能力建设，努力提升发展业绩，缩小民族地区与全国、经济发达地区，以及民族地区自身区域间的经济社会发展差距，增强执政党的执政合法性，这将极大地增强少数民族大学生对国家政治体系的

普遍信任的情感，最终提升他们的国家认同感。

（三）以社会主义核心价值观为灵魂，加强高校校园文化建设，积极传承和发展民族优秀传统文化

民族地区城镇化的发展使民族文化呈现出多元化和逐步弱化的态势，造成这种态势的主要原因有二：一是民族文化原先具有的传承性、稳定性、整体性等特点，在城镇化进程中，伴随着现代文化形式的涌入、地理环境及自然条件的变化受到了冲击，传统文化与现代化的冲突加剧；二是由于缺少展现自身魅力和价值的舞台，民族文化在民族认同中的重要性日益降低。

少数民族大学生肩负着保护和传承民族文化，引领和推动民族经济社会发展的重任，为此，要重视加强高校校园文化建设。在校园文化建设的过程中，既要以社会主义核心价值观为灵魂，又要结合民族地区大学生的身心特点和地区实际展开。

一方面，当代大学生在生活方式的选择上，呈现出个性化、多样化的特点，他们更关注娱乐、体育，较少关注政治、民生等问题；另一方面，少数民族学生很多来自农村，经济压力大。这些因素与强烈的自尊心和上进心交织在一起，势必影响他们的学习、生活。因此，高校在国家认同教育的过程中，要真正做到认知与认同相结合，知识与情感相结合。开展多种形式的校园文化建设，将对他们的关心和帮助渗透到日常生活中。鼓励学生成立各种与少数民族文化相关的社团，例如“景颇文化研习会”“哈尼族文化研习会”“回族文化传习会”等；利用少数民族节庆文化，开展诸如“民族风情文化周”等活动。可以从心理上增强他们的民族认同和国家认同。

（四）抢占网络等新媒体新阵地，多种渠道提升少数民族学生的国家认同

城镇化发展必然带来网络新媒体的发展和运用。网民的主要组成部分是青少年，尤其是大学生。网络在为人们带来便捷的生产和生活的同时，也以其复杂性、无序

性、随意性、高度隐蔽性等严重影响着少数民族大学生的国家认同。

对此，首先要高度重视网络在民族文化的传播、传承和发展中的重要作用，以中华民族的发展史、文化史对大学生进行国家认同的教育。网络具有覆盖面广、传播信息速度快、生动形象等特点，利用电子媒介体积小、容量大、阅读方便的特点，利用网络信息量大、更新速度快的特点，大量传播、传承传统文化。我们在多次调研中发现，民族地区的学生对此也满怀希望。其次，要充分发挥网络在高校教学中的作用。在内容上，获取大量信息资源，如背景材料、历史事实、社会评论、正面案例；在形式上，教师可以充分利用技术手段，集合多种多样的图像、文字、声音；在语言风格上，借用网络语言、网络词汇；在渠道上，利用微博、微信、微话等渠道。在开展教学的同时，增强学生对祖国统一大业和中国特色社会主义的认识，激发学生的情感和想象，保护和传承民族文化，高扬社会主义主旋律、集体主义价值观、爱国主义的主题。这些内容最终必将提升大学生的国家认同。

（五）充分发挥社会实践的功能，将民族地区城镇化的成果转化为对少数民族大学生进行国家认同教育的第一手材料

对少数民族大学生进行国家认同教育，不仅要有理论上的契合，还要有实践上的渗透。少数民族地区的高校应当充分发挥实践教学的功能，选择好的教学实践基地、选择好的实践方式。基地的选择宜精不宜多，且要具有鲜明的特色，在满足多样化教学主题的同时，向少数民族学生展示城镇化发展的巨大成就。如笔者所在的云南民族大学马克思主义学院就与“云南三益文化国防基金会”、与荣获“全国民族团结进步示范社区”“全国家庭教育工作示范区”“云南省科普示范区”等荣誉称号的昆明关上中心区等合作，建立教学实践基地，又与中国傈僳学学会、云南省集邮协会等社团或组织联合，定期举办学术报告会，参加专题调研、实地考察等一系列活动，积极将城镇化的成果转化为对学生进行国家认同教育的生动材料。

民族地区城镇化与文化传承

民族地区城镇化进程中民族传统文化的保护与传承

李艳萍

城镇化是我国实现现代化的基石，民族地区的城镇化是全面建设小康社会的重要内容。随着我国民族地区城镇化进程的不断加速，与这一进程同步的有可能是民族传统文化的演进——传统文化元素的弱化、削减和现代文化因素强化的过程。因此，我们要认清民族地区城镇化进程中文化保护和传承的重要性，重视建设与城镇化进程相适应的民族传统文化保护与传承教育机制。

一、社会转型背景下必须直面的两类问题

改革开放以来，我国社会发生了深刻的变化，社会学上把一个社会从传统向现代，从封闭向开放的变迁和发展过程称为社会转型，当前，我国正处于这一时期。改革开放作为当代中国社会发展的第二次革命，也成为民族地区发展的主要推动力，这场革命以经济体制改革为基础，推动了社会的生产、生活和思维方式等方方面面的变革。始于20世纪末的西部大开发战略为民族地区的发展再次注入了强大的活力，随着国家的经济布局和区域经济政策重心的适当调整，促使西部民族地区发展

的战略目标、模式、理念等发生了重大的变化，加速了该地区社会转型的步伐。西部民族地区社会转型的各方面标志是：社会生活中传统和现代、封闭和开放的两类因素共同作用，即传统的农业形态和现代的工业形态、信息化形态共存，封闭的自然环境和开放的社会环境共存，落后的生产、生活方式和先进的观念、科技并存，也就是社会的跨越式发展，这使得社会生活错综复杂，从而导致民族地区社会具有较强的激变性特点，即受到外来因素影响，对本地区形成的激烈冲击，使民族地区发生整体性的变革，最终使该地区的现代化面临更为艰巨的任务。

西部民族地区社会转型的最终走向是实现现代化，实质是实现地区的社会进步和发展，城镇化是现代社会进步的重要标志，文化则是民族之根、民族之魂魄。西部民族地区的发展、社会的转型势必伴随着民族地区城镇化的问题和民族传统文化的保护与传承问题。

城镇化在国际上也称为城市化，它是经济社会发展的必然产物，也是衡量一个国家和地区综合实力的重要标志。由于我国的城市大系统包括市和镇（含建制镇和非建制镇）两个部分，所以我国又称城市化为城镇化。所谓城镇化，是指伴随着社会生产力和生产关系的矛盾运动，在工业化发展和分工细化基础上产生的农村不断向城镇转化以及城镇不断完善的过程。这一过程在西部民族地区主要表现为以下特点：第一，城镇人口数量不断增加、比重不断上升，且人口素质明显提高。第二，产业结构发生明显变化。随着城镇化进程的推进，西部民族地区的第二和第三产业得到迅速的发展。根据国务院全国第三产业普查协调小组办公室发布的首次全国第三产业普查数据的公报显示，西部民族地区的第三产业单位数不断提升。第三，人们的生活方式、消费水平不断转化和提升。这一切促使城镇文明不断向农村地区扩散，给农村带来了巨大的影响，标志着西部民族地区的城镇化水平在不断地推进和完善，它将对该地区的经济社会发展带来重要的作用——随人口的聚集和生产、生活、居住等方式的变化，能为人口、资料、信息的交流提供条件和空间，促进新兴产业的出现，为不断增加的农村剩余劳动力和城市事业人员提供就业岗位，缩小西部民族地区和其他地区、城市和乡村的差距，进而为西部民族地区营造良好的投资环境和发展环境，早日实现这一地区的全面小康。

西部民族地区城镇化进程必然带来民族传统文化的转型。西部的12个省、市、自治区是我国少数民族聚居的地区，这里共生活着52个少数民族，其中5个省、自治区地处边疆，与多个国家接壤。得天独厚的自然和人文环境造就了这里多样化的民族传统文化资源。民族传统文化是生活于一定地域的民族成员所共同创造的，是一个民族的精神坐标和价值体系。特定的文化总是产生于特定的经济结构之上，西部民族地区的文化也随着社会生产、生活方式的变迁发生了转型，这是文化运动的必然规律。“文化变迁并不是仅出现在我们的文化中，而是在整个人类历史，随着人们需要的变化，传统的行为和态度不断地被现代化改变着。正如没有哪一个人永远不死，也没有哪种文化不被取代或改变着。”[①]

处在转型时期的民族传统文化呈现出自身独有的特点：其一，就文化心理而言，以群众为本位的意识日渐淡薄，自我文化意识得以确立。[②]这是一个由封闭向开放、由内向向外向的过程。其二，就文化类型而言，西部民族地区文化基本属于农牧业文化，重情感、重伦理、重眼前，容易形成小富即安、靠天吃饭的思想。工业化、信息化的推进，又使人们不得不正视法律、科技、市场的作用，萌发经济的冲动和致富的欲望。其三，就文化转型的方式看，主要是以大众的审美心理、价值取向的变化为主要途径。西部民族地区民族传统文化转型过程中的这些状况，使民族传统文化在发展的过程中面临诸多的难点和问题。唯有在传承的基础上不断创新民族传统文化，才能实现民族传统文化的现代化和社会的现代化。

二、西部民族地区城镇化和民族传统文化传承与创新的相关性研究

西部民族地区城镇化为民族传统文化的发展带来了有利的时机，也使其面临诸多的挑战，而民族传统文化的发展则能为地区城镇化的推进提供新的动力，二者是

① [美]C.恩伯、M.恩伯著，杜彬彬译：《文化的变异》，531页，沈阳，辽宁人民出版社，1998。
② 黄筱娜：《文化转型与民族传统文化建设》，26页，北京，中央文献出版社，2003。

现代化进程中两个重要的因素，二者之间的关系不是一个简单的单向运动的关系，而是一个双向互动的过程。

其一，西部民族地区文化的发展是该地区城镇化的内在驱动力。首先，民族传统文化转型与发展的内容是民族传统文化的传承和创新。西部民族地区文化转型和发展与整个社会文化的发展具有共性，即包括文化的传承和创新问题。历史证明，社会存在是具体的、历史的、变化的，没有哪个地区、哪个民族的文化能亘古不变地流传下来，都必须在与外来文化的碰撞、冲击中，在本民族、本地区生产、生活方式变迁的基础上不断创新。但这种创新又必须以民族的传统文化为基础，没有传统的创新，其后果是不可想象的。西部民族地区神奇的地质地貌，多样的生产、生活方式，多民族长期生活的历史，这一切造就了该地区丰富的民族传统文化资源，并且传统文化中蕴含着许多优秀、独特的因素，因而，必须在传承的基础上进行创新。

其二，西部民族地区文化传承与创新的实质是实现社会的现代化。这里体现的是西部民族地区文化转型的个性。社会的现代化从构成上来讲包括经济的现代化、政治的现代化和文化的现代化。西部民族地区由于社会经济水平较低，生产、生活方式相对落后，建立在此基础之上的传统文化对其他地区的吸引力远不及经济发达地区文化对西部民族地区的吸引力，也就是促进西部民族地区民族传统文化转型的主要力量是外界的“推动力”，它远甚于本地区文化的“拉动力”。这导致西部民族地区文化的转型呈现出同质性减弱、异质性增强的趋势——民族共有的心理、文化中，传统的、具有凝聚力的因素比起新生的、异质性较大的因素强；呈现出一种有序和无序共存的状态——旧有的文化范式被打破，但仍具有较大的约束力，新生的范式尚未完全形成，但也影响着人们的文化生活。这一切使西部民族地区文化在社会转型的大背景下显得十分脆弱。要传承和创新这种文化，就必须挖掘其中与现代化相适应的因素，以实现民族传统文化的现代转型，这也是民族传统文化寻求自我生存和发展的要求。“民族传统文化中有的要素经改造后可与现代适应则继续保留，有的文化要素则与现代化难以适应而走向消亡。这便是继承与创新的一般规律。”①

其三，民族地区城镇化是现代化的重要内容。现代化的实现需要城镇这个载体，城镇化既是现代化的推进器，又是衡量现代化水平的重要标志。西部民族地区的社会发展程度与中部、东部相比本来就低，在城镇化的进程中，这一差距又被进一步拉大，城镇化无疑是西部实现现代化最有效的突破口。因为城镇能通过人口从乡村向城镇的流动，产生聚变效应，从而达到以下作用：将人、财、物各种生产要素集中起来，并且实现各种要素的高效配置；城镇能加速农业现代化的步伐，城镇化既能为农村剩余劳动力的转移、为农副产品的销售等找到广泛的市场，又能为农业的发展提供资金、技术、设备；城镇化能促进第二产业和第三产业的发展；城镇化能迅速改变人的生产、生活和思维方式，最终促进人的现代化的实现，等等。

其四，民族地区城镇化的推进给民族传统文化的传承和创新带来了正、反两方面的效应。

首先是正效应。城镇化的推进为民族传统文化的传承和创新注入了活力，有力地推动着民族传统文化的革新，促进对先进文化的吸收。①城镇的发展要依靠人的发展，城镇化的核心问题是人的现代化。城镇凭借其特定的地位和作用，影响着置身于其中的每一位居民，使其具有“城镇性”，② 这种城镇性的表现核心的是人的观念的转变，这种转变可能直接体现在“城镇人”的身上，也可能是城镇文化的传播带来的对农村、山区的人的观念的转化——商品经济的强化、消费观念的转变，如西南地区一些少数民族原有的消费观念中“穿在银上，用在鬼上，吃在酒上”的观念逐渐向“穿的漂亮，用的高档，吃的营养”转变。②民族传统文化的传承和创新需要开放的环境。西部大部分地区长期处于相对封闭和落后的环境，很多少数民族仍生活在以血缘、宗族为核心的生活中。城镇化的推进为现代信息的传播提供了载体，为文化的交流和创新提供了空间。③现代的生产和生活方式改变着民族传统文化的

① 曾得昌、李子贤：《云南民族传统文化形态与现代化》，51 页，成都，巴蜀书社，2002。

② 胡延顺等：《中国城镇化发展战略》，28 页，北京，中共中央党校出版社，2002。

结构。城镇工业、商业的发展使城镇形成有别于乡村文化的新型文化结构，包括农牧文化的弱化和工业文化的强化、宗教文化的淡化和商业文化的兴起。④随着科技、信息等要素的注入，为民族传统文化的传承提供了新型的手段。如云南丽江纳西族建立了东巴文化研究所，把东巴重要经文刻于碑林，并使用录音、录像等现代科技手段，把纳西人的生活记录下来。⑤城镇以其相对先进的物质和精神文明向周围辐射，带动广大农村地区，给农牧民带来从生活习惯、言谈举止、服饰到社会交往、行为方式等一系列或大或小、或深或浅的变化。

其次是负效应。城镇化在有力地推动民族传统文化创新的同时，破坏了民族传统文化形态中一些稳定的特质，不利于保持民族传统文化的独特性，阻碍着民族传统文化的传承。具体表现在以下几个方面：①西部民族地区城镇化水平较低，城镇化程度不高。这种情况带来的后果是，一方面，大城市经济的发展冲击着人们的观念，开阔了人们的视野，促使人们去追求物质财富的丰富；另一方面，经济欠发达的城镇经济又无法满足这一愿望，许多地区经济落后且与经济发达地区差距逐渐扩大和各民族发展意识日益强化形成鲜明的反差，很容易形成人们人生观、世界观、价值观的扭曲，最终易导致对本民族传统文化的缺失、逃避甚至误解。②城镇的发展需要现代经济的支撑，经济的发展所倡导的竞争意识、商品意识冲击着传统文化中的家族家支意识、小农意识、道德意识的观念，等等，在打破封闭的社会生产、生活方式的同时，也弱化了民族认同感，忽略了本民族传统文化的价值，导致有的地方“黄、赌、毒”屡禁不止，违法犯罪行为有所抬头，封建迷信死灰复燃，等等。③在城镇化推进的过程中，只注重民族传统文化面上的传播，不注重其各方面的协调发展。例如，西部民族地区很多城镇利用民族传统文化资源发展旅游业，但各个景点卖着相同的工艺品，跳着同一民族的舞蹈，展示的是相近或相似的民族风情。④过分推崇科技、信息的正效应，看不到它们的负效应。所有这一切，给民族传统文化的传承和创新带来了极大的挑战。

三、构建与西部民族地区城镇化相适应的民族传统文化

西部民族地区城镇化是西部民族地区全面建成小康的重要基础，也是构建社会主义新农村的重要途径。作为衡量社会进步的重要标志之一，西部民族地区的城镇化是我国现代化的重要组成部分，鉴于此，西部民族地区城镇化进程中民族传统文化的传承和创新必须以此为出发点，从以下几个方面入手：

第一，在民族地区城镇化进程中，要深化对民族地区传统文化传承和创新的规律性认识。

长期性——西部民族地区长期落后于东部、中部地区的发展，西部民族地区城镇化的推进将是一个长期复杂的过程。与此相对应，西部民族地区民族传统文化的传承和保护也将是一个长期的过程，它有赖于城镇化的完善提供充裕的物质条件，打造良性互动的社会环境，更新、优化观念，实现人的现代化才能完成。

动态性——城镇化的发展是一个过程，不是一个结果，城镇是一个点，不是一个面，它会不断地运动，不断地向周围辐射，不停地卷入新的区域、个体、生产、生活方式。因而，民族传统文化的传承和创新也将是一个动态的过程。

特色性——不同的城镇建立和发展的原因是不同的，有权力中心，在各省、自治区一般为省会、州府、县（旗）政府所在地等；有古驿站的发展，如云南的盐津、瑞丽；有工业发展形成的，如四川的攀枝花；有交通发展形成的，如广西的柳州；有口岸型和商贸型城镇，如云南的片马、打洛，广西的凭祥、东兴等；有因军事要塞形成的，如内蒙古的鄂尔多斯，云南的云龙；有因宗教活动而形成的，如西藏的萨迦县等；有因农牧业的发展而形成的，如甘肃的静宁，等等。这导致了不同城镇之间的文化体系以及人们的价值观、文化心理、行为等都各不相同。为此，民族传统文化的传承和创新要突出特色。

协调性——城镇化进程中，要注意经济、政治、文化的有机统一，不能有所偏废，否则会影响整个城镇化的进程。

第二，努力发掘、利用、提升多样化的民族传统文化资源，以城镇化为依托，

发展民族地区的文化产业。

西部民族地区拥有丰富的民族传统文化资源，但很多都没有得到有效的开发、利用，有的甚至不为人知。表面上看，这似乎维护了民族传统文化的稳定性，其实不然。随着城镇物质文明和精神文明的传播，一些民族传统文化还没有向社会显示出自己的魅力便已面临消失。没有很好地传承当然就无所谓创新。对此，首先应当对各地的民族传统文化进行深刻的剖析、整理，寻找当中的精华和可以现代化的因素。因为少数民族传统文化虽不可能滋生现代经济，难以成为现代经济的有力支撑，但不等于它没有包含与现代经济结合的因素。西部丰富的民族传统文化资源包括语言文化、习俗文化、服饰文化、节庆文化、建筑文化、工艺文化、艺术文化、旅游文化，等等。要善于利用新的形式为这些文化内容服务，将可现代化的因素与城镇的发展相结合，逐渐缩小文化资源优势与地区经济发展的巨大反差。核心是依托城镇这个物质载体，大力发展民族传统文化产业。如彝族的火把节已经由传统的歌舞演化为大型歌会、商贸、娱乐相结合的节日，体现出浓郁的节庆文化色彩。其次应站在现代化的高度提升民族传统文化中的内涵、精品，将文化的传统性、民族性、生动性与现代性相结合，打造城镇文化品牌。以云南的迪庆为例，它是一个地处滇、川、藏三省（区）结合部的藏族自治州，少数民族人口占总人口的85.61%，是历史上“茶马古道”的要冲。州委、州政府将得天独厚的自然优势与民族传统文化资源相结合，在抢救民间艺人，开发传统民族歌舞、文学，搜集古籍的同时，注重对新一代文化、艺术人才的培养，在保护民族传统文化资源的同时加大文化产业开发的力度，将文化融入旅游中，最终打造了蜚声海内外的“香格里拉”品牌。

第三，有效利用城镇的各种优势资源，加快发展西部民族地区的教育事业，为民族传统文化的传承和创新提供有利的人文社会环境。

城镇是一定区域内经济、政治和文化的中心，拥有相对先进的条件，要充分利用这些条件，包括：利用教育资源，通过学校教育、社区教育、职业教育以及其他多种教育方式，并配合城镇的其他优势，在影响力所及的范围内，向广大公民灌输民族传统文化保护的重要性，培养新一代民族传统文化的接班人，建立民族传统文化保存教育基地，如四川省凉山彝族自治州美姑县的毕摩研究中心，又如云南丽江利用现代化的手段，以录音、录像等方式保存东巴文化。利用经济资源加大对少数民族传统文化的投入，如各地政府对举办少数民族节日活动的资助、组织。

第四，处理好西部民族地区城镇化建设与历史名城（镇）、历史文物保护的关系。西部民族地区拥有着大量的历史遗迹和历史文物，怎样在建设现代化城镇的同时保护好这些遗迹和文物，并对之进行新的发展，也是西部民族地区民族传统文化传承和创新不可忽视的内容。云南的大理、丽江、腾冲、通海，西藏的萨迦、达孜，甘肃的天祝，广西的凭祥，贵州的大方，内蒙古的阿拉善、鄂尔多斯，四川的西昌、康定等，要么是由古代的行政和军事要塞发展而来，要么由古代的商贸中心发展而来，要么在古代即是宗教活动的中心。总之，都是驰名中外的历史名城（镇）。在建设现代化城镇的过程中要注重开发的合理性，结构、布局的整体性，人文景观与现代工业、商业发展的兼容性，保持这些城镇的特色性，将保护与开发、传承与创新有机结合起来，最终实现城镇的现代化建设和民族传统文化传承与创新的双丰收，尽早实现西部民族地区全面建成小康社会。

民族地区城镇化进程中民族文化遗产保护传承的思考

——以红河哈尼族彝族自治州为例

王丽云　王华荣

在城镇化进程中文化的保护和传承极其重要。文化是城市的生命力和吸引力。在城镇化建设中，如果没有文化定位，城镇化就没有个性和魅力。作为具有浓郁民族文化风情的少数民族地区，城镇化既是西部大开发中社会经济发展的结果，也是经济发展的要求。伴随经济的发展，如何在传统与现代之间找到切入点，以建成富有民族文化特色的城市就成为边疆民族地区城镇化建设中至关重要的问题。本文以云南省红河哈尼族彝族自治州为例，对边疆民族地区城镇化建设中民族文化遗产保护的现状、存在的主要问题进行分析，并提出解决对策，为边疆民族地区城镇化建设提供一些思路。

一、红河州城镇化及民族文化遗产保护现状

红河哈尼族彝族自治州（以下简称红河州）地处云南省南部，与越南的老街省、莱州省山水相连，国境线长 848 公里，拥有河口、金水河两个国家一类口岸，是云

南省走向东南亚、南亚的重要门户，是中国走向东盟的陆路通道和桥头堡，在云南省的经济社会发展中占有重要而特殊的战略地位。

红河州是一个自然资源丰富和立体生态环境较好的民族自治地方。州内水土光热资源充足，土地总面积4816.9万亩，其中耕地面积583.9万亩，占土地总面积的12.1%；水资源丰富，境内有红河、南盘江、藤条江、李仙江四大水系，总径流面积32168平方公里，年产水量223亿立方米，过境水量128亿立方米，在云南省仅次于思茅地区（普洱）；全州境内水能理论蕴藏量355万千瓦，可开发量134.6万千瓦，年发电量69亿度。红河州矿产资源丰富，是云南金属矿资源集中的地区之一。目前已探明30个矿种、64个矿床（带）、320个矿（床）点。锡的储量居全国首位，累计探明储量165万吨，煤矿累计探明储量27.5亿吨，有色金属500多万吨，黑色金属2500多万吨。全州乔灌木植物有2078种，树种繁多，其中属速生珍贵用材林树种有50余种，珍稀保护植物116种。红河州有山川湖泊、喀斯特地貌景观、珍稀动植物、哈尼梯田、民风民俗、原始生态系统等无数风格迥异、令人叹为观止的自然风光和异彩纷呈的人文景观，是云南省旅游资源宝地，[①]经济发展在全国民族地区居于前列。

伴随中国的城市化进程，红河州紧紧抓住国家实施西部大开发战略和扩大内需的机遇，高度重视城镇建设工作，州委、州政府先后制定了《中共红河州委、红河州人民政府关于加快小城镇建设的意见》和《中共红河州委、红河州人民政府关于加快城镇化建设的决定》。把城镇化战略列为全州四大发展战略之一，并纳入地方经济社会发展总体规划，从人力、物力、财力等方面加大实施力度。提出“突出重点，典型引路，分类指导，扶优扶强”的城镇建设方针，初步形成了滇南中心城市—县城—中心集镇—重点集镇——般集镇五级城镇体系的梯次结构，在红河州下辖的13个市县中的具体规划为：把蒙自市、个旧市、开远市建成滇南中心城市，发展思路为“做大蒙自，做强两市，环绕三海，建设四区，统一规划，各展优势，

① 陈里忠：《试析红河州在云南省区域经济发展中的战略地位》，载《西南民族大学学报》，2010（10）。

三位一体”，以此为核心带动中心城市（弥勒市、建水县、河口瑶族自治县）、中心城镇（石屏县、泸西县、屏边苗族自治县、元阳县、红河县、金平苗族瑶族傣族自治县、绿春县）以及各县下辖的重点集镇、小集镇的发展，逐步完善五个层次组成的开放型城市框架体系。[①] 以规划为龙头，红河州城镇化建设呈现出快速、稳定、健康发展的良好态势。州政府从个旧回迁蒙自后，滇南中心城市蒙自核心区建设稳步推进，2009 年，全县城镇化水平达 56.91%，建成区面积达 27.37 平方公里，城市常住人口达 16 万人，实施了天马路、银河路等 6 条城市主干道和 70 多条城市路网建设项目，核心区城市路网骨架初步形成，城市道路总里程 286 公里，人均道路面积 27.31 平方米，城区绿地率达 30.8%，绿化覆盖率达 35.3%，人均公共绿地达到 20.8 平方米，2011 年从县升级为市；[②] 个旧市建成区面积 12.5 平方公里，城镇化率达 70.2%；开远市建成区面积达 19 平方公里，城镇化率达 62.5%；建水县城市建成区面积达 11.83 平方公里，城镇化率达 34.1%；弥勒县城市建成区面积达 15.2 平方公里，城镇化水平达 39.2%，2013 年升县为市；泸西县城建成区面积 9.2 平方公里，城镇化率达 32.5%。在各市县城镇化提速的情况下，全州城镇建成区面积达 129.5 平方公里，城镇化水平达 35.2%；全州拥有城市道路 724 公里，道路面积 1033 万平方米，人均道路面积 11.5 平方米；有城市绿地面积 3360 公顷，人均绿地面积为 9.8 平方米。虽然全州城镇化率仍低于全国 46.6% 的平均水平，但却略高于全省 33% 的平均水平，红河州的城镇化建设取得了一定的成果。

作为一个少数民族自治州，除汉族外，红河州境内还居住有哈尼族、彝族、苗族、傣族、壮族、瑶族、回族、布依族、拉祜族、布朗族（莽人）10 个世居民族。总人口 456.1 万人，其中少数民族人口 267.39 万人，占户籍总人口的比重为 59%，是一个少数民族人口众多的边疆地区。

千百年来，红河州各族人民在长期的生产生活中，创造了丰富多彩、独具特色

① 红河州建设局：《红河州实施城镇化战略及滇南中心城市的发展路》，http://www.hh.cn，2009-03-17。
②《红河州城市化进程与县域经济发展探索》，http://qcyn.sina.com.cn，2010-09-09。

的原生态民族多元文化，在宗教信仰、民族建筑、服装服饰、音乐舞蹈等方面特色明显，如哈尼族信仰原始宗教，哈尼口传文化博大精深，居住的蘑菇房也很有特点；彝族支系庞杂，能歌善舞，“阿细跳月”“花腰歌舞”等早已名扬中外。每一个少数民族甚至其支系都有着有别于其他民族及其他支系的特征明显的浓郁民族文化，成为民族文化的生态园区，主要民族节日有哈尼族十月年、哈尼族矻扎扎节、彝族火把节、苗族花山节、瑶族盘王节、傣族泼水节等。红河州民族民间文学艺术内容丰富，哈尼四季生产调、哈尼族多声部音乐、彝族烟盒舞、彝族海菜腔等已列入国家级非物质文化遗产名录。[①]

在国家全力抢救、保护、传承、弘扬优秀少数民族文化精神的指引下，红河州政府对于民族文化遗产的保护工作多措并举，取得了显著成绩。据红河州文化局统计，“十一五”期间，全州共计投入经费 5.1 亿元，对州内各级文物保护单位以及历史文化名城、名镇、名村进行维修和周边环境整治。除加强国家级历史文化名城建水的建设外，还做了以下工作：红河哈尼梯田于 2010 年 6 月被联合国粮农组织公布为“全球重要农业文化遗产”，并于 2013 年申报世界文化遗产成功；蒙自市新安所镇被命名为中国历史文化名镇；协助省考古所完成了境内的公路、铁路等大中型基础设施建设的考古勘察和调查工作；认真做好个旧黑马井墓地、泸西县石洞村墓地、逸圃青铜墓地等文物抢救发掘工作；成立云南省滇越铁路研究会，成功举办了“百年滇越铁路论坛”暨云南省滇越铁路研究会年会，切实加大对滇越铁路的保护、开发利用研究力度；完成了《红河文物概览》《红河州文物志》《泸西石洞村、大逸圃墓地》《红河土司文物》等书籍的编纂出版工作。目前，全州共有国家级重点文物保护单位 10 个，省级 34 个，州级 83 个，县级 242 个；成立了州、县非物质文化遗产保护中心，切实加强对非物质文化遗产的普查、整理、抢救和保护。至 2012 年，全州共有非物质文化遗产保护名录项目 3197 项，内容涵盖哈尼族、彝族、

①王必昆:《论少数民族地区非物质文化遗产的法律保护——以云南省红河哈尼族彝族自治州为例》，载《红河文化》，2011（3）。

苗族、瑶族、傣族、壮族、回族、布依族、拉祜族、布朗族等世居民族的非物质文化遗产，其中国家级 11 项、省级 23 项、州级 150 项；共有各级命名非物质文化遗产传承人 240 人，其中国家级 6 人、省级 63 人、州级 171 人。石屏县哨冲镇、龙朋镇和建水县坡头乡、普雄乡被文化部命名为“中国民间艺术之乡”。已建立民办公助的保护传承示范点和传习所 8 个，有从业人员 65 人，培训 1195 人次。①

二、红河州城镇化建设中民族文化遗产保护存在的主要问题及对策

作为全国较为典型的少数民族聚居区，在州党委和州政府的重视和领导下，红河州凭借优越的自然条件、发展较快的经济文化和绚丽多彩的民风民俗在促进城镇化建设和民族文化遗产保护方面取得了不少成果，但也存在不少问题，主要表现为两个方面。

（一）城镇化建设与民族文化遗产保护未能有机结合

红河州政府对城镇化建设与民族文化遗产保护非常重视，但在确定城镇化的文化定位时，往往与民族文化遗产的保护结合程度不够紧密。如州政府提出：“城市化进程中，把城市文化有机地融合到城市建设中，凸显城市岁月特色，展示城市文化韵味。树立文化是城市灵魂的观念，着力增强文化意识。顺应经济产业文化、文化产业经济化的发展趋向，深入挖掘、提炼城市文化品质，打造文化品牌，加速文化与城市的融合。通过旧城改造、街道两侧立面改造等形式，把现代文化、传统文化和民族文化有机地融入到城市建设中，努力培育历史渊源悠长、文化底蕴浑厚、人文景观独特的城市特色品牌。以标志性建筑、城市景观为载体，塑造鲜明的城市个性，建设具有区域特色的新型城镇。比如：滇南中心城市要围绕滇南政治、经济、文化、教育、科技，建设成为具有丰厚民族文化底蕴、面向东南亚的现代化开放城

① 任维东：《红河民族文化遗产保护成效显著》，http://www.mzb.com.cn，2013-01-01。

市；弥勒、泸西、屏边、金平要突出山水田园，建设成为充满现代气息的园林生态城市；元阳、红河、绿春要依托哈尼梯田，打造哈尼文化生态城市；建水、石屏要依托历史文化名城、风景名胜区两块牌子，建设历史文化脉络清晰的城市；河口要立足边境口岸，建设具有浓郁民族风情的现代国际商贸边城。”① 以上可以看出州政府对城镇化建设的文化定位非常重视，但在全州 13 个市县城镇化建设的文化定位却未能与民族文化遗产的保护紧密结合。一是未突出民族性，如河口县是瑶族自治县，金平县是苗族瑶族傣族自治县，屏边县是苗族自治县，这些县的文化定位应充分彰显民族文化，而不是只突出边境口岸和田园风光的特点；作为哈尼族彝族自治州，除了依托哈尼梯田，打造哈尼文化生态城市外，对彝族文化的弘扬也应该突出出来，弥勒市、石屏县城镇化的文化定位应该加上彝族文化的内容。二是对各市县文化遗产的特点了解不够全面、深入、具体。例如，处于滇南中心核心位置的州政府所在地蒙自市，是云南建县最早的 24 个千年古县之一，在云南近现代史上占有重要地位，清末民初曾是云南省对外贸易的最大口岸，当时云南 80%以上的进出口物资通过蒙自转运。云南第一个海关、第一个电报局、第一个邮政局、第一个外国银行、第一条民营铁路、第一个外资企业、第一个驻滇领事馆、第一个火电站等诸多“第一”先后在这里产生。1928 年，中共云南省第一次代表大会在蒙自查尼皮村召开。1938 年，西南联大文学院、法商学院曾迁来蒙自，闻一多、朱自清等著名教授都在蒙自讲过学。蒙自成为云南近半个世纪的商贸、金融、交通运输和外事活动、革命活动的中心。现拥有国家级重点文物保护单位 1 处、“省保”文物单位 6 处、省级爱国主义教育基地 3 处。在漫漫历史长河中，蒙自承载着边地文化、中原文化、党史文化、军旅文化、西方文化等多元文化的丰厚积淀，成为云南近代工商业文明的重要发祥地，是一座彪炳史册、璀璨夺目的历史文化名城，除了把它建设成为滇南政治、经济、文化、教育、科技中心，建设成为具有丰厚民族文化底蕴、面向东南亚的现代化开放城市外，对其历史文化遗产的保护与传承应该是城市建设文化定

① 杨福生：《城市化进程中应注意的几个问题》，http://theory.people.com.cn，2006-04-12。

位的重点内容之一。

（二）民族文化遗产保护流于形式

红河州各县市在民族文化遗产保护方面往往流于形式，主要存在三方面的问题。其一，民族文化遗产保护为发展经济让道。如有古建筑博物馆之称的国家级历史名城建水县，为了在游客较多的历史文化景点——朱家花园前面开辟一条宽广开阔的马路，拆除了附近的秦翰林古建筑民居，不仅破坏了宝贵的文化遗产，也成为旅游开发史上的一大败笔。其二，把保护民族文化遗产当做简单的复原古建筑、古街道，当做不利民生的政绩工程。如省级历史文化名城石屏县简单复原西、南城门，修筑护城河的举措并没有为石屏的城镇化增加历史文化韵味，相反成为东西、南北交通的阻碍，城门口、护城河边经常交通阻塞，再加上护城河无人清理，成为污水沟、臭水沟，石屏人民把晚上护城河里的灯光照明戏称为“阴沟里面点电灯”。其三，民族文化遗产保护未与人的素质提高结合起来。一是政府决策人员对民族文化遗产保护的重要性认识不够，未能在认真厘清本地民族文化遗产后全面建构城镇化的文化定位；二是未突出民族文化遗产保护的历史传承性和公众参与性，只把它当做政府的工作来完成，未广泛宣传，民众参与程度低；三是民族文化遗产保护未与教育结合起来，没有充分认识到下一代的民族文化保护教育的重要性，没有充分利用好民族文化遗产的素质教育功能。

针对红河州在城镇化建设中民族文化遗产保护存在的两个主要问题，试提出以下解决对策：

第一，把民族文化遗产的保护与城镇化的文化定位有机结合起来。各县市应该思路清晰地重新厘清各地的民族文化遗产，列出清单，找到亮点，突出并注重培育城市个性，避免城市间的盲目模仿。例如，石屏与其大修城门，不如以彝族花腰舞龙队、海菜腔在全国舞龙大赛、原生态唱法中夺金，以及电影《花腰新娘》的上映为契机，积极宣传，大力弘扬花腰彝族文化，构建一个具有丰富的彝族文化底蕴的历史文化名城，展现汉、彝等民族文化的交融发展。

第二，民族文化遗产的保护应注重经济效益。民族文化遗产保护应与经济的发展相结合，如果在保护和传承民族文化遗产的过程中能带来经济效益，能够改善贫穷落后的生活面貌，民族文化的传承就会有自发的主动性。如建水县在通过旅游业发展经济的过程中，保护和挖掘民族文化遗产就比较成功，每晚在东门城楼上演唱会的方言小调，每年的孔子文化节，独具特色的建水烧豆腐、燕窝酥等名特食品提升了建水的知名度，在红河州旅游业的发展中起到了龙头作用，成为建水经济可持续发展的动力，其民族文化遗产的传承也能源远流长。

第三，强调文化遗产保护与城镇化建设的公众参与性。文化遗产植根于特定的人文和自然环境，与当地居民有着天然的历史、文化和情感联系，这种联系已经成为文化遗产不可分割的组成部分。我们必须尊重和维护民众与文化遗产之间的关联和情感，保障民众的知情权、参与权和受益权。无论是在历史文化街区和历史文化村镇的保护事业中，还是在考古发掘和文物保护修缮、博物馆建设和陈列展示等工作中，都应该积极取得广大民众，特别是当地居民的理解和参与。文化遗产保护并不仅仅是各级政府和保护工作者的专利，更是广大民众的共同事业，每个人都有保护文化遗产的权利和义务，广大民众的支持是文化遗产保护事业赖以存在和发展的决定性力量。如果民众不珍视、不爱惜、不保护、不传承我们的文化遗产，文化遗产将无法挽回地加快走向损毁和消亡，那么城镇化建设的文化定位也就成了无水之源。再者，城镇是市民的城镇，城镇的建设发展市民应该有知情权、发言权，在确定城镇化建设方案前，政府应广泛征集市民意见，召开专家论证会、听证会等，而不是由政府自行其是。

第四，城镇化建设中的民族文化遗产保护应与素质教育结合起来。党的十六大明确指出：“必须把弘扬和培育民族精神作为文化建设极为重要的任务，纳入国民教育的全过程，纳入精神文明建设全过程。”民族文化遗产保护教育必须从小抓起，从现在抓起。不管是政府的决策领导，还是一般公民；不管是中老年人，还是青少年儿童，都应该接受城镇化发展中民族文化遗产保护教育，可以通过讲座、宣传、参观、学校教育等方式提高领导和民众的民族文化遗产保护素质。充分发掘民族文化遗产的素质教育功能，如民族民间神话故事、谜语、史诗歌谣、谚语、绕口令、音乐、舞蹈、美术等都可以成为人文教育的素材，不仅可以增加民族历史文化科学知识，还可以培养民族自豪感，使之更为主动地学习和传承民族历史文化遗产。

此外，在城镇化的作用下，城市的数量和规模不断增多，人口由分散的农牧区向城镇集中，劳动力从第一产业转向二、三产业，城市生产生活方式不断渗透和扩散到农牧区，伴随生产、生活方式的现代化，原有的传统生产、生活方式肯定要发生变化，因而在调整产业结构的过程中不能为了经济发展短视地破坏民族传统文化遗产和生态环境，要做到城镇化与社会、经济、资源、环境、文化协调发展，要健全法制，依法保护民族传统文化遗产和生态环境，使民族文化遗产成为促进民族地区城镇化建设可持续发展的动力。

城镇化进程中蒙古族学校教育文化功能的整体优化

谭淳月

蒙古族学校教育根据空间区域分为城镇和牧区两个地区教育。城镇地区的教育主要以现代性为目标，而牧区地区教育相比之下主要凸显传统的特色。据此我们把蒙古族学校教育放在“城市—现代”和“草原—传统”两个背景进行分析。应该说这两个背景下蒙古族学校教育所承担的文化功能是不同的。“城市—现代”背景的蒙古族学校教育主要承担现代文化的功能，而“草原—传统”背景的蒙古族学校教育主要承担传承传统文化的功能，当然两者也有交叉的部分。在当前背景下忽视哪一个部分都是不完整的，所以应协调和兼顾两个方面的文化功能才能充分发挥蒙古族学校教育的文化功能。在城镇化进程中，一谈到民族文化的保护和传承，更多的人一直呼吁和强调的基本上都是对一些民族特色的建筑、服饰、风俗习惯等外在文化表征的保护和传承，或者笼统地谈论通过教育传承民族文化的问题，却似乎很少把关注点更多地放在“人”身上。本文试图以传统与现代、城市与牧区作为分析对象，以“人”为视角，运用教育文化学的理论，对蒙古族教育城镇化进程中学校教育的文化功能的分离和有机结合问题进行尝试性探讨。

一、“城镇—现代”背景中蒙古族学校教育文化功能：城镇蒙古族人

文化功能，通俗地说就是文化的作用。文化的功能就是文化的影响力。文化与需要是密切相关的。文化的功能就是满足人类的需要。① 教育来源于文化，依赖于文化的发展，也对文化进行提炼和选择创新。蒙古族教育也如同一般教育一样，其文化功能是多样的，既具有文化传承和保护、文化选择和加工功能，也具有文化维持与强化、文化交流和共享以及文化创造等功能。教育及其学校教育的这些文化功能在“城市 — 现代”和“草原 — 传统”两个背景中所遭遇的问题是不同的。

（一）“城镇—现代”背景中的蒙古族学校教育文化功能逻辑

“现代”是指源自民族地区之外的，一种具有创新性质和历史文化内涵的主流文化精神。“城市—现代”背景，在内部根源上，它是把蒙古族学校教育纳入一个以主体民族为主的各民族共同的大文化背景的教育体系。在表现内容上，强调的是国家和其他民族的外部文化因素的影响，是统一国家的大文化的要素。在地位和作用上，关注的是蒙古族教育对以主体民族为主的各民族共同文化的借鉴和吸收。

文化背景是以汉文化为主的全国文化的环境，教育特性具有全国普通教育的属性。学生比较多，学生之间竞争意识强，学习压力大，学习积极性高。教育目的是培养维护祖国统一、热爱祖国的建设者和接班人。主要培养为国家服务的人才，为主流社会培养人。教育内容是国家统一的各民族共同的内容，以学习汉文化为主。学习推广普通话，用汉语授课。教材是全国通用教材或地区通用教材。有较好的教学设施和升学率，注重专业知识和学术研究。教师队伍基本上是汉族教师队伍，或者用汉语授课的少数民族教师，以汉族老师为主，师资队伍素质相对较高。学生的毕业流向为以汉族为主的全国大社区。

---

① 王玉德：《文化学》，93 页，昆明，云南大学出版社，2006。

（二）“城镇—现代”背景下蒙古族学校教育的积极文化功能

城镇化过程对蒙古族学校教育的发展具有诸多积极的文化意义和作用，具体表现在：

(1) 城镇化对蒙古族学校教育的积极文化意义在于，城镇中的教育资源及其相关教育信息丰富，与草原牧区相比，受教育的环境较好，更有利于牧民子女受教育，更有利于培养和成就蒙古族青少年的身心发展。

(2) 在城镇，比起草原牧区来说，有利于蒙古族青少年和牧民子弟开阔视野，接触面广，有助于增强时代意识、观念，更有发挥聪明才智的机会和可能。

(3) 城镇人口密度高，是地域的经济、政治和文化的中心。城镇在吸纳来自不同地方、不同民族人口的同时也融汇了来自不同地方、不同民族的文化，文化多样性也是城镇文化的显著特征。在这一点上草原牧区与之无法相比。在城镇生活的蒙古族青少年以适应城镇生活和文化氛围的方式，传承和展现着自己民族的文化，为城镇文化的多样性做出了贡献。当然，他们的民族传统文化的保护和传承也面临严峻挑战。

（三）“城镇—现代”背景下蒙古族学校教育的消极文化功能

城镇化对蒙古族学校教育的消极意义在于存在保留自己民族语言、民族文化方面的困难，青少年了解民族传统文化的程度趋于减少等诸多问题，冲击和动摇了蒙古族教育的文化根基。

1. 蒙古族青少年学生掌握民族语言文字环境遇到了前所未有的困境

随着城镇化速度的加快，在民族地区如何处理好民族语言、国家通用语言和世界通用语言之间的关系，已经成为少数民族地区蒙古族学校教育不能回避的焦点问题之一。

在草原牧区，相对来说，蒙古族比较多，在人们的社会生活和社会交往中，蒙古语应用比较广泛。但是在城镇的社会生活和社会交往中，应用性最强、最普遍的语言是汉语。汉语成为“通用语言”“公共语言”或“族际共同语”。进入 21 世纪以来，随着蒙古族地区城镇化发展迅速，吸引了部分蒙古语区的蒙古族人口向城镇转移。在目前城市化的背景下，蒙古族传统社会文化赖以存在的自然和人文生态环境发生了改变，会蒙古语的人在城镇处于少数，不可能用蒙古语来交际，只能用汉语来交际，汉语几乎成为社会生活和交往中的最主要语言。在目前的城市化过程中，人们更加看重语言的工具性，而忽略了语言的文化性。由于蒙古语的功能和使用范围缩小，以蒙古语为载体的民族意识也随之淡化。具体表现在蒙古族青少年不会或不愿意说本民族语言，或者不愿学习本民族语言；蒙古语使用的人数和范围越来越少；等等。即便在蒙古语授课学校，课堂语言是蒙古语授课，课下同学们也多用汉语相互交流。有研究者指出："目前，内蒙古各少数民族在普及教育、科学研究、公共场所、行政管理、经济交往、通信联系等方面对于媒介语言的选择，就充满了矛盾状态。学习外语可以使他们开阔眼界，不仅能够直接掌握先进的科学技术，而且还有利于草原游牧文明与国际接轨；学习汉语可以使他们更多参与国内主流政治、经济和文化的实践，也更易于以多种方式参与国家的主流社会生活；学习本民族语言可以使他们传承民族文化，提高民族自尊心，增强民族凝聚力。如今随着现代化步伐的加速，越来越多的少数民族群众在为自己和子女未来进行设计时，都会更多地考虑发展前途和切身利益。但由于少数民族的文化出路、就业压力、市场竞争等问题日益突出，汉语及外语能力在各种交际和交往中的功能也日益突出。随着少数民族语言文字适用范围的逐渐缩小，越来越多的人被迫放弃自己的语言文字，把子女主动送到汉语授课的学校。"①

2. 作为民族传统文化传承的蒙古族青少年一代面临新的挑战和困境

随着城镇化和现代化速度的加快，目前，蒙古族学校教育面临着双重挑战：一个是蒙古族传统教育如何适应现代教育的挑战，另一个是如何适应国家和地区整体现代化的挑战。

城市化是指人口向城市地区集聚和乡村地区转变为城市地区的过程。内蒙古草

---

① 额灯陶格套：《游牧社会形态论》，387 ~ 388 页，沈阳，辽宁民族出版社，2013。

原牧区大规模城市化始于20世纪90年代末期。城市化使蒙古族人的生存环境和条件改变，可能使蒙古文化处于无根基的心理状态。草原和游牧是蒙古族人的历史根基，也是他们获取精神力量的源泉，蒙古文化是在马背上搭载起来的文化，马背和毡房是蒙古文化的发祥地，对于陌生的工业文明和城市化，部分蒙古族人虽因感到新奇而有所向往，但这种趋势可能导致蒙古文化之根基的丧失。有研究者指出："牧民的孩子进城读书了，简陋的教室换成了窗明几净的教学楼，孩子再也不担心因为炉子没有牛粪烧而冻手冻脚了，教学条件着实改善了个天翻地覆。但是随之而来的问题，也让牧民皱起了眉头。孩子不仅远离了草原，而且整个家庭也跟着远离了生存根基的草原，最后多数牧民变成了并不合格的城市移民，他们永远无法融入城市，永远是蹩脚的市民。而更严重的是，孩子虽然接受了现代教育，但是却逐渐放弃了真正属于自己的文化传统，他们从此永远离开了自己民族文化的生活空间。城市读书的牧民的孩子，他们的学习空间已经和游牧蒙古族人的生活空间和文化空间割裂开来，他们渐渐熟悉并迅速认同的是包括虚拟网络空间在内的现代文明，而草原和游牧文明正在远离他们而去。他们更愿意迷恋于网络游戏和目不暇接的虚拟空间，而草原、放牧等已经越来越被淡化。成吉思汗、苏勒德、哈达、马头琴，在城市读书的牧民孩子心里虽然是自己身份认同的资源，但是已经越来越符号化，他们对这些符号，只能通过书本学习来掌握，而不是心领神会。这些孩子一方面接受了现代教育，一方面又努力学习和传承祖先留给他们自己的民族文化传统，但是现实却并不是平衡的，强有力的现代文明和现代教育实际上已经不知不觉地把他们的民族文化传统挤到边缘上去。"① 可见，蒙古族教育的城镇化，在培养蒙古族青少年一代上，培养的可能是疏远草原牧区的人，是一种在感情上、理智上不能认同、接纳和献身草原牧区、坚守草原牧区的人。

① 陈岗龙：《草尖上的文明》，190～191页，长春，吉林大学出版社，2011。

二、“草原—传统”背景中蒙古族学校教育文化功能：牧区蒙古族人

与“城镇—现代”背景相反，由于文化基础不同，“草原—传统”背景按照自身的文化逻辑长期以来造就着具有本民族文化特色的“牧区蒙古族人”，他们传承着本民族的文化香火。

（一）“草原—传统”背景中的蒙古族学校教育文化功能逻辑

“传统”是指民族地区本身内在的、长期的文化要素。“草原—传统”背景，在内部根源上把蒙古族学校教育根植于本民族文化基础之上。在表现的内容上关注的是本民族文化教育的自身因素，反映的是蒙古族自身的历史、文学、艺术、哲学、宗教、体育、政治和科学技术等。诉求的是蒙古族学校教育的发展要扎根于社区和学校，从培养良好的本民族合格的成员的立场出发设计和实施教育，注重教育的文化性。在地位和作用上，强调蒙古族教育的民族性和本民族教育的文化特色。

文化背景以本民族的社区文化环境为主，学校环境有着浓厚的民族风情，从学校环境、装饰、文化、习俗都具有民族特点。教育特性上，具有本民族教育的特性。蒙古语授课学生大部分来自草原牧区，他们之间竞争力不是很大，学习主动性不够，但蒙古族学生比较团结，他们很容易融入集体生活。教育目的是培养学生的民族自尊心、自信心、自豪感、责任心，使他们成为既掌握本民族文化知识，也能适应主流社会的人才。教育内容主要是蒙古族文化，传承和发扬本民族的文化、传统、习惯等。教学授课语言主要以母语授课，民族意识强，师生言语之间有浓厚的民族感情。教师队伍是以蒙古族为主体，有着很重的民族情感，培养民族文化的传承人。教材，主要是编译的本民族教材。学生毕业流向主要是本民族社区。

（二）“草原—传统”背景下蒙古族学校教育的积极文化功能

“草原—传统”背景对蒙古族学校教育的积极文化功能，除了平衡教育结构、避免寄宿制带来的问题以及陪读引发的牧区家庭教育弱化等问题之外，其积极意义

主要表现在以下两个方面。

1. 有培养民族文化传承者的最佳场所的牧区学校

由于城镇化进程的加快，行业联系和合作的频繁，正在动摇着狭隘的民族意识，并正在形成一批新的人群，民族隔阂在城市化过程中逐步消失，民族壁垒正被拆除。这虽然有积极意义，但也使扮演民族文化传承角色的牧区学校在草原师生心目中的地位开始动摇。而在草原牧区这一背景中，蒙古族学校教育，在传承民族文化方面具有与城镇学校不可替代的一面。牧区学校教育培养的人才，应该是热爱草原牧区、理解草原牧区和愿意为草原牧区发展贡献自己的聪明才智的人。草原牧区学校是对蒙古族青少年进行民族文化传承教育最合适的场所。

2. 有民族文化传承最佳主体的师生

草原牧区环境的民族文化要素时时刻刻影响着蒙古族青少年的观念、意识和态度。由于城市化进程的加快，使蒙古族青少年远离了自己熟悉的牧区生活环境，牧区学生传统文化的根被切断了。“草原牧区相对于城镇而言，被认为是一种平面化的居住形式和‘熟人社会’，这对于学生来说有利于其在一个安全的心理环境中比较轻松快乐地学习，让学生有更多的时间与牧区亲近，享受属于自己的童年快乐；能够参加牧区生活劳动，让学生体验到劳动的艰辛和收获的喜悦，培养吃苦耐劳、热爱劳动的精神品质。草原牧区的自然生态环境和传统文化生态具有启迪学生智慧和心灵的特殊教育作用，学生可以在日常生活中接近自然、亲近自然。”①

在草原牧区有一批热爱草原、敬畏草原和熟悉草原的蒙古族教师队伍。他们是草原牧区文化的香火，他们是草原牧区文化的缔造者和传承者。在传承民族文化和对蒙古族青少年进行民族文化教育方面比城镇教师更具有得天独厚的优势。

另外，原为蒙古语授课的学校在城镇化后母语环境也发生了变化，草原牧区与城镇相比更具有母语学习的母文化土壤和语言学习环境。

① 胡春梅等：《牧区教育研究——以内蒙古部分牧业旗为例》，242、292页，呼和浩特，内蒙古教育出版社，2012。

（三）“草原—传统”背景下蒙古族学校教育的消极文化功能

“草原—传统”背景不但具有积极的文化功能，同时也有一定的消极文化功能，具体表现在以下三个方面。

1. 使部分蒙古族青少年丧失归属感

城镇化的加快，进一步推动了牧区文明和文化的边缘化。这也导致生活在草原牧区的一些蒙古族青少年对本民族文化的冷漠，对牧区民族身份感到自卑甚至厌弃。他们一方面否认或排斥自己所属的牧区社区，努力使自己与其隔离，声明自己不再属于这里，另一方面又无法与城镇建立密切的联系，真正获得城镇的身份，处在两种文化的边缘，成为非城非牧的“边缘人”。

2. 使蒙古族青少年对教育内容产生陌生感和疏离感

目前，草原牧区学校的教育内容在国家单一化的政策理念下与城镇学校基本保持一致，承担教材编写的教育专家主要集中在城市的高校、科研机构和优秀中小学，这些掌握话语权的专家学者缺少对草原牧区青少年学习与生活的了解，也缺乏深刻的民族情结，往往不能有效地立足于民族地区开发教材、编写教材。他们关注的教育内容偏向对人一般发展的意义和效果，而不可能顾及教育对象的特定生存环境和文化背景。这样牧区学校的教育内容与城镇学校的教育内容没什么两样，与学生的现实生活发生极大冲突。生活于草原牧区的青少年对字里行间描述“他人世界”而不是“自我世界”的教材以及教育内容往往产生陌生感和疏离感。

3. 草原牧区教师专业水平的偏低

草原牧区教师的专业水平相对于城镇学校的教师，其专业水平偏低。在现代教育理念、专业精神和水平上，由于主客观条件的原因，草原牧区教师与城镇学校教师相比存在一定的差距，这是人们公认的事实，毋庸赘言。

三、两种背景的融通：蒙古族学校教育的文化功能实现

尽管教育及蒙古族学校教育的文化功能多种多样，但概括起来文化功能可分为工具性与本体性两种。所谓工具性就是把教育从文化母体中分离出来，割断了教育与文化之间的有机联系，使教育在本质上变成了一种缺乏文化性的工具性存在，学生个体被无条件地认同与接收这种由教育所承载的绝对正确近乎真理的精确的社会文化。而本体性文化功能与之相反，它强调教育与母体文化的天然联系和无法割舍性。“城市—现代”背景使蒙古族学校教育发挥了工具性文化功能，而“草原—传统”背景使蒙古族学校教育发挥了本体性文化功能。应该说，这两种文化功能均有各自的积极意义和消极意义，在当前条件下，应发挥各自的积极意义，克服消极意义，协调和实现整体文化功能。

（一）民族性和现代性的“双文化人”：两种背景的交汇之点

城镇化使本应该在牧区受教育、成长的孩子离开自己的本土文化到城里接受现代文化成长，于是产生了非牧非城的“边缘人”——指对两个社会群体的参与都不完全，处于群体之间的人，是处于两个群体的边缘的人。① 为了克服这种“边缘人”的日益蔓延，正确对待民族成员身上的“民族性”和“现代性”，即怎样使民族成员具备应有的“现代性”，又使其身上的“民族性”不会发生断裂，使二者在民族成员身上不相冲突、和谐共存的“双文化人”是蒙古族学校教育在城镇化的过程中的核心问题。人是文化的活的载体。现在草原上的青少年上学之后所接受的教育与其他地区的教育没有太大差别，他们从小学到中学，甚至到大学，无论是否学有所成，他们中的大部分会留在城市上班或者打工，过着和他们的祖辈完全不同的城市生活。也就是说，他们通过现代化的教育及其生活方式的转变淡化了自身的“民族

① 胡春梅等：《牧区教育研究——以内蒙古部分牧业旗为例》，242、292 页，呼和浩特，内蒙古教育出版社，2012。

性”，而发展出“现代性”。当然，草原上的青少年过上好的生活，这无可厚非。但问题的关键是，如果这种情况成为绝对多数，并成为常态化，当地的传统民族文化也许就将面临失去主体、失去继承人的危险，这样一来，那些耗费大量人力、物力、财力的建筑、服饰、风俗等在失去了主体的情况下又有什么意义？只会沦为有“形”无“实”的空壳。因此在城镇化、现代化的过程中，只有保持“民族性”，在一代一代人身上的延续，才能确保民族文化机体永远有新鲜血液的输入，才能使传统民族文化和草原文化持久焕发活力而不会在缺乏主体的情况下走向衰落。

（二）联结城市和草原：两种背景的融通之基

实际上，城镇与草原牧区文化并不是非此即彼的对立关系，两者是相辅相成、相互补充、相互借鉴的并行关系。然而，在论及蒙古族学校教育发展的目标时，很多人的观点是城市化、现代化。但是这样就很容易形成城市和牧区的对立。在改革开放之后，随着现代化进程和我国城镇化步伐的加速，城市中心取向迅速崛起，越来越多的牧区向城市看齐。现有的草原牧区的教育，知识是以城市文化的现代性标示来界定的，草原牧区中应有的文化资源和实践智慧被视为陈旧、落后，无法进入学校、课堂。这样就造成两种不良后果：一是草原牧区文化难以成为教育资源；二是城市文化为主的现代知识无法适应牧区受教育者的需求。

当然，草原牧区中心取向会导致受教育者寻求更为广阔发展的权利被剥夺，而且草原牧区的牧民子女通过教育来获得社会升迁，谋求更好的社会地位和生活，不仅是牧民的主流追求，也是他们对民族教育寄予的殷切期望。片面强调草原牧区的传统教育不仅限制了牧区青少年的发展，也与我们所追求的教育公平相悖的。所以以文化系统论的观点出发，重新审视城市和草原，在认知上，要承认二者之间的差异，并把它作为整个教育大系统中的两个子系统，看到它们之间的相互联系、相互影响和相互依赖的关系，而不是对立、排斥和分割。“城市化最主要特征之一是开放性。在不断加速的城市化进程中，各民族人口逐渐增多，相互交流也越来越密切，相互影响也越来越深刻：这种开放形态的交流自然会使城市少数民族走向两个方向：

民族意识弱化与民族意识增强。”[①] 城市化进程对蒙古族的发展，既有积极影响，又有消极影响。我们应在全面认识城市化两面性和草原文化的基础上，从中选择符合学习者学习和教育教学规律的合理性因素，清除障碍，互通有无、取长补短，积极进行文化的系统改造和创造，寻找一条综合性、融通性的文化路径。

（三）联结现代和传统：两种背景的融通之法

为了实现以上理念和目标，蒙古族学校教育应当涵盖传统和现代所需要的知识、能力及其素质。首先，教育目标的设计上应关注受教育者的文化根基问题。对蒙古族青少年的教育是以草原牧区为立足点，解决他们“我是谁”“我在哪儿”“我去哪儿”的问题。其次，将草原牧区文化视为可贵的教育资源。发现草原牧区千百年来草原文化的优势所在，并将其纳入法定知识体系。将现代化的城镇学校与牧区社会生活、自然环境、文化传统进行适时的互动。再次，将草原牧民的实践智慧、本土知识视为可贵的教育资源。千百年来，广大牧民积累了诸多生存经验和生产生活方面的显性、隐性知识，同时也包括他们的故土家乡情怀，这些在生产生活以及价值观的资源都可以成为蒙古族教育中的重要部分，向蒙古族青少年一代传递。最后，培养兼具现代和传统文化的新型的文化承载者——教师。由于生存空间、生活环境和文化身份的差异，草原牧区的教师不同于城镇地区的教师。草原牧区不是靠城市及现代文化来拯救，而必须依靠具有文化自觉性的牧民一代。因而，蒙古族教育必须直面培养新型牧区草原文化承载者——教师的问题。

① 图娅：《城市化对少数民族民族意识的影响》，载《新疆职业大学学报》，2008（6），14页。

回族村落城镇化过程中的文化适应和反思
——以宁夏吴忠市利通区古城乡红星村为调查个案

白建灵

一、城市化浪潮带来的冲击

城市化是现代化的必然要求，中国要想进一步推进现代化的步伐，就必须加快城市化的发展。中国的经济城市化率水平达到50%，意味着有4.5亿～5亿农民（包括西部地区回族等各少数民族在内）从传统农业人口转化为城市居民。这种转化可能是就地城市化带来的，也可能是集中型城市化，即现有城市扩大化所带来的。①

中国各少数民族也迅速地向城市化方向推进。其中，回族是中国城市化程度最高的少数民族。根据第四次人口普查资料，中国少数民族的城镇人口为1493.74万人，其中回族最多，达337万人，占全部少数民族城市人口的22.56%，占回族总

① 蒙世军：《城镇化与民族经济繁荣》，北京，中央民族大学出版社，1998。

人口的 39%。[①] 这里，展示给我们的是已经融入大城市中的民族状况。但着眼于还处在农村发展阶段的广大少数民族地区，情况就完全不一样了。要使少数民族人口城市化水平达到 50%，还有很长的路要走。如何完成这段征程？面对这个问题，首先需要认识城市化及其实现途径。

城市化的发展在全国各地迅速展开，宁夏回族自治区也积极地投入到这一现代化的发展潮流。本文调查的对象红星村，位于宁夏回族自治区吴忠市利通区古城乡，全村 630 户 2185 人，耕地面积 900 亩，人均耕地 0.4 亩，8 个村民小组。居民全为回族，是一个完整的回族村落。2002 年，在吴忠市的城镇体系规划中提出：通过扩张利通区、青铜峡市，逐步实现吴青一体化，力争到 2020 年人口达到 60 万以上，真正建成宁夏的次中心城市。[②] 随着吴忠市城市改造、城市村建设、城市建设北扩西移战略的实施，以及中央大道的打通和吴灵（灵武市）西路西段的建设，先后拆迁红星村 390 户农民 4000 多间房屋，占地 380 亩。为了安置拆迁的农户，在原址先后建成开元、红星 A、红星 B 3 个居民小区。经过拆迁，原本有 8 个村民小组的红星村，由农村变成了一部分仍然是农村，另一部分是城市的局面，成为一个典型的城中村。现在的城市小区，除个别剩余的楼房以商品房出售给外来人口外，其余都是原来村落的农户。

现代化必然会对民族文化形成强大的冲击，城市化和城市，则是主战场。

以乡村为载体的回族文化，随着居民的城市化发展，必然会与城市文化相遇。任何两种文化相遇，都会产生冲突；至于冲突程度的大小，则视两种文化的性质而定。两种文化的同质性因素多，则冲突小；两种文化的异质性因素多，则冲突大。

回族文化是以伊斯兰教为重要内容的。伊斯兰教积极主张入世，从其结构讲，可分为宗教文化和世俗文化两大类，而这两类，总是有机地结合在一起，构成密不可分的整体，这也是它不同于其他宗教的特点，“世界上还没有任何宗教像伊斯兰

---

① 转引自周传斌、马雪峰：《都市回族社会结构的范式问题探讨——以北京回族社区的结构变迁为例》，载《回族研究》，2004（3）。

② 马伟、马向东：《宁夏吴忠市发展壮大县域经济的战略及路径选择》，载《市场经济研究》，2004（1）。

教那样，具有广泛的民族性，也没有哪一种宗教像伊斯兰教那样世俗化”[①]。回族文化也是如此。这说明，回族文化既具有很强的适应世俗化的能力，又具有超越世俗化的鲜明特性。城市文化是现代文明的重要表现形式，相对而言，是纯粹的世俗文化，并且，它依托现代物质文明的优势，会对各种宗教文化或民族文化形成强大的冲击波，对其产生有力的影响。回族文化一旦与城市文化相遇，既具有能迅速与其适应的优势，自然也面临受其影响的危险。城市化及其发展，也就成了回族文化与城市文化适应融合中的斗争过程。

二、回族村落城市化后的适应性变迁

回族文化与城市文化适应融合中的斗争过程，可以从以下三个方面显现出来。

（一）红星村具有“围寺而居”的居住风俗

回民通常几十户乃至上百户聚居在清真寺周围，回族人把自己的以清真寺(Masjid)为中心的聚居区称为“哲玛尔提(Jamaat)”，这是阿拉伯语的音译，意为“聚集、集体、团结、共同体”等，意译为“寺坊”。寺坊是回族社会基层的宗教社区，除具有普通社区的特征外，还更多地依靠共同宗教文化维系。回族寺坊—社区(Jamaat)是回族在“大散居、小聚居”中保持本民族文化体传承的一种社会组织形式。这里，不仅便于开展宗教活动，还便于阿訇或教长处理本坊回民的婚丧嫁娶等日常事务。在社会学的社区研究中，一般比较强调社区的地理边界；而对回族寺坊来说，文化边界是更重要和基本的。回族学者杨文炯把寺坊看作是由“寺”和“坊”构成的立体结构，“寺”是社区的“灵魂”。[②]基本可以说“寺”是社区的核心和标志，“坊”是社区的整体和构成，围绕清真寺聚居的众多回族家庭构成一个相对独

---

① 马德邻：《宗教，一种文化现象》，125页，上海，上海人民出版社，1997。

② 杨文炯：《Jamaat地缘变迁及其文化影响——以兰州市回族穆斯林族群社区调查为个案》，载《回族研究》，2001（2）。

立地理社区。另外，回族寺坊—社区的独特文化内涵又可能使这个社区打破地理界限，具有地理上的广延性 (extensive) 和文化上的内敛性 (intensive)，这是回族寺坊社区不同于一般社区的重要特点。

红星村在吴忠市利通区城市规划实施过程中，进行了部分的拆迁。拆迁后在原址建立了居民小区。高楼代替了平房院落，除了被政府征用的地面外，剩余的以及小区周围的门面房都成了商业区。虽然原来的清真寺原封不动，但“围寺而居”的村落结构被改变了，回族寺坊的地理界限被打破后，造成了两个后果：一是地理上的广延性 (extensive) 被进一步强化；二是文化上的内敛性 (intensive) 被进一步弱化。同时城市文化强有力地渗透了进来。这种渗透的直接作用是红星家园回族居民宗教活动的意识趋于淡漠，行为趋于淡化。

宗教，作为一种信仰，其虔诚程度具有年龄化的特征，一般而言，体现为从高龄到低龄的递减趋势。但总体而言，程度相差不是太大。信仰的虔诚程度，往往表现在具体的行为上。回族的宗教活动，从民族文化和民族意识的角度可以分为三个部分，即礼拜活动、天课活动和婚姻活动。在本文的调查问卷里，这三个方面都显示出了与过去不同的内容。

红星家园的回族居民，在礼拜活动方面，现在特别重视的人占 18%，且一般均为年龄较大的人比较重视，即逢休息或抽空偶尔做礼拜的占 30%，其余的只是在会礼（即开斋节、古尔邦节这种大型的宗教节日）时才去礼拜。这里，年龄化的趋势被进一步强化了，不同年龄之间的差距被拉大。这是城市文化冲击下的结果。从这个结果也可以看出，一种文化被另一种文化冲击时，文化体系的被打破，年轻人往往是薄弱环节。

在天课行为方面，被调查的 50 户回族居民中，有 68%的人都是很积极的，这已是一种生活习惯，28%的居民随大流，仅有 4%的人认为轮到自己再说。这说明天课行为被更多地保留了下来，其主要原因在于：天课与礼拜虽然都是宗教行为，但各自特点鲜明。礼拜活动，是具有固定时间的宗教行为，限制性较大，对居民世俗生活的影响较大，故较难维持；天课行为，则灵活得多，它可能从经济上有量的规定，但在行为的时间上和世俗生活上的限制很小或几乎没有，故容易维持。二者比较，大概可以说，在城市文化的冲击下，宗教活动趋于简化。

在婚姻方面，调查了两种情况，一个是与异民族通婚，另一个是子女婚姻自主。对于第一种情况，本文调查结果显示：有14%的人表示可以接受回族同异民族的婚姻；有30%的人表示现在可以理解了，但仍做不到；有46%的人持反对意见。第二种情况，即父母对待子女婚姻自主的态度，有44%的人认为子女的婚姻可以由他们自己做主；16%的人表示思想上赞成，但行为上不一定能做得到；18%的人认为应看大多数人的意见而定；有22%的人表示不赞成或反对。婚姻上的这两种情况，在实际中并不是严格分开的，有些时候是混杂在一起，很难清楚分辨。但上面的数据还是反映出了基本状况。关于回汉通婚，总体的趋势是逐渐放开，但它的进程会缓慢一些。而子女婚姻自主方面，是比较容易被接受且具体实施的。

（二）回族乡村的日常生活和宗教活动有一定程度的衔接

城市化之后，随着宗教活动的相对简化，空闲的时间则被其他现代化的内容所占据。这方面的内容，主要表现为两点：①城市化生活的压力需要提高生存能力，而生存能力的提高，一个有效的途径是学习。在对红星家园居民调查中，有32%的人表示会抽出时间去学习，有34%的人表示偶尔学一点，另外34%的人表示理论上需要学习，但不学也可以。之所以会如此，一个很重要的原因是红星家园的居民主要从事的还是传统的经营方式，新的知识没有多大的实用性。又由于传统的经营方式并不能解决他们所有的问题，于是在态度上有了需要学习的转变或认识，但如何学习，能不能学好，如何才能学好，对于他们而言，没有答案，也有很多困难。比如，自身的状况与实际的要求差距太大。选择放弃总是比选择迎难而上容易得多。同时，再去通过学习获得新的生存能力，缺少习惯的支持，很难坚持。②宗教活动简化了，对新知识又不能积极学习，自然会有较多的空闲时间。如何使用这些空闲时间，就成了我们关注的重要问题。调查中，有8.8%的人选择进行宗教活动，如上寺、礼拜等；有39.7%的人在家看电视；14.7%的人在闲暇时读书看报；10.3%

的人打牌或打麻将；11.8%的人串门聊天；仅1.5%的人参加社区活动。这说明，城市化后，红星家园的居民日常生活呈现出多样化的特点。在这些活动中，电视成了居民生活的重要生活工具，看电视成为居民不能缺少的生活内容。这是现代化的一个重要特征。闲暇时读书看报，成了他们获取外界信息的重要途径，由此，他们的封闭程度减轻了，开放程度加大了。但社区生活，参与的人很少。社区生活，是现代化城市生活的重要内容，是丰富居民生活的重要方式。但这对红星家园的居民来说，是个完全陌生的事物。要对其产生浓厚的兴趣并参与其中，是个艰难的过程。

（三）对子女教育关注程度提高，以适应城市生活的要求

在现代化的社会里，求学与就业二者之间的关系越来越密切，甚至，要想就业，就得求学，成了人们的一般思维。当然，不求学也能就业。但现代社会的竞争越来越激烈，各种行业的专业化程度越来越高，相应地对择业者提出了比以往更高的知识和技能要求。求学，不能保证一定能够就业，但只要通过了求学，选择职业的主动性和可能性会明显增强。因此，即使存在毕业后待业在家的现象以及由此引起顾虑，但家庭对教育的投入依然趋于上升。在对红星家园居民的调查中，虽然成人在再学习问题上的态度和行动相对消极和迟缓，但对子女教育的重视程度却明显增强，通过各个家庭对子女教育投入的增加以及占家庭开支的比例可以体现出来。在调查中，有40%的家庭，在家庭收入增加的情况下，对子女教育的投入也相应得到增加；有42%的家庭，在家庭收入相对减少的情况下，对子女教育的投入也依然增加；有2%的家庭收入基本没有变化，教育投入也加大了比例。减少教育投入的有两类：一类是家庭收入太低，无法承担教育支出，占总户数的4%；另一类是虽然收入增加了，但教育投入却减少了，占总户数的12%。对于第二种情况的具体原因，缺少深入的调查，但有一点是可以肯定的，就是在当前利益下，赚钱才是最实惠的，是一个重要的理念。

从以上三种情况来看，回族传统文化在城市文化的冲击下，发展的总体趋势是逐渐从回族城市小区的生活中隐退。这对于民族文化的发展而言是个危险的信号。

在人类文化发展的历史中，有这样一个基本的规律，即任何文化的发展都“离不开文化的交流与融合，对于任何一个民族文化而言，拥有文化输出与文化接受的健全机制，方能获得文化补偿，赢得空间上的拓宽和时间上的延展。”[①] 如何健全这样一种机制，是任何一个民族在新的文化适应发展中必须面对的难题。对于回族而言，在城市化过程中，面对的具有挑战意味的文化因素主要有汉族文化、逐渐输入的国外文化和现代社会具有无限张力的物质文化。拥有文化输出与文化接受的健全机制，也就是要进行文化重建。文化重建，首先是如何对待传统文化与外来文化，这里存在着现实选择和逻辑推演的复杂交融。中国近代著名的民族学者黄文山曾说：“无论哪个民族或国家，为着民族生存起见，总以自己为本，根据其时其地的需要，建立不朽的民族文化。在这种文化未巩固之前，倘使突然放弃自己固有的族粹，不但不能对于民族文化有所贡献，结果往往趋于覆亡。”[②] 这是个两难选择，稍有不慎，就有可能陷自己于困境。

江泽民同志曾指出：“创新是一个民族进步的灵魂。”面对国家体制创新、科技创新、知识创新、精神创新的伟大时代，回族文化的走向也要奔赴创新之路。

三、如何在适应中求发展

如何创新？又如何在创新中保持传统文化？

解决的基本办法是“他山之石，可以攻玉”，即利用现代社会的各种手段，努力宣传传统文化，解决人们内心存留的因两种文化冲撞造成的不适。正如社会学家塞缪尔·P. 亨廷顿所言：“现代性不仅可能和传统性并存，而且它本身可以强化传统。它可能使原来存在的文化，例如宗教中的某些重要成分获得新生。……现代的发展不止一次地强化了传统，并且给它以新的重要性。举一个人所共知的事例来说

① 张岱年、方克立：《中国文化概论》，87 页，北京，北京师范大学出版社，2002。
② 黄文山：《文化学体系》（下册），738 页，台北，商务印书馆，1992。

明，例如广播和电影，从而使传统文化得到史无前例的传播。”[①] 具体的实施，大致有三种方式。

（一）民族报纸杂志的创办，使其成为宣传民族文化的主渠道

兰州大学的杨文炯统计了20世纪末全国回族的报纸杂志，计66种，其中绝大多数发行于大中城市的回族社区，而民间创办的报刊又占了绝大多数。正如杨文炯先生所说，大量回族民间刊物的出现，“既是应合大社会变迁的滥觞于民间的文化自觉运动，又成为二十世纪末回族穆斯林文化觉醒的标志”[②]。都市回族社区相对于乡村回族社区，理应具有更加深厚的文化底蕴和文化影响力，报纸杂志的流通，是宣传回族文化的重要媒介，也是沟通都市回族社区和乡村回族社区的重要方式，理应成为中国回族文化发展的加速器和推进器。

（二）利用影视媒介，实现对回族民众的传统文化信息的控制

对于现代媒体这一物质技术的借用是一个重大象征，隐藏在这一符号背后的深层内涵映射出城市回族人的心理观念和价值取向的重大变迁，人们不再像20世纪80年代初那样盲目地拒绝电视，而是具有了更为成熟的、积极的价值评判理念。西方社会学者韦伯斯特在青海西宁市某清真寺调查时，该寺阿訇讲了一个实例：当3年前他从兰州市某寺被聘到该寺当教长时，他把自己已用了多年的电脑放在教长室时，引起了寺管会和坊上的老人们的反对，当他把人们请到自己的房间，在装有阿拉伯文的Windows98的电脑上图文并茂地演示《古兰经》的诵读和讲解时，迎来了人们的赞誉，老人们说“嗯！这个电视好。”并且该寺已计划利用积累的资金购进3台电脑用于满拉的教学。因此，我们说凝结在这一现代物质技术背后的是回族人价值观念的深刻变化和进步，而这种变化和进步标志着回族传统社会中现代性的

① [美]西里尔·E.布莱克编，杨豫、陈祖洲译：《比较现代化》，54～55，上海，上海译文出版社，1996。

② 杨文炯：《文化自觉与精神渴望》，载《回族研究》，2001（1）。

内在生长并为这种生长的持续发展提供了精神动力。正如社会学研究所揭示的，“价值观的转变是社会变革最重要的前提条件”①。这样就可以在接受现代物质文化时，恢复和保持往昔内心的信仰平静。

（三）社区—家庭间“闲聊”的文化传承价值

从人类学的视角看，对于传统的社区—家庭来说，“维持这个空间的是闲聊”②，闲聊——讲故事作为日常闲暇的叙述——在社区人之间、长辈与年轻人之间，是民间文化传承的主要方式，通过这一方式人们不自觉地建构了自己绵延的社区史，形成了族群的记忆共享。然而，现代媒体的闯入不仅挤占了城市人难得的闲聊的时间，而且现代媒体所负载的大众文化取代了民间社会口耳相传的“故事”，成为社区—家庭的公共话语。当前两种方式得以发挥效用的时候，传统的回族文化便可以继续跻身社区—家庭的“公共话语”，这种公共话语，可以使信息得到共享，使思想得到交流，沟通可以架构起对整体的感悟和维护，建构以社区为单位，以家庭和个人为元素的回族文化体系，进而实现超时空的文化联系与传承。

这是个全球性的问题，当一种弱势文化——因时间、地区、环境的不同有所区别，是个相对的表述——处在一种强势文化的环境中，自然的演化与民族文化的自觉之间会不断地加强表现自我。其中，民族文化的自觉，就是对民族文化危机的自我意识。1992 年，联合国开发计划署就在《人类发展报告》中，把文化安全列为人类社会应该享有的一项基本权利。人类社会应该享有的一项基本权利，每个民族自然都应该享受，回族也不例外。可问题还不是出在这里，更为重要的是：所谓创新，不只是要被动地适应，还要主动地发展。上文提出的三种方式，只是表明这是一种可以发展的空间和路径，不能因此简单地认为只要这样就可以了；况且，只就实现这三点，也还面临许多现实的问题，需要很长一段时间去实践。这些适应，

① 韦伯斯特：《发展社会学》，32 页，北京，华夏出版社，1987。

② [美]保罗·康纳顿著，纳日碧力戈译：《社会如何记忆》，上海，上海人民出版社，2000。

基本是物质层面的适应，只是借用了现代的技术手段转接传统文化。从严格意义上讲，这只是形式上的适应，是真实适应的前奏。真正的适应在于对民族传统文化本身的改造。

所谓民族传统文化本身，是指民族文化所负载的对民族生活价值观的解释。任何一个民族的文化发展，都反映出该民族在具体历史发展中对自己生存意义的阐释，对生存状态的追求。在这种文化观念里，也必然涉及自然与人，灵魂与肉体，物质与精神之间关系的思考。一旦在社会发展过程中，自然与物质环境发生变化，就会涉及对先前观念模式的重新构建。而且在当前全球化的整体背景下，多元文化并存的状态会越来越多地在越来越小的时空中展开。现代化、城市化所带来的不仅是自然与物质环境，还包括与其如影随形的精神文化、各种价值观念的渗透。民族文化在已经悄然改变的世界面前，既要考虑对外部环境的适应，也要考虑如何在适应中发展自己。其中，发展自己的前提是如何更好地保存自己。所谓保存自己，就是维持自己民族文化的独立性。当然需要特别强调的是，这种独立性，是指开放中的独立，而非自我封闭中的独立。于是，民族文化的独立性和与外部文化的并存性就成了必须同时考虑的重要因素。在当前大背景下，独轮车是走不远的，更多的是两轮车，三轮车，四轮车……

一切都正在进行之中，可变因素很多，仓促间得出任何结论都似乎不太适宜。当然，这并不是说我们就被动地等待发展的自然结果。本文至此，特别想强调的是，面对持续的变化，需要投入持续的关注；这种关注是积极的关注，要随时观察形势的变化，进行深入的思考；思考是有方向的，这个方向就是：深切地关注民族文化自身的存在性发展，在外部大环境下谋求为民族提供健康、自由、幸福的文化模式，创立民族文化在接受问题和保守问题上更深刻的原则；不仅要丰富民族的物质生活，也要丰富民族的精神生活，还要建设民族的文化交际环境，追求身、心、物、人之间的和谐状态。

新型城镇化模式选择与各民族交流交融研究：民族地区教育问题的另一维度

刘　洋　姜映芃

一、引　言

城镇化水平已经成为衡量一个国家和地区经济发展水平的重要标志，也是衡量一个国家或地区管理水平与社会文明程度的核心标准。中国正处于城镇化发展的关键阶段，提高新型城镇化水平，对于拉动内需增长、推动国民经济升级转型、提升城乡产业经济结构、促进国民经济良性循环和社会协调健康发展，都具有重大的前瞻性与现实意义。截至 2013 年底，中国城镇化率达到 53.73%，① 仅从数值比例上来看，中国已成功地步入到城市化发展的中级阶段。然而，中国城镇化比例迅速提升背后却是东、中、西部地区发展的非均衡性，显然，城镇化率的增长并不等于幸福感的提升。2013 年，上海市城镇化率已达 88.02%，但除了内蒙古 (58.71%) 外另 7 个民族省区（广西、西藏、宁夏、新疆、贵州、云南、青海）的城镇化率均低于全

① 国家统计局：《2013 中国统计年鉴》，北京，中国统计出版社，2013。

国平均水平，最低的西藏地区城镇化率只有22.75%。① 并且少数民族地区城镇由于受自然地理、历史文化、社会经济等因素的影响，导致城镇基础设施建设薄弱、产业规划缺乏持续性，民族地区整体城镇化水平落后于东部沿海地区，甚至远低于全国城镇化的平均水平。

而在当今中国乃至世界，民族地区的发展状况一直为人们所关注。民族地区的社会经济发展状况关系到我国经济社会的协调发展，也是我国全方位跨越式发展战略的有机组成部分。城镇化作为推动中国内涵式发展的新引擎，是扩大内需的潜在动力，也是社会经济转型的必经路径。因此，加快实施城镇化发展战略是少数民族和民族地区群众真正实现全面小康社会的关键，也是实现民族地区又好又快发展的需要。党的十八大关于“新型城镇化”战略的确定，经历了党的十六大提出的“走中国特色的城镇化道路”以及党的十七大对其的进一步补充，可见党中央和国务院对新型城镇化战略的重视程度和实施力度。新型城镇化战略的“新”集中体现在更加强调城镇化的内涵式建设与以人为本的可持续性。如何在国家大的战略背景下构建适宜少数民族地区的城镇化发展模式，以新型城镇化战略作为契机，将新型城镇化发展作为民族地区情感交往、交流、交融的实现过程，是本文所要解决的主要问题。

二、民族地区新型城镇化模式选择的多维度诠释

城镇化模式的选择作为民族地区城镇化进程理论和实践模式的基础，成为新型城镇化内涵式发展的重要起点；城镇化的过程不可避免地会使人们的生活方式和生产方式日益趋同，如何挖掘和优化民族地区独特的资源禀赋和发展条件，特色定位其城镇化发展灵魂与比较优势成为第一要务。因此，如何使民族地区以自身的资源禀赋为依托，或以特色资源模式，或以自然生态环境模式，或以产业优势模式，或

① 国家统计局：《2013中国统计年鉴》，北京，中国统计出版社，2013。

以历史文化模式，或以多种资源配置复合模式，从多维视角下展开理论诠释，对于民族地区城镇化进程的推进具有重要的前瞻性与指导意义。

（一）资源维度下的民族地区城镇化模式选择

依据城镇发展对资源的依赖程度，有学者把资源分为必需型资源和特色型资源。必需型资源是发展所必需的资源，包括土地资源、水资源、人力资源和资本资源。① 民族地区大多矿产资源丰富，应结合当地资源特色优势进行产业开发，通过共建特色鲜明的矿产资源产业集聚区，实现“以产带业、以业兴城、产城融合”，以此来促进民族地区的特色发展。

民族地区城镇化模式的选择中，在资源维的视角下，合理开发丰富的矿产资源；依托各地区丰富的自然矿产资源，合理有序地建立符合国家产业政策的矿产品深加工冶炼产业集群；加大能源的开发力度，发展特色旅游业；引进高新技术，加强生物技术的开发应用等，为民族地区城镇化发展奠定坚实的经济基础。例如，西部资源与能源丰富的民族地区可根据自身的资源优势，创立自主资源品牌，带动其他相关的产业联动，如贵州少数民族地区借助重晶石、磷矿、黄金等资源，积极探索适合本地区的工业体系，走循环经济建设的路线。四川、重庆、云南等矿产和化工资源丰富的地区宜选择此类城镇化模式。

（二）环境维度下的民族地区城镇化模式选择

自然地理环境是人类赖以生存和发展的基础，是城镇化经济发展的重要物质条件，一定程度而言，民族地区城镇化的发展无法摆脱自然环境的约束和影响。中国传统的城镇化路径是忽略资源有限性和环境脆弱性的非集约性粗放式发展道路。新型城镇化战略指导下，为保护民族地区的生态环境，应从外延式的粗放发展转向内涵式的集约发展，走资源和环境可持续发展的包容性发展道路。

① 范文国、熊宁：《我国小城镇不可持续发展的资源因素探讨》，载《经济地理》，2003（1）。

民族地区城镇化模式可以依托当地特有的自然环境资源和民族风情，大力发展具有民族风情特色的旅游业和文化产业。增强城镇吸纳农牧业劳动力的能力，这既实现了对本地资源和生态环境的保护，又实现了本地农牧民就地城镇化的目的。例如，青海地区的青海湖国际湿地公园，就是利用本地独特的旅游景观，充分保留和保护多种自然生态元素，在城镇化建设过程中始终体现青海湖湿地特征的地域生态城市化特征。云南地区丰富的植物资源，广西地区复杂丰富的自然和人文旅游资源宜选择此类城镇化模式。

（三）产业维度下的民族地区城镇化模式选择

主导产业是民族地区城镇化持续发展的生命力，[①]只有城镇产业的不断集聚并形成一定的规模效应，才能吸引更多的人口向城镇转移与集聚，为当地的发展提供充足的劳动力资源，以“产城融合”为动力推进民族地区城镇化的发展。所谓产城融合，是指产业与城镇的融合发展，即以城镇为基础，选择合适的产业；以产业为保障，驱动城市更新，形成产业、城市、人三者之间协调发展的模式。[②]民族地区城镇化的发展必须要有合适的支柱产业作为支撑，“在工业化和城市化相伴而行的时代里，工业开发创造了财富，财富又把人集合起来。但是在今天，工业化和城市化并不一定是同义词”[③]。民族地区城镇化发展的定位一定要依据本地的资源禀赋与区位特征条件，发挥自身的比较优势，积极引导和培育特色主导产业的形成和发展。

民族地区可重点发展特色鲜明的支柱产业，如以资源为导向的水电煤等的矿产开发产业，以环境资源为导向的观光旅游产业，以特色民俗产品为导向的中药材采集加工产业，特色农业的小农场 DIY 体验产业等，逐步形成体现地域文化特色的“一镇一业”的就地城镇化模式。同时，“特色产业主导型”城镇化模式的发展也离

① 金逸民等：《关于小城镇产业发展的思考》，载《中国人口资源与环境》，2004（1）。

② 柳建文：《新型城镇化背景下少数民族城镇化问题探索》，载《西南民族大学学报》（人文社科版），2013（11）。

③［日］山田浩之著，魏浩光等译：《城市经济学》，大连，东北财经大学出版社，1991。

不开政府宏观政策环境的扶持和鼓励，如法律法规的出台、政策规划的修订、资金技术的植入，都为民族地区的特色城镇化提供了支撑条件。此外，产业维视角下的特色城镇发展，还要发挥好主导产业的示范效应，适当地延伸和拓展产业链，聚集当地的劳动力资源，形成主导产业的规模效应，促进当地经济的内生性增长。如部分民族地区已创造性地探索出中心城市带动型、资源开发带动型、大企业带动型、旅游产业带动型、边贸带动型的城镇化发展模式，走出了一条具有民族地区特色的新型城镇化道路。

（四）文化维度下的民族地区城镇化模式选择

文化是一个民族特有的气质符号，是民族多样化发展的灵魂和精髓所在，也是维系民族精神传承的纽带和桥梁。然而，在新型城镇化的进程中，少数民族地区的传统文化正面临着前所未有的冲击，致使具有民族特色及代表性的传统文化，如民族语言、民族文字、传统民居、民族服饰、民族饮食、民族工艺、民族戏剧、民族器乐、民族歌舞、民族礼仪、民族医药、民族习俗等，出现了不同程度的自然流失与被迫废弃。

文化维度下的民族地区城镇化模式，可以通过努力开发、利用和提升多元化的民族文化资源，以民族地区特色文化为依托，推进传统文化特色的民族地区城镇化模式。从民族地区文化的保护、开发到利用，都要与民族地区的城镇化进程形成良性互动，推动环境友好型和资源可持续型的城镇化模式构建，这也是民族地区新型城镇化顶层规划的有机组成部分。我们可以将民族地区的语言文化、艺术文化、节庆文化、民族信仰文化等元素吸纳到新型城镇化文化建构中来，将民族地区传统文化精华与现代化文化元素结合起来，推进以文化维度为导向的民族地区城镇化进程。如贵州省凯里市将黔东南苗族侗族自治州苗族和侗族的建筑文化引入城市文化构建之中，处处突出了苗、侗文化，这既维护了民族文化的稳定性，也体现了民族文化的精华与现代化文化元素的连接。云南、贵州、广西、新疆等民族地区宜选择此类城镇化模式。

（五）多维资源配置下的民族地区城镇化模式选择

结合民族地区的发展定位及本地区的资源禀赋情况，本地区城镇化模式选择可以根据文化、环境、产业、资源多维综合考虑。针对民族地区的特点，许多学者提出了颇具特色的城镇化战略模式，① 如“小规模、多层次、多中心、适当集中”的城镇化模式、边贸带动型模式、资源开放型模式、绿色城镇化模式、候鸟型“飞地”性旅游推进型城镇化模式等。② 根据上述已有研究，可以看出强调资源禀赋与生态环境保护相结合的城镇化发展模式已基本达成共识，如何在这个大前提下探索多维度城镇化动力结构已成为未来努力的方向。

三、民族地区新型城镇化进程中的民族融合考察

民族地区城镇化的一个重要方面就是促进少数民族流动人口的城市融入与社会融合，然而这一融合的过程不可避免地会使人们的生活方式在某些方面趋同，也会使人们面临因城乡文化差异带来的城市社会文化适应问题，需要克服民族文化差异性所带来的就业、社会交往、生活、心理和文化适应等问题。这使得一些少数民族同胞在民族情感上抗拒城镇化进程，也是导致城镇化进程在民族地区推进较慢的原因之一。

少数民族文化是我们中华民族文化的瑰宝，在城镇化过程中，要有意识地保护民族的传统文化，以保护少数民族人民的情感和保持中华民族文化多样性的格局。如何兼顾少数民族固有的民族特色传承和推进城镇化进程，成为民族地区城镇化需要解决的重要问题。包容性民族融合理念对于这一问题的解决，具有理论的前瞻性和实践的开拓性意义。来源于包容性增长的包容性发展理念，囊括了包容性增长所

---

① 王先锋：《“飞地”型城镇研究：一个新的理论框架》，载《农业经济问题》，2003（12）。

② 刘晓鹰、杨建翠：《欠发达地区旅游推进型城镇化对增长极理论的贡献——民族地区候鸟型“飞地”性旅游推进型城镇化模式探索》，载《西南民族大学学报》（人文社科版），2005（4）。

忽略的其他内容。[1] 包容性民族融合理念的前提是发展，核心要义是保持民族特色、推进民族发展，最终目标是各民族的优秀特质为全民族所共享，促进民族融合。具体而言，包容性民族融合理念的内涵包括四个方面。

（一）民族情感的包容性

民族情感是这样一种主观体验，它产生于民族成员对自己所处的实际地位和民族关系的道德伦理定位，是对本民族或他族产生的一种爱憎好恶判断。过强的民族自豪感容易产生一种情感误区，拒绝接受他民族正确和善意的批评，忌讳提及本民族的不足之处，从而不利于民族的成长和发展。在民族地区城镇化进程中，不可避免地会将先进的思想理念、技术和生产方式注入民族地区，这势必会冲击到少数民族人民的情感。包容性民族情感是一种既尊重少数民族人民情感，又不破坏民族成员间友好交往而促进城镇化进程的情感。民族情感的包容性具体体现在增加民族间的不断交往与互动，打破血缘、地缘、族缘关系的限制，有助于减少民族偏见与歧视，增加信任与理解，缩小各民族间的距离感和陌生感，从而在多元的社会中实现各民族团结与发展。

（二）民族意识的包容性

民族意识是指民族在长期历史发展过程中，通过对民族利益、民族关系的理解，使本民族成员在情感、意识和思想上产生的一种强烈的情感认同。民族地区城镇化进程的推进，会使部分少数民族人民迁徙生活地区，打破过去地域上的区隔，从独居区到民族杂居地区生活促进民族的交往交流交融；如果民族意识过于强烈，就会影响民族交往与团结。包容性民族意识是一种豁达的民族情感，它使得本民族和他族共同生活、互相尊重，增进对“共同城市市民身份”的认同，增强中华民族的共

① Ravi Kanbur, Ganesh Rauniyar. *Conceptualizing inclusive development: with applications to rural infrastructure and development assistance*. Journal of the Asia Pacific Economy, 2010, 15 (4).

同性和一致性。

（三）民族传统的包容性

民族传统是在民族间的交流与交往过程中实现的，是民族文化发展的重要组成部分。各民族都有保持或改变本民族风俗习惯的自由和权利。因此，尊重各民族传统成为新时期民族交往、交流的重要前提。包容性民族传统是在本民族文化传统、生活习惯得到充分肯定和尊重的前提下，与他民族共同发展、平等交流、互通有无，实现共同发展的途径。如对许多少数民族的宗教信仰、民族服饰都要在充分了解的基础上，以尊重和包容的态度来对待。

（四）民族文化的包容性

民族文化是一个民族共同认可并遵守的核心价值观、伦理道德，抑或是宗教信仰、传统观念，民族文化能够直接影响到一个民族的精神风貌，它实际上是本民族与他民族相互交流发展的结果，是民族精神的本质与精髓所在。民族文化交流不仅应注意民族文化具体形式的表层，也应注意作为深层文化的价值观念、思维模式和心理特征，注意民族观念、意识、感情的变化可能带来的结果。在城镇化进程中，少数民族要善于开放交往，吸收其他民族的文化，接纳他民族的现代文明；这也是传承本民族文化，延续民族发展吐故纳新的过程。城市中因民族流动人口而引发的问题有许多，大多与行政人员不了解民族文化有关；文化差异越大越明显，发生冲突的可能性也就越大。因此，加强民族文化的宣传和教育，促进民族间的了解与沟通，消除抵触和民族歧视，增进民族感情，亦是包容性民族文化的应有之义。

四、基于民族地区城镇化模式选择与民族交融的创新思考

城镇化建设是我国经济水平发展和人民生活质量提高的必经之路，也是中国经济发展的新引擎，亦是扩大内需的最大潜力所在。可见，新型城镇化战略的发展与

推进是不可逆转的过程。加快实施城镇化战略是少数民族和民族地区群众真正实现全面小康的关键，我们不能从城镇化建设的弱化上来实现对民族特质的保护，我们所需要做的是在认识和了解现状的基础上进行创新性的思考，并采取有效的措施处理之。

（一）依据区位条件，选择恰当的城镇化模式

民族地区通常都具有其独特的发展条件与资源禀赋，民族地区的城镇规划不能只从“率”上着眼，而要根据本地的比较优势找到自身的定位，或以文化定位，或以产业定位，或以环境定位，或以资源定位，或以几种资源复合配置，总之要结合自身的区位禀赋选择适宜的发展模式。根据城市地理学家诺瑟姆（Ray.M. Northam，1979）对城市化过程的论断：0% ~ 30% 为城市化发展较慢的初期阶段；30% ~ 70% 为中期加速阶段；70% 以后为成熟阶段。如若从 2013 年中国城镇化率达 53.73% 这一数值标准来看，中国已步入城市化发展的中期加速阶段。然而，中国快速城镇化的背后却是人口和地区发展的不均衡。我们目前也不应该一味地为追求均衡型城市化的发展而贪多求快，为了“城镇化”而城镇化。而应该允许少数民族地区的城镇化实行局部非均衡性发展战略，走有民族地区特色的差异化城镇化道路，先特色发展，后均衡发展。

（二）利用“慢城”效应，注入民族地区城镇化的新动力

“慢城”一词肇始于意大利语和英语的合成词 cittaslow，它源于 20 世纪 80 年代意大利发起的“慢食”运动，意思是慢节奏城市运动。而慢城作为一种国际潮流成为城镇化的指导理念，更多展现的是一种健康的生活模式和全新的幸福理念，一个更加优质和惬意的生活气息，在保护地方文化和民族传统的基础上创造出可持续增长的内驱力。

在“城市病”日益突出的城市化浪潮中，大城市正面临内涵式转型发展进程。民族地区城镇化要对已有的发展模式进行反思，采取“慢城”理念起到预防演化城

镇化病症的作用。寻找一种可持续化健康生活模式是基于“慢城”效应的理性思考，同时也是为民族地区城镇化发展注入的一剂新动力。

（三）传承民族特质，建立个性民族城镇

城镇化不可避免地伴随着传统文化与现代文明之间的冲突，民族地区的文化也会随着生产方式与生活方式的变迁而发生变化。但我们要摒弃在城镇化推进中盖高楼、建广场“千城一面”毫无特色的同一化建设误区。

我国民族地区的城镇化发展，必须要依据本地实际，在突出民族特质上努力下功夫。民族地区虽然社会经济落后，但其独特的历史文化、民族宗教、民风民俗、价值观念、民族建筑都构成了民族的独特文化记忆和民族特质。民族特质就是竞争力，要充分利用这一比较优势，高度重视保护和发扬民族地区原有的文化、宗教、地方和民族特质，将民族特质与现代化内涵有机结合；用本土特有的浓郁风情和文化特色，来塑造城市的“外形”，来浇铸城市的物质“躯壳”，来充实城镇的内涵。[①] 建设独具风情、体现民族特质的个性民族城镇成为民族地区城镇化未来发展的新趋势。

（四）给予民族尊重度，促进民族间的包容性发展

城镇化对民族文化的保护和传承是一把“双刃剑”，城镇化加剧了现代文明对民族文化的冲击，也促进了民族文化的普同化。如何在城镇化建设的潮流中给予各民族足够的尊重和对当地民族文化予以有效保护，促进民族间的包容性发展，使民族文化在城镇化进程中大放异彩是民族地区城镇化必须要思考的问题。

民族尊重度是指他族对本民族情感、民族文化、宗教信仰、生活习惯、价值观念等的认同与接纳，具体而言，就是在物质层面、制度层面和精神层面三个方面，给予充分的民族尊重和保护民族情感，这也是少数民族地区城镇化的精髓和灵魂所在。

---

① 麻三山：《浅析民族地区城镇化中的少数民族文化保护》，载《民族论坛》，2005（12）。

五、结　语

民族地区的新型城镇化进程不仅关系民族地区自身的发展，同时也影响着社会的稳定与各民族的团结与进步。民族地区要结合本地的资源禀赋和发展条件，因地制宜选择城镇化发展模式；同时民族地区城镇化进程的推进，面临的是传统与现代、城市与农村、民族与大众等多重挑战与考验。这就要求我们通过教育、经济、法律、行政等多方面的工作，借助包容性发展、慢城、个性城镇等理念，促进少数民族更好、更快地融入城市社会生活，使得民族地区人民共享新型城镇化的发展成果，促进我国新型城镇化进程的顺利推进。

民族地区新型城镇化进程中乡土文化保护传承的法治探讨

宋才发　黄　捷

2014 年 3 月，中共中央、国务院在《国家新型城镇化规划 (2014—2020 年)》中强调，新型城镇化建设应当坚持以人为本，注重人文城镇建设，注重城镇历史文化资源发掘，注重保护传统村落文化，注重对民族文化的保护传承和文脉延续，注重对优秀传统文化的继承创新，全面提升城镇的人文环境和人居质量水平，凸显新型城镇的历史底蕴和人文魅力。[①] 本文拟就民族地区在新型城镇化进程中如何运用法治思维和法治方式保护传承乡土文化略陈管见，以请教于大家。

一、在民族地区新型城镇化建设中传承发展乡土文化

（一）传统文化在新型城镇化建设的冲击中寻觅发展空间

传统文化是世代居民整体生活方式的凝结。传统社会多是以彼此认同的血缘关系和语言文字为纽带，把长期居住和生活在这里的居民紧密地联结为一个统一的有

①《国家新型城镇化规划 (2014—2020 年)》，载《人民日报》，2014-03-17。

机体。任何一座格局完整的古城镇，无论它是否属于历史文化名城（名镇），祖祖辈辈生活在这里的人们总是支撑它存在与发展的关键元素。每个民族厚重的传统文化都是该民族的先民们在人类历史的长河中逐渐积累、沉淀而成的。传统文化既是一个民族精神特质的具体体现，也是这个民族生生不息的基因和源泉。每一个历史悠久的城镇街区或古老村寨，必定有属于自己的独特的文化价值体系，用以规范居民的生活准则、人生理念和道德情操，支撑整个群体的生活习俗和社会伦理关系，在一定程度上影响和制约这里的政治经济制度建设和方针政策的施行。这种具有强烈地域性的独特的文化价值体系是所属历史街区、传统村落和古村寨居民共同的精神家园，千百年来在人们心灵稳定、社会安宁方面发挥了无与伦比的作用。一座城镇的生存发展状况，既包括物质系统的合理化程度，也包括心理、精神和情感等文化意义上的人文关怀程度。传统文化在这里不仅能增添城镇文化氛围，而且有智力支持和精神动力的作用。只有传统文化底蕴厚重的城镇，才具有持久发展的动力源泉，由传统文化熏陶和塑造的城镇形象正是现代城镇发展综合竞争力的标志。

传统文化具有营造和谐文明风尚的功能。现代社会是以法律契约为纽带形成的民众的集合体，与传统社会相比较，更重视个体独立性和个人能力的发挥。一般来说，以某种生活方式体现出来的“熟人文化”，不仅有其共同的价值目标，而且有各种经济社会条件作支撑，它们在“熟人社会”和相对闭塞的乡村，往往左右和支配人们的决策行为。如火如荼的新型城镇化建设浪潮不可避免地导致人们在生存空间、生产生活方式、社会交往方式和价值观念等诸多方面发生重大变化，也可能因之造成传统文化发展继替的断裂，甚至解构传统社会所独有的那套整合机制。民族地区群众在由农村生活转向城镇生活的过渡期，部分沿袭千年的传统文化，一时还没有寻觅到合适的传承空间；一些地方政府严重的“重新城、轻古镇”倾向，使城镇同文化越来越远；尤其是一些官员盲目追求国内生产总值，蛮横地筑城、造景，拆除真古迹、建造假古董的行径，既暴露出他们急于出政绩的心理，也反映出他们对历史文化的不尊重以及对当代文化的不自信。根深蒂固的乡土文化对民众的教化和启示功能在巨大的冲击波面前显得越来越弱；在还未融入新城镇文化生活的这一阶段，人们会感到迷茫和不适应。但由于每个民族本身固有的多元要素彼此交织与融合，随后会生成新的、具有无穷生命力的文化内涵，以承续和替代原来的文化准则和价值观念。在这里需要郑重指出，这种焕发了青春的传统文化，不仅具有提升文化品位、营造和谐文明风尚、潜移默化地为新型城镇化建设提供精神动力和智力支持的功能，而且可以因势利导地转化为助推城镇产业发展的力量。

（二）村寨文化在新型城镇化建设的碰撞中继承创新

传统村落文化和古老村寨文化不仅隶属于现代乡土文化，也是乡土文化的主体部分。村落既是形成国家和民族的细胞，也是构成中国一体多元社会基层的组织单位；既是乡土文化的根基，也是乡土文化和民俗信仰的载体。传统村落的屋宇文化、家居文化、祠堂文化和民俗文化等，存储了厚重的历史文化信息，有助于揭示一个地域、一个群落乃至一个民族的精神气质、文化根脉和心灵历史。可以毫不夸张地说，村落文化是中国最大的传统文化遗产和非物质文化遗产。

这里以贵州黔东南苗族侗族自治州（以下简称黔东南州）民族村寨文化保护为例论述。目前，黔东南州仍保留有3226个民族村寨。[①] 但是在当下民族村寨新的民居建筑中，不仅传统的照壁、院墙等渺无踪影，就连建房用的大梁、檩子和椽子这些建筑构件也随之消失，取而代之的是几乎清一色的白屋顶水泥板房。因此，为促使乡土文化在新型城镇化建设的碰撞中传承创新，贵州省实施了《黔东南苗族侗族自治州民族文化村寨保护条例》《黔东南州民族民间文化优秀传承人管理办法（试行）》《黔东南国家级民族文化生态保护实验区专项规划》等一批地方性法规，为具有浓郁特色的黔东南乡土文化保护提供基本的法治环境。

政府的法治理念是乡土文化保护的关键。在民族地区新型城镇化建设进程中，地方政府应当运用法律手段和法治途径，保护乡土文化的有形资产与无形资产，保护乡土文化传承人和民间艺人的知识产权。近年来，黔东南苗族侗族自治州致力于

① 傅安辉：《城镇化进程中黔东南民族村寨建设应注意的问题》，载《凯里学院学报》，2015（1）。

乡土文化保护，利用规划编制，为传统村落文化、特色村寨文化保护提供制度保障，主要采取了如下措施：①建立黔东南州传统村落文化、特色村寨文化的立体保护制度，如重点保护100栋具有历史价值和传承意义的古典民居建筑，保护100个具有文化传承功能的重点文化村寨，对州级以上的非物质文化遗产项目代表性传承人给予特殊津贴。②在州一级设立“黔东南州非物质文化遗产保护中心”，在县一级比照设立相应的非物质文化遗产保护机构，全方位加强对乡土文化的跟踪保护。③建立黔东南州民族博物馆、文化生态博物馆等一批州级、县级乡土文化博物馆，加强同国际政府组织和文化机构的合作，活态保护并展示村落文化、民族村寨文化等乡土文化。④建立非物质文化遗产生产性保护示范基地9处，其中国家级保护示范基地1处、省级保护示范基地3处、州级保护示范基地5处。⑤构建黔东南州民族村寨文化保护利用模式，既有民间的自发保护模式，如村寨传统习俗保护和村规民约保护，也有由政府介入的引领保护模式，如由政府组织申报国家级非物质文化遗产和世界非物质文化遗产，2012年文化部还专门批准设立了“黔东南民族文化生态保护实验区”。①

2016年2月，贵州省《关于加强民族特色小镇保护与发展工作的指导意见》中提到，“民族特色小镇”是指那些民族风情浓郁，民族传统文化保护价值比较高，以及新型城镇化发展潜力比较强，具有显著辐射带动作用的集镇和建制镇。在“十三五”期间，确保在民族地区每一个被确认的民族特色小镇在辐射30公里范围内的民族特色村寨不少于3个；在民族自治地方的少数民族人口不低于50%，特色民居所占比例不少于50%；在散居的民族地区少数民族人口不低于30%，特色民居所占比例不少于30%。②

① 廖永伦：《新型城镇化背景下民族文化保护利用研究》，载《贵州民族研究》，2016（2）。
② 杜再江、谢慧：《贵州出台文件保护发展“民族特色小镇”》，载《中国民族报》，2016-03-25。

（三）民歌文化在新型城镇化建设的撞击中传承发展

民歌、民俗、传统节庆活动等都是乡土文化的重要组成部分和重要内容。这里以广西壮族民歌为例展开论证。壮族是我国人口最多的少数民族，拥有悠久的历史和灿烂的文化。壮族人从幼童就开始学唱民歌，逐渐形成“幼年学歌、青年唱歌、老年教歌”的传承体系。无论是在生产劳作之中，还是在日常生活之余，无论是婚丧嫁娶，抑或迎宾问路，人们多习惯以对歌的方式进行沟通与交流。除此之外，他们还通过民歌抒发对劳动的感受，表达自己的喜怒哀乐。

城镇化既是民族地区经济社会发展到一定阶段的产物，也是民族地区经济繁荣和社会进步的象征。据国家统计局统计数据显示，2005 年广西全区城镇化率仅为 33.6%，到 2014 年城镇化率升至 46%；1978—2012 年，广西城镇常住人口由 360 万增加到 2038 万。[①] 随着城镇化在广西壮族地区的快速推进，壮族民歌遭遇了前所未有的冲击，呈现衰微萎缩的发展态势：能唱民歌和会唱民歌的人越来越少；民歌传承人普遍进入老年状态；民歌传承发展经费严重不足；民歌传承的内容日益简单化、单调化……除此之外，一些地方政府片面追求城镇化率和国内生产总值的快速增长，以牺牲传统文化为代价换取一时的政绩；加之城镇化使人口流动频率加快、外来人口强势介入，使民歌传承发展的文化基因发生变异，种种原因使壮族民歌堕入边缘化的危险之中。

为促使以壮族民歌为代表的乡土文化在新型城镇化建设的冲击中继续传承和发展，当下政府和企业不要急于开发民族文化资源，而是要保护乡土文化的“根”和“脉”，依法维护文化传承人的合法权益。除政府相关的组织机构之外，民间非政府组织也是民族文化保护的积极倡导者，建议政府机构和民间非政府组织一道在民族地区广泛开展以民歌为代表的非物质文化遗产普查工作，对非物质文化遗产的持有人和传承者，如民间艺人、民间歌师等，依据有关法律法规和政策规定，确认其为

① 黄玲：《城市化进程中民族文化的传承与发展——以广西壮族民歌为例》，载《黑龙江民族丛刊》，2016（3）。

非物质文化遗产持有人或传承人；对那些一心扑在壮族民歌传承上的杰出文化艺人给予适当的经济补助、物质奖励和精神鼓励；对少数艺术精湛的壮族民歌传承者授予“壮族民歌艺术大师”“壮族民歌传承大师”等荣誉称号；对散落在民间的壮族民歌等非物质文化遗产，组织社会力量进行抢救和收集整理，将那些流传面广、影响力大的壮族民歌列入国家级、自治区级非物质文化遗产保护名录。结合国家以及自治区非物质文化遗产保护的政策规定，组织专家学者挑选出壮族民歌的精华部分，积极申报世界非物质文化遗产，促使以壮族民歌为代表的乡土文化在新常态下能够获得更多、更好的发展机会。

二、在民族地区新型城镇化建设中保护乡土文化的法治举措

（一）依法保护、规范民族地区民居建筑

民居建筑是新型城镇文化的表征，是新型城镇文化的载体，是一个民族活的历史，是可以触摸的时代记忆。长久以来，由于深受不同地域和不同文化背景的影响，最终形成不同建筑风格和不同文化内涵的民居建筑。在不同民族地区留存下来的古旧民居建筑，鲜明地凸显和反映了不同民族文化的特质。不同的民居建筑蕴含着不同民族厚重的传统习俗和文化内涵，经过沧桑岁月的沉淀，逐渐成为该民族的文化符号和文化记忆。人们通常所说的“留住乡愁”，就是要留住并让后人记住这里的地域环境、建筑风格和文化特色等文化基因；传承的前提是原汁原味地保留这些历史建筑物的传统风格，从而延续城镇文化传承的血脉。一旦丢失了民居建筑的文化内涵和传统风格，在本质上无异于对本土文化的一种背离。

民居建筑要成为传统文化与现代文明沟通的桥梁。民族地区民居建筑设计，通常要考虑造型民族化、结构民族化和装饰民族化三大因素。在造型民族化方面，需要注意从内部空间和外部造型的结合方面，保留优秀传统民居的建筑特点，依据当地地理环境、气候条件、建筑材料等进行综合设计，促使新建民居与当地风土地貌保持一致，实现民居建设设计造型的民族化。在结构民族化方面，需要注意民居建

筑的内部空间建构，内部空间是民族群众日常起居的场所，要注意保持民族文化气息，使内外浑然一体。在装饰民族化方面，需要通过图案和符号装饰增添民居建筑的民族气息，如通过石雕、木雕、水墨画图纹彰显民居建筑的民族气质，展现民族文化元素在建筑装饰上的审美价值，使新建的民居建筑富有民族风格和地域情趣。① 随着民族地区普通民众物质文化生活水平的日益提高，人们对现代民居建筑室内空间设计的要求也越来越高。这就需要以城镇化为契机重构乡土文化，依据村寨民居建筑的民族特色进行必要的创新，牢固确立文化城镇的基本理念，自觉将传统文化传承纳入城镇化建设之中，充分挖掘有特色内涵的人文环境资源，突出对老街道、老建筑、老景点的保护，塑造个性化城镇，以提高新型城镇的品位，促使城市生活与乡土文化尽可能兼容，使新建的民居建筑真正成为民族传统文化与现代文明沟通的桥梁。

政府要加强对新型城镇建设规划的管理。中共中央、国务院于 2016 年 2 月 6 日出台《关于进一步加强城市规划建设管理工作的若干意见》，提出了城市发展理念和建筑方针，为民族地区新型城镇化建设把握地域性、时代性和民族性，以现代理念塑造特色城镇指明了方向。加强对民族地区民居建筑的传承发展，必须结合地域和文化差异的实际进行科学规划，从民族文化、民族性格和民族习惯出发，从所在地域的自然条件和历史情况出发，提倡民居建筑式样和形态的多样性；依法确立新型城镇建筑的设计方案、审美标准和价值取向，保持传统村落、特色村寨的文脉和人气，以延续传统村落的历史文化脉络。经过全国人大会议审议通过的《中华人民共和国城乡规划法》和《国家新型城镇化规划 (2014—2020 年)》都是规划和统筹城乡建设发展的法律文件；各民族自治地方和少数民族人口大省也都相应地制定了规范民族地区城乡建设的地方性法规。无论民族地区哪一级城镇发展规划和村寨建设规划，一经同级人民代表大会审议通过，就具有必须遵照执行的法律效力。要依法规范新型城镇建筑设计、工程施工的决策评估机制，凡当地标志性的公共建筑物

① 朱琦、徐晶：《民族民居建筑设计中民族文化的原点效应研究》，载《贵州民族研究》，2016 (1)。

和其他辅助性、配套性建筑物，在决策阶段就必须严格把好政府决策关、专家评价关和公众参与关；建立健全建筑工程事前、事中和事后评估机制，严防少数人拍板说了算的情况的发生；防止攀高、求大等片面追求外观美的倾向，尤其要防止和遏制彼此克隆、一哄而起的建筑乱象。在此特别提示，一些地方尽管上级规划部门和地方政府都在新型城镇化建设的规划设计和计划任务书中强调了民族元素在拟建民居建筑中的重要性，然而由于基层领导和承建单位对民族特色和乡土文化的理解误差，加之管理机制处于“九龙治水”的松散状态，部分民居建筑的具体设计和施工偏离了规划设计和计划任务书的方案，严重影响了城镇化建设对乡土文化的传承保护。因此在民族地区新型城镇化建设进程中，一定要从规划设计上明确规范民族村寨民居建筑的总体布局，依法保护浸染民族基因的村寨古旧民居建筑，完整保护街巷格局和建筑风格，使新建民居建筑地域特征与风土地貌保持一致。

（二）依法保护、指引民族地区村落文化

村落文化是一个内涵极为丰富的体系。传统村落包括构成村落主体结构的传统民居建筑群，具有地方文化记忆的村落遗存，以及属于村落组成部分的古桥、古树、古井、古碑等。村落的公共空间是乡土文化记忆的载体，体现村落的传统风格，唤起村民文化自觉和乡村记忆，增强居民对村落共同认知的归属感。乡村记忆原本就是乡村文化的凝结，是乡村独特传统内化而成的居民的认知习惯与思想观念，是乡村共同体内所有居民的精神乐园。乡村记忆维系着乡村继往开来的社会关系，在“熟人社会”的乡村具有稳定社会秩序的功能。传统村落自古以来就是村民们生产生活的地方，深刻地反映了当地的建筑艺术、乡土文化、宗教礼仪和风俗习惯，也体现了当地世代居民与自然相处的空间记忆和文化内涵，从而构成了一个独特的、无须修饰的乡土社会。每一个具体村落文化的传承与发展、变迁与消失，总是与居住在这个地域的人群休戚相关。

住房和城乡建设部、文化部、财政部于 2012 年 12 月发布《关于加强传统村落保护发展工作的指导意见》；2016 年中央 1 号文件中提到，一定要加大对传统村落、

古旧民居和历史文化名村、名镇的保护力度。鉴于乡村传统建筑物构件频繁被盗，住房和城乡建设部、国土资源部、公安部于2015年7月3日发布《关于坚决制止异地迁建传统建筑和依法打击盗卖构件行为的紧急通知》，向近年来偷盗、拆解贩卖传统古建筑等罪恶行径发布最严厉的“追缉令”；强调对认定的乡村传统建筑一律依法进行原地保护，不得违法实施异地迁建；擅自拆除已认定为传统建筑的单位，一律撤销传统建筑物所在村落“中国传统村落”荣誉称号。①

强调对传统村落的保护，并不是说只要是古的、旧的都要保护，只有地处古代交通要道两旁、历史悠久的村落以及拥有文物古迹、重要物产或属于风景旅游区的村落才在保护之列，确已失去保护价值与意义的应予以拆除。《中华人民共和国文物保护法》第二条规定，本法所规定的保护范围包括古文化遗址、古建筑和古墓葬等各类具有重大价值的历史遗存，以及与文物密切相关的周边环境。②传统古村落每天都在消失，遗留下来的传统村寨的人际关系和传统习俗大多发生了重大变化。③中共十八大报告提出尊重自然、顺应自然、保护自然的生态文明理念，强调新型城镇化建设要促进人与自然和谐共生。④民族地区城镇化建设一定要稳立青山绿水不动摇，注意保留特色村寨原始风貌，尽量做到慎砍树、少拆房、不填塘（湖），实现自然环境生态美、村容村貌特色美和乡风文明和谐美。根据《中华人民共和国文物保护法》第十五条规定，对传统村落和民族村寨的原生态保护与地域生态圈、民俗生态圈保护是一致的。⑤要在城镇化建设浪潮中安顿乡愁，就必须留住乡土文化聚落。笔者建议国家和地方立法机关遵照《中华人民共和国文物保护法》的相关规定，制定出台相应的乡土文化保护法律法规，保护和留住那些弥足珍贵的乡村记忆。

---

①《三部门首次联打古建盗卖》，载《北京晨报》，2015-07-04。

②《中华人民共和国常用法律大全（第十版）》，819页，北京，法律出版社，2015。

③ 庞娟：《城镇化进程中乡土记忆与村落公共空间建构——以广西壮族村落为例》，载《贵州民族研究》，2016（7）。

④ 胡锦涛：《坚定不移沿着中国特色社会主义道路前进为全面建成小康社会而奋斗》，载《人民日报》，2012-11-18。

⑤《中华人民共和国常用法律大全（第十版）》，820页，北京，法律出版社，2015。

每座繁华城镇的背后都有历史遗存，要将这些历史遗存和村落周边环境一并纳入保护区，它们本身就是独特的历史文化沉淀，只有切实加强保护，才能避免割断文物与周边环境共生共存的关系。

当然，强调保护传统村落，并不是要保留落后或滞留在过去的发展阶段，而是要通过保护探索出一条现代化的路径。传统村落保护的逻辑主要是文化逻辑，目的在于既要保护传统村落建筑物的物态传统性，又要传承和弘扬传统村落的非物质文化遗产。政府要支持本村居民踊跃参与传统村落和古旧民居的保护工作，鼓励他们自发保护祖先传承下来的珍贵遗产，组织和动员其他民间力量参与传统村落文化的保护活动。除此之外，还要通过对传统村落（包括村落遗址）、特色村寨的调查进一步摸清家底，建立国家级、省级和县级三级保护模式，实施“因村制宜、一村一策”的保护措施。

依据《中华人民共和国文物保护法》第二十一条规定，凡属于国有不可移动文物的修缮费用由国家负责，属于非国有的不可移动文物的修缮费用由产权所有者自己承担。[①] 在整个民族地区新型城镇化建设进程中，对特色民居等不可移动文物的修缮是一个回避不了也绕不开的现实问题。笔者建议尽快修改《中华人民共和国文物保护法》的有关条款，居民私宅民居、传统村落和特色村寨的建筑物，如其产权人确不具备修缮能力、无法承担修缮费用，可将这笔修缮费用开支纳入新型城镇化建设预算，也可创设特色村寨、传统古旧民居修缮资助制度，将所有非国有不可移动文物的修缮费用统一纳入国家财政补助范围。对积极支持私有文物建筑面向公众开放的私有产权人，应由文物主管部门及时给予经济补偿和精神鼓励；对自愿利用私有文物建筑配合国家或社会建立民营博物馆、村史馆、非物质文化遗产传习所等公益事业的个人，国家文物主管部门要及时给予经济补偿和精神鼓励。总之，要通过修改完善法律和政策规定的方式，促使传统村落、特色村落、特色民居修缮制度化、法律化，使不可移动文物所有权人通过文物保护得到更多的实惠，从而形成文

①《中华人民共和国常用法律大全（第十版）》，820页，北京，法律出版社，2015。

物保护“人人参与，人人享有，人人有责”的格局。

（三）依法保护，弘扬民族地区传统文化

乡土文化是乡民在日常生产与生活中逐渐形成的风俗习惯、道德情感、社会心理、行为方式和是非标准及对社会的认知模式，表现为民风民俗和行为章法，是乡民物质生活和精神生活的组成部分。它素来以言传身教、长辈示范和潜移默化的方式发挥正面效应，在乡村治理中发挥着无与伦比的教育作用。

《中华人民共和国非物质文化遗产法》第二十六条规定，对非物质文化遗产代表性项目集中、特色鲜明、形式和内涵保持完整的特定区域，当地文化主管部门可以制定专项保护规划，报经本级人民政府批准后，实行区域性整体保护。[①]对传统村落和村寨文化原生地的保护，必须将传统村落保护与非物质文化遗产保护、文化生态保护建设有机地衔接起来，遵循生态保护与生态建设并举的原则，保护原生态地的自然状态，现实常态化保护。为弘扬民族地区传统文化和非物质文化，民族地区新型城镇化建设不仅要把传统文化遗产保留下来，而且要花大力气修复被损坏的文化遗迹，对尚未遭受破坏的文物和建筑进行抢救，对留存的具有历史价值的遗址、非物质文化遗产传统技艺，实施全方位、就地维护和依法保护，让这些历史遗迹、历史文物、传统技艺等传统文化形成品牌，促使它们重新焕发青春，走向世界。

这里，仍然以贵州黔东南州民族村寨文物保护为例论证。黔东南地区由于山川阻隔，交通闭塞，大量古老社会的生产方式、生活习俗、文化艺术等有幸较为完整地保留至今。黔东南州充分利用这一优势，既发展了经济，又保护了传统文化。如黔东南州将侗族生产方式中独有的稻鱼鸭种养复合系统农耕文化安置在稻田相对集中的民族村寨，建立较为稳定的示范点予以传承、弘扬。侗族的建筑艺术、酸味饮食、体育竞技、歌唱艺术、年节习俗和民族习惯法等，已经被开发成为黔东南特色村寨旅游中，游客由衷喜爱的民族美味食品、民族工艺品、民族节日演绎、民间习

①《中华人民共和国非物质文化遗产法》，载《人民日报》，2011-08-01。

俗表演、专场歌舞表演、专场竞技表演等。除此之外，苗族银饰艺术、刺绣艺术、蜡染艺术、芦笙歌舞艺术等都获得了传承发扬，有的已经发展成为当地重要的文化产业。

任何一个国家无论在历史上多么灿烂辉煌，如果优秀的传统文化得不到珍视和传承，从长远来看，无疑是一种悲哀。从2006年起，我国正式设立“国家文化遗产日”。类似举措可以开阔人们的视野，增强国人特别是未成年人对传统节庆、乡土文化和民间民俗文化的兴趣，使更多的人关注和保护传承优秀传统文化，提升人们的民族自豪感和文化自信心，为国家和民族做出贡献。

国外和我国内地经济发达地区的经验与启示

我国新型城镇化进程中的教育问题

张守祥

党的十八大报告提出："坚持走中国特色新型工业化、信息化、城镇化、农业现代化道路，推动信息化和工业化深度融合、工业化和城镇化良性互动、城镇化和农业现代化相互协调，促进工业化、信息化、城镇化、农业现代化同步发展。"2013年12月12日召开的中央城镇化工作会议强调："城镇化是现代化的必由之路。推进城镇化是解决农业、农村、农民问题的重要途径，是推动区域协调发展的有力支撑，是扩大内需和促进产业升级的重要抓手，对全面建成小康社会，加快推进社会主义现代化具有重大现实意义和深远历史意义。"2014年3月，中共中央、国务院印发《国家新型城镇化规划（2014—2020年）》（以下简称《规划》），《规划》是今后一个时期指导全国城镇化健康发展的宏观性、战略性、基础性规划。按照《规划》提出的发展目标，到2020年，我国常住人口城镇化率达到60%左右，户籍人口城镇化率达到45%左右，户籍人口城镇化率与常住人口城镇化率差距缩小2个百分点左右，努力实现1亿左右农业转移人口和其他常住人口在城镇落户。2014年7月，国务院印发《关于进一步推进户籍制度改革的意见》，明确到2020年，努力实现1亿左右农业转移人口和其他常住人口在城镇落户，未落户的也能享受城镇基本公共服务。2015年2月，国家发改委等11个部门联合发布《国家新型城镇化综合试点方案》，将江苏、安徽两省和宁波等 62 个城市（镇）列为国家新型城镇化综合改革试点地区，并从 2018 年逐步在全国范围内推广试点地区的成功经验。李克强总理在 2015 年 3 月 5 日召开的十二届全国人大第三次会议上作的政府工作报告中强调：“城镇化是解决城乡差距的根本途径，也是最大的内需所在。要坚持以人为核心，以解决三个 1 亿人问题为着力点，发挥好城镇化对现代化的支撑作用。”

由此可见，以推进新型城镇化来带动整个经济发展和促进社会现代化已经成为国家重要的发展战略，成为我国当前和今后一个相当长历史时期经济社会发展的重要引擎，也是国家实现现代化的有力支撑。

城镇化的核心是人的城镇化。这是对改革开放以来中国城镇化经验与教训的反思与总结，也是“以人为本”执政理念的具体体现。人的城镇化涉及就业、户籍、教育、医疗、住房、社会保障、公共服务与交通等一系列问题，其中教育问题显得尤为重要和突出。小而言之，教育关系到每一个公民及其家庭的基本素质和人力资本积累，在相当程度上决定着一个家庭及其成员的就业状况和经济社会地位，以及未来的发展与提升。大而言之，教育是国家工业化、信息化、城镇化、农业现代化的基本支撑，是提高城镇化质量和城市竞争力的重要抓手和根本措施，也是工业反哺农业、城市支持农村，破解城乡二元结构，实现城乡一体化发展的基本途径。只有妥善解决城镇化进程中的教育问题，才能够保证城镇化的健康和可持续发展，才能够促进工业化、信息化、城镇化和农业现代化同步发展。当前，我国城镇化进程中面临着一系列教育问题，需要引起我们高度重视并全力以赴地加以解决。

“十三五”时期，是我国全面建成小康社会的决定性时期，也是我们国家教育基本实现现代化的关键时期。科学编制具有前瞻性、引领性和可操作性的“十三五”教育发展规划，稳妥而科学地解决当前城镇化进程中面临的一系列教育问题，不仅有利于教育现代化的基本实现，有利于城乡一体化发展，有利于城镇化质量提高，也有利于“四化同步”发展和全面建成小康社会，意义十分重大。

一、教育问题已经成为我国城镇化进程中一个十分突出的社会问题

改革开放以来，伴随着改革开放和经济高速发展，我国的城镇化也进入快速发展的历史时期，城镇化率由 1978 年的 17.9% 提高到 2014 年的 54.77%，平均每年提高 1.02 个百分点。

但是，严格意义上讲中国现阶段的城镇化是低质量的不完全的城镇化。由于我国地域辽阔，人口众多，城乡之间、地区之间发展差距很大，特别是长期的城乡二元结构及相关的二元经济制度等的制约，使得我国农民转变为市民的道路十分曲折和艰难。综观发达国家的城镇化过程，基本上就是农民直接转化为市民的过程，而且是职业、地域和身份等的同步彻底转变。而在中国，由于特殊的国情，使得农民直接转化为市民的道路比较狭窄，除部分通过高等教育而直接由农民身份转化为市民外，绝大多数农民难以实现身份的直接转变，必须经历由农民到农民工、农民工再到市民这样的艰难而曲折的过程。也就是说，中国的农民要转变为市民，首先必须在城镇就业和居住，实现“半市民化”，在此基础上，再等待国家和所在地区的户籍政策及有关规定的变化与调整所带来的完全市民化的机遇。面对这一机遇，农民还需要反复考虑自身市民化的意愿、经济承受能力、家庭状况等各种因素，然后谨慎进行综合权衡、艰难选择和决定是否放弃作为农民所具有的土地等相关权益，转化为市民。由此可见，其过程和经历比发达国家要艰难、复杂和漫长得多，也是对一个人甚至一个家庭毅力的考验和精神的煎熬。

因此，尽管我国政府宣布 2014 年我国城镇化率达到 54.77%，但这其中包括了在城镇就业、居住半年以上的约 2.74 亿流动人口（主体是农民工，仅在城镇就业、居住达半年以上，属“半市民化”人口），如果减去这 2.74 亿流动人口，那么，完全市民化的城镇化率只有 36% 左右，大大低于 52% 的世界平均水平。由于约 2.74 亿流动人口处于“半市民化”状态，他们虽然在城镇就业、居住，但他们中的绝大多数身份依然是农民，他们的家庭在农村，他们的基本保障（土地及其他权益）在农村，他们中很多人的孩子还在农村的中小学读书。一句话，他们的根还在农村。

这就造成了中国社会转型时期出现的一个重大的社会问题——教育问题。当前，教育上面临的很多重点、热点、难点问题，均与不完全的城镇化直接相关，其中比较突出的问题有：农村留守儿童问题，农民工随迁子女在流入城镇接受义务教育问题，异地中考、高考问题，职业教育问题，城乡教育一体化问题，农民工技能培训问题等。

当前，我国新一轮城镇化的大幕已经拉开，中共中央、国务院颁布了《国家新型城镇化规划（2014—2020 年）》，国家已经非常明确将新型城镇化发展作为释放巨大的内需潜力，加快经济转型升级，建设全面小康社会和保持经济长期稳定健康发展的主要抓手和重要引擎。这对“十三五”时期的教育而言，既是重大的发展机遇，又面临着严峻的挑战。如果我们能把握“十三五”时期城镇化发展黄金期的重大机遇，从整体和全局的高度来精心谋划和布局教育，提出科学的切合实际的教育发展目标、发展路径、具体政策措施，编制出具有科学性、前瞻性、引领性、可操作性的“十三五”教育发展规划，就有可能为教育发展赢得宝贵的 5 年时间。

古人云：“凡事预则立，不预则废。”如何在新一轮城镇化进程中抓住机遇，积极稳妥地解决过去城镇化过程中所积累下来的一系列教育问题，同时通过精心编制“十三五”教育发展规划，做好顶层设计，在法律法规、制度和政策等层面比较好地解决长期城乡二元结构所形成的体制、机制和制度所造成的教育问题，在新的历史时期真正实现城乡教育一体化和教育均衡健康发展，是摆在我们面前的一项重大而紧迫的课题。这个问题如果在新一轮城镇化过程中获得比较好的解决，不仅可以基本解决长期积累的城乡之间、区域之间教育发展不均衡问题，以及由此引发的各种矛盾和问题，大大促进教育的公平与进步，也将会有力地促进中国由人力资源大国向人力资源强国的转变，持续地推动工业化、信息化、城镇化、农业现代化同步发展，大大提升人口素质和城镇化的质量，为全面建成小康社会提供有力的人力资源支撑。反之，则将会影响全面建成小康社会和“四化同步发展”的进程，影响城乡一体化发展的推进，也影响城镇化的质量和整个社会的长治久安。

二、当前和今后一个时期城镇化进程中需要妥善解决的若干教育问题

当前和今后一个时期，我国城镇化进程中教育面临的问题很多，也很复杂。经过认真梳理和分析，我们认为以下问题最为重要，并需要认真而审慎地加以解决。

（一）农村留守儿童问题

随着工业化、城镇化快速发展，大量农村人口向城市转移。据国家统计局公布的数据，2014 年，我国共有 27393 万名农民工。其中，外出农民工为 16821 万人，占 61.4%，在本乡镇务工的农民工为 10572 万人，占 38.6%。[①] 这约 1.68 亿外出农民工以青壮年为主体，其中 21 ～ 50 岁占外出农民工的 79.4%。他们离乡离土，就业和生活均在城市，但由于户籍制度等制约，使得他们难以和所在城镇市民平等享受社会保障、医疗、养老保险等基本福利，他们的子女也难以平等地接受城镇的义务教育，加之农民工就业的领域主要集中在建筑业、制造业和服务业中的低端，劳动收入相对较低，难以支撑整个家庭在城镇生活。因而在农村劳动力向城镇流动和转移的过程中，农村出现了较为严重的留守儿童、留守妇女、留守老人的“三留守”问题。

《中国农民工发展研究》中提供了一组数据：根据 2005 年全国 1% 人口抽样调查结果，居住在县及以下的农村留守儿童高达 5861 万人。在全部农村儿童中，留守儿童的比例高达 28.29%。按照年龄划分，学龄前（0 ～ 5 周岁）、小学学龄（6 ～ 11 周岁）、初中学龄（12 ～ 14 周岁）和大龄（15 ～ 17 周岁）4 组中，各组所占全部农村留守儿童的比例分别为 27.05%、34.85%、20.84% 和 17.27%，分别是 1585.2 万人、2042.3 万人、1221.4 万人和 1012.2 万人。[②] 国家卫生与计划生育委员会 2015 年 5 月 13 日公布的《中国家庭发展报告 2015》数据显示，农村留守儿

① 国家统计局：《2014 年全国农民工监测调查报告》，国家统计局网站，2015-4-29。

② 国务院农民工办课题组编：《中国农民工发展研究》，242 页，北京，中国劳动社会保障出版社，2013。

童占农村全部儿童的比例高达35.1%。

“十一五”以来，党中央、国务院高度重视农民工随迁子女的教育问题，出台相关政策和措施，保障农民工随迁子女在当地接受义务教育的权利，很多地方政府也出台了政策措施，努力解决农民工随迁子女在当地入学难题，农民工随迁子女数量逐年增加，农村留守儿童的数量呈缓慢下降之势。教育部发布的《2010年全国教育事业发展统计公报》首次公布全国义务教育阶段在校生中农村留守儿童共2271.51万人。其中，在小学就读的农村留守儿童1461.79万人，在初中就读的农村留守儿童809.72万人。《2011年全国教育事业发展统计公报》披露的数据比2010年有所下降，当年全国义务教育阶段在校生中农村留守儿童共2200.32万人。其中，在小学就读1436.81万人，在初中就读763.51万人。2011年比2010年全国义务教育阶段在校农村留守儿童总数减少71.19万人，其中小学减少24.98万人，初中减少46.21万人。但是，《2012年全国教育事业发展统计公报》公布的数据显示，农村留守儿童数量比2011年增加70万人，接近2010年水平。2012年，全国义务教育阶段在校生中农村留守儿童共2271.07万人。其中，在小学就读1517.88万人，在初中就读753.19万人。农村留守儿童数量约占全国义务教育阶段在校生总数的16%。《2013年全国教育事业发展统计公报》公布的全国义务教育阶段在校生中，农村留守儿童共2126.75万人，比2012年减少144.32万人，其中小学就读1440.47万人，比上年减少77.41万人，初中就读686.28万人，比上年减少66.91万人。全国义务教育阶段留守儿童占在校生比例由2012年的16%下降为15.4%。随着农民工随迁子女在城镇就学政策的逐步落实，农村留守儿童数量减少是否已成趋势，有待进一步观察。

农村留守儿童问题已经成为现阶段教育中的一个十分突出的问题。由于长期远离父母、亲情缺失，使不少孩子在学习、身心发展和性格形成过程中出现一系列问题。孩子们绝大多数与祖父母共同生活，这些留守老人大都年老体弱、文化程度较低，仅能勉强照顾孩子基本生活，对孩子们的教育问题则心有余而力不足。在饮食方面，由于老人们普遍缺乏科学营养知识，使得很多留守儿童生长发育指标明显低于非留守儿童。此外，留守儿童在安全方面也存在很多令人揪心的问题，溺水而亡、交通事故、被拐卖、遭性侵等，留守儿童的比例明显高于非留守儿童。

儿童是祖国的未来和希望。如果占儿童总数近1/5的农村留守儿童长期处于亲情失护、学业失教、心灵失润、生活失助、安全失保的状态，他们中的许多人很难健康成长，难有美好的今天和明天。如果这些孩子没有美好的今天和明天，那么我们的国家很难说会有美好的明天。因此，农村留守儿童问题是我们在推进新型城镇化过程中必须予以高度重视并需要花大力气加以解决的一个重大的教育和社会问题。

（二）农民工随迁子女教育问题

根据教育部公布的数据，2010年，全国义务教育阶段在校生中进城务工人员随迁子女共1167.17万人，比2009年增加170.07万人。其中，在小学就读的进城务工人员随迁子女864.30万人，比上年增加113.53万人，增长15.12%；在初中就读的进城务工随迁子女302.88万人，比上年增加56.54万人，增长22.95%。[①] 2011年，全国义务教育阶段在校生中进城务工人员随迁子女共1260.97万人，其中在小学就读932.74万人，在初中就读328.23万人。[②] 2012年，全国义务教育阶段在校生中进城务工人员随迁子女共1393.87万人，其中在小学就读1035.54万人，在初中就读358.33万人。[③] 教育部《2013年全国教育事业发展统计公报》数据显示，2013年，全国义务教育阶段在校生中进城务工人员随迁子女共1277.17万人，其中小学930.85万人，初中346.31万人。比2012年减少116.7万人，与2011年相近。从近4年的数据看，尽管有所反复，但总的是呈上升趋势。我们相信，随着城镇化的持续推进，农民工随迁子女在城镇接受义务教育的人数在今后若干年内会保持增长态势。

据统计，农民工子女主要集中在东部少数经济发达的省份和大城市，例如广东、

① 教育部：《2010年全国教育事业发展统计公报》，载《中国教育报》，2011-07-08。
② 教育部：《2011年全国教育事业发展统计公报》，载《中国教育报》，2012-08-31。
③ 教育部：《2012年全国教育事业发展统计公报》，载《中国教育报》，2013-08-17。

浙江、江苏、福建4省集中的农民工随迁子女占全国总量的36.8%。上海、深圳、北京、广州是农民工子女最多的城市，其中北京义务教育阶段农民工子女已经占到在校生总数的41%，上海占42%，深圳和东莞更是高达2/3以上。[①]

2001年，国务院印发《关于基础教育改革和发展的决定》，提出解决农民工随迁子女接受义务教育问题“以输入地政府管理为主，以全日制公办中小学为主”的政策。2010年，《国家中长期教育改革和发展规划纲要（2010—2020年）》再次明确强调：“坚持以输入地政府管理为主、以全日制公办中小学为主，确保进城务工人员随迁子女平等接受义务教育。”各地尤其是农民工随迁子女比较集中的省市克服困难，采取许多有力措施，努力保证农民工子女平等接受义务教育的权利，取得明显成效，目前进入全日制公办学校就读的农民工子女近80%。[②]就全国而言，以全日制公办中小学为主安置农民工随迁子女接受义务教育的格局基本形成。

但是，最近两年出现了新的值得高度关注并需要努力加以解决的问题，即农民工随迁子女的教育问题已经由义务教育阶段向学前教育和高中阶段教育延伸，而且来势很猛。一方面，一部分“70后”的农民工，他们经过长期的努力和坚持，已经在城市站稳了脚跟，不少人已经买了住房，有了相对稳定的职业，他们的子女已经在城市读初中或即将初中毕业，他们强烈要求享受城市市民待遇，让自己的孩子在生活的城市参加中考、留在身边读高中，而不是回到户籍所在地参加中考。另一方面，“80后”“90后”已经逐步成为农民工的主体。据国家统计局2015年4月29日发布的《2014年全国农民工监测调查报告》显示，20～40岁年龄段的农民工占农民工总数的53%。据国家卫生计生委发布的《中国流动人口发展报告2013》的数据，这些“80后”的年轻人超过六成的已婚流动人口与全部核心家庭成员在流入地共同居住。他们接受教育的程度比父辈高，维权意识和能力比较强，他们强烈希望

① 国务院农民工办课题组编：《中国农民工发展研究》，151、159页，北京，中国劳动社会保障出版社，2013。

② 教育部：《中国教育概况——2010年全国教育事业发展情况》，2011-11-14，http://www.moe.gov.cn/。

子女能够在自己身边生活，并且和城市市民的孩子一样，平等地上幼儿园和中小学。同时，目前绝大多数城市在农民工子女就读有关政策方面还没有完全做到一视同仁，绝大多数城市采取规定一部分公办学校接收农民工随迁子女，其中有相当一部分学校地理位置较偏僻或教育教学质量不高，许多不满足政府划定就读学校的家庭不得不采取高价择校的办法，不惜血本为自己的孩子求得一个相对满意的学位。由于城市中小学学位尤其是所谓名牌中小学学位的稀缺性，使得城市中小学择校乱收费问题久治不愈。

可以预期的是，随着城镇化进程的持续，随着农民工进城数量的增加，加之国家有关法律、法规和政策的逐步完善与落实，在今后相当长的时间内，农民工随迁子女数量将会持续增长，这无疑会给农民工子女相对集中的城市和地区的政府及教育部门带来长久而持续的压力。但这个问题又是城镇化进程中一个无法绕开的大问题，必须迎难而上并全力加以解决。

（三）异地中考、高考问题

异地中考、高考问题近年来随着进城务工人员子女在城市中小学在校生中的比例越来越高而日益突出，由此所引发的社会矛盾往往难以调和。

在进城务工人员看来，他们已经在城市工作、生活多年，为所在城市的建设和发展贡献了青春和智慧，也给城市带来了生机和活力，他们的孩子已经在城市读了小学、初中甚至高中，已经适应并融入城市的学习生活与环境。如果初中或高中毕业后强制孩子回户口所在地参加中考或高考，不仅人为地拆散一个完整的家庭，对孩子今后的成长十分不利，也与党和政府以人为本的执政理念是相悖的。这些孩子和城市市民的孩子一样，都是国家未来的建设者和接班人，他们的基本权利应该得到尊重和保护。此外，党和政府一再强调教育公平，把实现教育公平作为教育最基本的价值追求，作为逐步实现社会公平的逻辑起点，而实现进城务工人员随迁子女异地参加中考、高考是宪法和法律赋予公民的基本权利，是追求教育公平的应有之义，也是度量教育公平实现程度的一把重要标尺。

在城市市民看来，按照国家确定的高中教育管理体制，普通高中教育实行地方负责、分级管理的体制，农民工随迁子女回户籍所在地参加中考、高考是理所当然；同时，每座城市的优质高中资源都有限，如果完全对进城务工人员随迁子女放开，势必会导致更加激烈的竞争，减少自己子女接受优质普通高中教育的机会，进而减少上“985”“211”等高水平大学的机会。因此，城市市民中的许多人，特别是有子女上中小学的家长对中考、高考完全向进城务工人员随迁子女和其他外来人员子女全面放开基本上持不赞成甚至反对的态度。

作为城市管理者的政府则处于两难境地。一方面，国家的法律和政策他们要遵循和贯彻，进城务工人员也是城市的建设者和财富创造者，是一座城市活力源泉之一，他们的子女平等地享有和接受教育的权利应当得到尊重和实现。另一方面，放开中考、高考又绝不仅仅限于参加考试那么简单，其背后涉及幼儿园、小学、初中、高中等教育资源的大量增加，师资规模扩大，财政性教育经费投入大幅度增加等一系列现实问题，不仅给地方政府造成比较大的财政压力，也会增加社会治理成本。同时，作为城市的管理者，不可能不顾及城市市民的情绪与诉求。因此，地方政府和城市管理当局在处理这个问题时普遍持非常慎重的态度，在国家没有出台明确要求和刚性规定的情况下，一般都会按兵不动。这在进城务工人员随迁子女相对集中的特大城市、大城市和地区表现得更为突出。特别是高考，2013 年可谓是推动全国异地高考破冰之年，全国绝大多数省市自治区按照教育部要求，出台了异地高考改革方案。但除少数异地考生不多、压力不大的省完全放开外，绝大多数省市自治区仍然是“犹抱琵琶半遮面”，设置了比较高的门槛，特别是外来务工人员及随迁子女比较集中的省市，困难多、压力大、矛盾突出，因此所出台的政策均无实质性突破。这也使得 2013 年异地高考问题变得“雷声大雨点小”，全国真正在异地参加高考的仅 4000 多人。2014 年，已经有 28 个省份实现了农民工随迁子女在流入地参加高考，但人们普遍关心的北京、上海等高水平大学荟萃的地区仍未实现。

但是，随着城镇化进程的持续推进，这个问题将会变得越来越突出和尖锐，如果迟迟不予解决或处理不当，有可能演变为社会问题，将会影响新型城镇化的质量和健康发展。

（四）职业教育问题

职业教育是以实现人的健康成长和形成良好就业能力为导向的教育，在我们国家现阶段，就业问题始终是经济和社会发展的核心问题。对公民个体而言，就业是他们赖以生存、融入社会、养育后代、实现人生价值最重要、最直接的手段和最基本的途径，也是最基本的人权。从当下中等职业教育和高等职业教育生源看，80%以上来自农村和城镇相对贫困的家庭。这些学生毕业以后，绝大多数要到城市寻找就业机会，他们怀着梦想，承载着消除家庭贫困“代际传递”的殷切希望，他们是城市制造业、建筑业、服务业及其他行业的主要劳动力来源，也是城市新增市民的主要来源。这些人的人文素养、科学素养和基本技能如何，直接关系到一座城市的文明程度和人力资源状况，也是一个地方经济和社会发展最有力的支撑。因此，要推进工业化、城镇化、信息化和农业现代化，加速经济转型发展，打造中国经济升级版，就必须大力发展职业教育，提高职业教育质量，努力培育人力资本，为经济社会可持续发展提供强力支撑。

新世纪以来，党中央、国务院和各级政府对职业教育的认识不断深化，重视程度越来越高，投入不断增加，有力地推动了职业教育的发展。职业教育也为国家工业化和城镇化快速发展提供了人力资源保障。《国家中长期教育改革和发展规划纲要（2010—2020年）》进一步提出：“发展职业教育是推动经济发展、促进就业、改善民生、解决‘三农’问题的重要途径，是缓解劳动力供求结构矛盾的关键环节，必须摆在更加突出的位置。”

随着经济转型发展的加速，投资结构、产业结构、消费结构等都将经历一系列调整与升级，由目前的中低端向中高端升级和迈进，对从业者的素质要求也越来越高，这将使得初中及以下文化程度人员在城市求职变得越来越困难。安徽省合肥市发布的《2015年度重点单位人才需求目录》显示，2015年普通岗位需求比2014年下降19.2%，但高级技术和管理人才需求却比2014年增长79.2%。

因此，今后如果想在城市谋取一份相对稳定或薪酬相对满意的职业，必须具有高中及以上文化程度，而高中及以上教育的主体则是职业教育。以教育部发布的《中国教育概况——2010年全国教育事业发展情况》数据为例，2010年，全国普通高中招生836.2万人，中等职业教育招生870.4万人（含部分18岁及以上非应届高中毕业生）；普通本科、高职（专科）招生661.8万人，其中普通本科招生351.3万人，高职招生310.5万人；以高职为主的成人本专科招生208.4万人。[①] 按照上述数据推算，2010年，全国普通高中招收的836.2万人，到2013年按时毕业的约800万人，目前全国高等教育招生规模稳定在700万人左右（含对口升学和自主招收的中职毕业生），绝大多数省市高考录取率已经超过80%，也就是说，2013年进入高等院校学习的约700万新生中有一半就读于高等职业技术院校。这就意味着高中及以上教育中，至少有2/3二的人正在接受中等或高等职业教育。

据此我们可以认为，职业教育的发展水平和状况，在相当程度上决定了我国工业化、城镇化、信息化和农业现代化的发展水平和质量，也在相当程度上影响着中国经济的转型与升级的速度和质量。

然而，当前职业教育还面临不少困难和问题。一是政府和社会对职业教育本质和重要性的认识尚不到位，所谓重视还往往停留在文件和口头上，行为上没有真正体现；二是由于体制机制不顺，使得现代职业教育体系建设困难重重、进展缓慢；三是投入依然严重不足，职业院校生均经费标准制定等工作进展缓慢，职业教育基础能力仍很薄弱，培养的学生难以适应投资结构、产业结构、消费结构等变化所带来的就业结构变化；四是产教融合是提高职业教育质量的必由之路，但目前尚未找到职业教育与行业、企业深度合作的机制和办法，由于缺乏二者合作共赢的有效机制，职业教育与行业、企业依然是“两张皮”；五是职业教育在努力满足工业化、城镇化需求的同时，如何统筹兼顾，确保农业现代化所需新型农民，也是一个需要

① 教育部：《中国教育概况——2010年全国教育事业发展情况》，2011-11-14，http://www.moe.gov.cn/。

认真研究、科学规划、稳妥解决的大问题。

上述五个问题，均不同程度地影响职业教育的发展与质量提高，也影响经济发展的转型与升级，影响城镇化的进程与质量，影响未来农业的发展和国家粮食安全。因此，在城镇化进程中必须深谋远虑，科学规划，深化改革，综合施策，逐步解决。

（五）农民工的职业技能培训问题

《中国农民工发展研究》披露了一组值得深思的数据。在2013年约2.63亿农民工中，从年龄段分布看，以青壮年为主，16～20岁占6.5%，21～30岁占35.9%，31～40岁占23.5%，41～50岁占21.2%，50岁以上的占12.9%。本地农民工中40岁以上的占56.3%，而外出农民工40岁以上的仅占18.1%。从技能水平看，农民工以初中文化程度为主，占70%左右，多数人没有参加过任何技能培训，受教育程度较低的农民工接受培训的比例也较低。从行业看，以从事制造业、建筑业和服务业为主，分别占36.7%、16.1%和12.7%；在东部地区务工的农民工以从事制造业为主，占46.2%，中西部地区务工的农民工以从事建筑业为主，占26.1%。[①] 安徽省统计局2014年7月对本省合肥市、滁州市、马鞍山市3市89家企业进行了用工调查，调查结果表明，有42.7%的企业最需要的是普通技工，25.8%最需要高级技工，18%最需要经营管理人员，7.9%需要科研人员，其他人员占5.6%。但应聘者中，技能不符合岗位要求的高达42.1%。

上述数据表明，目前在异地就业的农民工中，80%以上为40岁以下，即以“70后”“80后”为主体，“90后”不断增加。新一代农民工已经不同于他们父辈，他们家乡观念淡漠，几乎没有土地情结，他们中的很多人已经在城市打拼多年，是城市建设者，是城市财富的创造者。他们已经适应城市生活，他们渴望融入城市、成为新市民。从统计学意义上讲，他们已经成为城镇的常住人口，在中国政府公布的

① 国务院农民工办课题组编：《中国农民工发展研究》，46～47页，北京，中国劳动社会保障出版社，2013。

城镇化率中占很大比重。但是，他们的户籍仍然在农村，他们不能和城市市民平等地享受社会保障、医疗以及其他各项公共服务，他们的子女也不能和生活在同一个城市市民孩子一样，平等地享受城市的公共教育和服务。他们中的大部分人没有接受过正规的高水准的职业技术培训，他们的职业稳定性较差，转岗能力严重不足，收入水平普遍不高，面对城市的高房价只能一声叹息。可是，他们又留恋城市生活，不甘心也不愿意回到农村。他们不同于纯粹的农民，也不同于纯粹的市民，成为颇具中国特色的第三种身份。

很显然，当前中国城镇化的首要任务，就是要努力提高城镇化质量，就是要努力创造条件逐步解决现有常住城镇但还没有完全实现市民化的存量人口市民化问题。如果他们在城市获得相对稳定的职业和收入，并且和市民无差别地享受保障房分配及相应的福利和公共服务，他们就会成为城市的建设者和城市安宁生活的坚定维护者；反之，如果他们常常处于失业状态，又缺乏基本的社会保障，他们中的一些人就有可能成为城市生产和生活的破坏者。各国城市化的历史均表明，一个国家或城市的犯罪率与这个国家或城市的失业率呈高度正相关。在努力解决好现有常住人口市民化的同时，还需要统筹规划未来随着新型城镇化推进过程中新增加的农业转移人口的市民化问题，以增加人力资源的流动性和城市的活力。

要使上述两部分人真正融入城镇、转变为完全意义上的市民，涉及的因素很多，其中相对稳定的就业无疑是最基本也是最重要的。而要在城镇获得相对稳定的就业岗位，就必须具有一定的人文素养、科学知识与技能，这恰恰又是进城务工人员和潜在进城务工人员的短板。这就需要通过政府的一系列制度性安排、财政经费的投入和职业技能培训提高他们的人力资本水平，以适应城镇就业和未来转岗的需要。这个问题既是教育问题，更是一个重大的经济问题和社会问题。这个问题解决得好，将有利于推动新型城镇化的健康发展；解决得不好，将会逐步在城市内部形成新的二元结构，大大增加城市治理的难度和治理的成本。但这个问题至今还没有引起各级政府和有关部门的足够重视。

此外，国务院 2015 年 5 月 19 日印发的《中国制造 2025》，是我国实施制造强国战略第一个 10 年的行动纲领。其核心是实现中国制造的三个转变，即中国制造向中国创造转变，中国速度向中国质量转变，中国产品向中国品牌转变。能否顺利实现这三个转变，涉及的因素很多，其中最为关键的是人才，其中包括各个方面的高端人才、大量的杰出工程师、数以千万计的技能人才和能工巧匠。如果中国制造的劳动力主体依然是没有经过多少培训的农民工，中国制造就很难实现华丽转身。因此，在中国制造由大国向强国迈进的过程中，必须高度重视各级各类培训，尤其是农民工的职业技能培训。

（六）城乡教育一体化问题

习近平总书记 2013 年 7 月在湖北省考察工作时强调，即使将来城镇化达到 70% 以上，还有四五亿人在农村。农村绝不能成为荒芜的农村、留守的农村、记忆中的故园。城镇化要发展，农业现代化和新农村建设也要发展，同步发展才能相得益彰，要推进城乡一体化发展。2015 年 4 月 30 日，在中共中央政治局就健全城乡发展一体化体制机制进行第二十二次集体学习时，习总书记强调，加快推进城乡发展一体化，是党的十八大提出的战略任务，也是落实“四个全面”战略布局的必然要求。全面建成小康社会，最艰巨最繁重的任务在农村，特别是农村贫困地区。

要避免农村的荒芜，就必须加快新农村建设。加快新农村建设除需要政府在规划、政策、财政投入、公共服务事业等方面给予大力支持外，最为关键的是加速农业现代化，加速发展农村经济，尽快改变目前农业生产方式落后、规模小、科学技术成果转化率低、机械化程度不高、对生产资料利用效率低、农业比较效益低下的状况，通过土地流转等方式，逐步实现规模化经营，管理和生产方式科学化和机械化，有效利用信息技术、生态技术等高新技术，通过高水平的专业化服务，大幅度提高农业生产效率，显著提高农业的比较效益，使农业的利润率达到甚至超过全行业平均利润水平，让农业成为有足够吸引力的行业。只有这样，才能吸引更多的社会资金和人力资源投入农业和农村，才能确保国家粮食安全和主要农副产品供给，确保中国人的饭碗牢牢端在中国人手里，才能加速农村财富的积累，不断缩小城乡收入差距，吸引有实力的企业和高素质人才专注于现代农业，为美好乡村建设和有意愿移居城镇生活的人积累必要的资金，为生活在农村的农民提供就业岗位、增加收入和改善生活提供机会，创造条件。

但是，目前推进农业现代化除面临政策、资金、技术、规模等一系列难题外，最为关键的还是农村的人力资本过于薄弱，缺少农业现代化所需要的懂技术、会经营、善管理的新型农民。2007 年，农业部进行的第二次农业普查结果显示，我国务农劳动力文化水平整体偏低，小学以下文化程度超过 55%，初中文化程度不足 40%，高中文化程度不足 5%，大专以上仅占 0.2%，参加过职业技能培训的不足 10%。此外，务农劳动力的年龄偏大，50 岁以上居多，女性劳动力居多。

农业现代化是城镇化的重要基础，所以党的十八大报告反复强调城镇化和农业现代化要相互协调，同步发展。但是，以现有的农业从业者的素质和年龄、性别等构成结构看，很难适应农业现代化需要。因此，需要在城乡一体化的视野下，来统筹思考和规划城乡教育一体化问题，对过去的教育政策进行认真研究、梳理和总结，加大对农村教育经费投入和各项政策支持力度，重点办好农村的学前教育、义务教育和职业教育，不断提高农村教育的整体水平。同时，通过政府购买服务等方式，大力加强现代农民的技能培训，为培养农业现代化所需要的新型农民，为适应部分农民转变为城市市民的美好愿望，在人力资本方面做好准备。

三、关于教育“十三五”规划的思考与建议

为使上述的六个重大的教育问题能够在“十三五”期间获得比较好的解决，我们要对这些问题有足够的关注和系统研究，要将这些问题纳入“十三五”教育发展规划编制的视野，通过相应的目标规划、制度安排和政策保障，使这些问题真正能够获得比较好的解决，把城乡教育一体化发展的美好愿景变为现实。为此，提出以下建议。

（一）各级政府要将教育纳入城镇化的总体规划

在对不同城市的农民工进行大量问卷并作系统分析的基础上完成的《中国农民工发展研究》显示，农民工愿意定居城镇的第一个原因是“城市就业机会多，收入有保障”，第二个原因是“子女能进城上学”。[①] 可见，孩子能否在城镇和当地市民的孩子一样平等地接受各个层次的教育，是农民工视为仅次于就业的重大问题。目前，受户籍、土地等制度所限，农民在市民化的进程中，本人及子女的教育权等基本权益并没有得到很好的保障。

如何在城乡一体化视野下统筹解决进城务工人员随迁子女平等接受义务教育和农村留守儿童受到良好教育问题，真正做到“十三五”末基本实现城乡教育等公共服务均等化？如何稳妥解决异地中考、高考问题，为人和各种生产要素的更自由流动创造良好条件？如何大力发展职业教育，加速建立现代职业教育体系，提高教育质量，为城镇化发展和新农村建设提供丰厚的高素质的人力资本？如何从终身教育理念出发，高度重视职业技能培训工作，优化教育和各种社会资源配置，为农民市民化过程中就业和转岗以及城镇市民的转岗提供高质量的针对性强的培训服务？如何从加速农业现代化的高度，科学规划和多途径培养新型农民？诸如此类问题，既是城镇化进程中必须面对和解决的教育问题，也是事关城镇化的进程和质量问题。这些问题解决得如何，直接影响工业化、信息化、城镇化和农业现代化的同步协调发展。因此，“十三五”教育发展规划必须直面这些问题，科学回答这些老百姓最关心的最直接、最现实的教育问题，并通过制度安排和具体政策措施，使这些问题基本获得解决。

国家出台的《国家新型城镇化规划（2014—2020年）》第七章第一节“保障随迁子女平等享有受教育权利”中，对农民工随迁子女在城镇接受义务教育和中等职业教育问题作出了规定，对农民工的职业技能培训也作出了安排，但对城乡教育如

① 国务院农民工办课题组编：《中国农民工发展研究》，428、437页，北京，中国劳动社会保障出版社，2013。

何一体化发展问题、农村留守儿童问题、职业技术教育问题、中考高考问题等并没有涉及。此外，2015 年 2 月，国家发改委正式公布的《关于印发国家新型城镇化综合试点方案的通知》，将江苏、安徽两省和宁波、青岛、大连等 62 个城市（镇）列为国家新型城镇化综合试点地区。从两省和 62 个城市（镇）国家新型城镇化综合试点工作方案要点看，教育问题的关注度普遍比较低，有的方案提到教育问题，更多的方案甚至都没有提及教育问题。这在一定程度上说明一些地方政府在新型城镇化规划和建设中，并没有把教育等公共产品和公共服务摆在应有的位置。这种情况值得我们高度关注。

因此，国家教育主管部门应该在编制“十三五”教育发展规划时，高度重视城镇化可能给教育发展带来的机遇与挑战，对城镇化的走势及可能对教育形成的各种影响进行科学的、深入透彻的研究和分析，从战略和全局的高度就新型城镇化中的教育问题作出明确的、具体的规划，提出明确的发展目标、具体的政策措施、明确的时间表和路线图。这一方面是为了确保国家在“十三五”推进新型城镇化建设中教育的持续健康发展，另一方面也是为省市县地方政府在制定地区和城市（镇）综合发展规划时如何确保教育的适度超前发展提供指导原则和基本依据。

各省区市在制定本省城镇化发展规划时，要按照国家总体要求，结合本地城镇发展现状和城镇化发展规律，遵循城乡一体化和“四化”同步发展的原则，在全面系统研究区域资源禀赋、生产力布局、产业比较优势、人口集中度等因素的基础上，统筹兼顾、综合权衡，提出不同城市和重点建设镇的目标定位，并且将教育作为最主要的公共产品和公共服务纳入全省城镇化发展规划。

城市规划是城市管理的一个重要组成部分，也是城市建设和管理的一项基础性和先导性工作。对于一个城市而言，制定出具有前瞻性、科学合理、符合实际、宜居宜业的城市发展总体规划，具有十分重要的意义。为此，就要改变过去那种“摊大饼”式的粗放型城市发展模式，坚持以人为本，把人的发展、人的尊严、人的城镇化作为城市规划的出发点和根本目的，着力提高城镇化的质量和品位。因此，无论是大中城市还是县城镇，都要在充分研究自身产业优势和布局、资源和环境承载力、人口集聚度和宜居性以及未来发展目标等因素的基础上，精心做好城市（镇）总体规划，并根据总体规划编制土地利用总体规划及人口、教育、产业发展、公益性服务设施等各类专项规划，使之相互衔接，形成完整的城市（镇）规划体系。教育专项规划应在城乡教育一体化的视野下，着力解决好以下问题：一是以教育公平为基本价值追求，确保在“十三五”期间实现区域内城乡教育，尤其是义务教育在较高水平上的均衡发展，并确定具体的时间表、路线图和政策措施；二是当前和今后一个时期进城务工人员子女平等接受义务教育及学前教育问题；三是随迁人员子女平等参加中考、高考并享有在当地就学的教育权益问题；四是通过产业发展加速农民市民化进程，逐步减少农村留守儿童数量，通过建设寄宿制学校等办法，改善农村留守儿童的学习和生活环境，建立健全留守儿童关爱体系；五是大力发展职业教育，优化职业教育结构，提高教育质量，为城镇化发展和城市产业竞争力提供人力资源支撑；六是培育和发展各类技能培训机构，规范管理，确保培训质量，为成年人的就业和职业转换和可持续发展提供有力保障。

（二）加强省级统筹

省级是我国地方行政建制的最高层次，是相对独立的经济社会发展规划单位。省级政府具有比较强的经济实力、资源调配能力、管理能力和统筹规划与协调能力。在推进城镇化过程中，省级政府具有不可替代的重要地位和作用。

第一，包括教育在内的城乡一体化推进工作只能由省级政府统筹。经过 30 多年改革开放和经济快速发展，我国城乡面貌普遍发生很大变化。但是，与城市相比，农村面貌的变化相对小得多，改革的红利广大农村人口获得相对较少，不仅城乡收入差距显著扩大，就是基本社会保障和基本公共服务水平也相差甚远。其中，事关起点公平和机会公平的教育，城乡差距也十分明显。2006 年建立农村义务教育经费投入保障机制以来，通过大幅度提高农村义务教育阶段生均预算内教育事业费和生均预算内公用经费，以及实施农村中小学危房改造项目等重大措施，农村中小学的办学条件有了很大改善。但是，目前农村中小学仍然面临师资素质较低和后备人才严重不足，图书资料缺乏，实验及音乐、体育、美术器材和场地严重不足，教育教学质量不高，人民群众信任度较低等问题。农村的职业教育和成人教育也面临生源日益减少，经费等资源短缺，教育教学设备设施水平严重滞后于第二、第三产业发展水平，教育质量低下等一系列难题。因此，要逐步实现包括教育在内的城乡一体化发展，加快缩小城乡、区域教育发展差距，大幅度提升农村、边远、贫困和民族地区教育水平，促进教育均衡发展、公平发展，就必须加强省级统筹。

第二，中央城镇化工作会议提出，把城市群建设作为城镇化主体形态，促进大中小城市和小城镇合理分工、功能互补、协同发展。发达国家城镇化的经验表明，当一个国家或地区城镇化率超过 50% 时，相邻城市间的联系和融合度将会不断加深，城镇化进入以城市群为主导的发展阶段。如美国的纽约城市群、五大湖区城市群、洛杉矶城市群，日本的东京城市群、名古屋城市群、阪神城市群等。我国经济相对发达的长三角、珠三角、京津冀等城市群已经形成，其他城市相对密集、产业和人口比较集中的区域，随着立体化的快速交通网的形成，也正在快速形成城市群。在这一阶段，发挥省级政府的统筹作用显得尤为重要和迫切。因为城市群发展的本质是区域一体化发展。而要实现区域一体化发展，就必须打破包括省域内和省际行政区障碍，推进城市间全面合作、科学分工，逐步实现开放与互融；就必须发挥市场机制在资源配置中的决定性作用，优化区域生产力布局，逐步形成区域市场一体化；就必须通过政府主导的科学规划和重大基础设施、公共交通及公共服务设施的共建共享，优化城镇体系的空间布局，实现城市群内的大中小城市与小城镇的协调发展，互利共赢。特别是城市群内的义务教育相对均衡发展问题、城市群内农村留守儿童教育问题、进城务工人员随迁子女教育问题、异地中考和高考问题、职业教育尤其是高等职业教育布局和专业设置问题、现代职业教育体系构建问题等，不仅需要城市群内政府之间的协调与合作，更需要省级政府统筹规划并作出制度性安排。这样有利于激活城市群内各种生产要素的流动，增强城市群的活力与创造力。

因此，无论是推进省域内城乡一体化发展，工业化、信息化、城镇化、农业现代化同步发展，还是省域内各类教育资源的整合与配置，各类教育问题的解决，以及加快区域或城市群的发展与融合，都迫切需要加强省级统筹。

（三）在努力用好教育资源存量和扩大增量的同时，充分发挥市场机制的调节作用，通过政府购买教育服务等方式吸引更多民间资本和社会资源进入教育领域

由于大中城市经济比较发达，就业岗位较多，发展的机会和空间相对较大，因而农民工更倾向于到大中城市就业和落户。据国务院农民工办公室统计，外出农民工中，在直辖市就业的占 8.8%，省会城市就业的占 19.4%，地级市就业的占 34.8%，在地级市以上城市就业的合计占到 63%。[①]

由于大部分农民工都集中在地级市以上城市，其中有相当一部分子女随他们进入城市就学，特别是随着相关政策的进一步配套和完善，在今后相当长一段时间内，随迁农民工子女在城镇就学的数量将会呈逐步增长态势。这就使得教育资源短缺成为这些城市面临的一个共性问题。据 2013 年上海师范大学发布的《上海农民工子女教育蓝皮书》数据显示，到 2015 年上海常住居民和外来人口相加，其学前教育阶段适龄儿童将达到 57.4 万人，小学阶段适龄儿童少年达到 93.4 万人，初中阶段适龄少年达到 61.2 万人。如果以每班 30 人计算，学前教育阶段需配置 19150 个班级，尚缺 9300 多个班级；小学阶段如以每班 40 人计，则需要配置 23330 个班级，如果以每班 50 人计，则需要配置 18670 个班级，缺口分别达到 8100 或 4660 多个班级；初中阶段约需 13600 个班级，缺口达 3100 多个班级。上海教育资源紧缺的状况在相当长时期内将成常态。[②] 上述测算尚未考虑上海市出台的有条件放开二胎生育政策可能形成的新生人口增量，如果考虑这个因素，上海市教育资源的缺口将比预测的更大。上海市是中国经济最发达和管理水平最高的城市之一，人均国内生产总值已经超过 14000 美元，教育基础、教育投入水平和教育发展水平也长期位居

① 国务院农民工办课题组编：《中国农民工发展研究》，8 页，北京，中国劳动社会保障出版社，2013。

② 姜澎：《学前与义务教育缺 2 万个班级》，载《文汇报》，2013-06-07。

全国前列，教育资源紧缺状况尚且如此严重，其他城市教育资源紧缺状况也就可想而知了。

县城镇教育资源的紧缺程度一点也不逊于大中城市。县城作为全县政治、经济、商业和文化中心，其生活的便利性和丰富性显著高于农村，生活成本相对低廉。在“以县为主”教育管理体制下，县域内广大农村教师如果没有能力进入经济和教育更为发达地区，那么，首选就是进入县城中小学当教师。因此，县城中小学所拥有的师资等资源明显强于农村学校，教育质量也比农村学校高。加之县城镇生活成本比大中城市低（尤其是房价或房屋租金），还有一定的就业机会，因而进入县城中小学读书成为许多农民家庭的首选。由于县域尤其是中西部地区县域经济普遍比较落后，如果没有国家和省级财政转移支付，正常运转都难以维持，自身没有能力建设新校，因而教育资源供求矛盾十分突出，每班超过 66 人的大班额现象十分普遍，部分小学、初中一个班级学生高达 90 人甚至更多，教育教学环境比较恶劣，不利于学生健康成长。但囿于地方财力薄弱、教育经费严重不足，维持政府正常运转都力不从心，更没有能力新建学校和扩充教师队伍，以解决大班额问题。如果没有中央和省级财力强力支持，这种状况短时间内难以根本改变。

为了缓解并逐步解决大中小城市普遍存在的教育资源紧缺状况，需要我们进一步解放思想，坚持改革开放，创新体制机制，在盘活教育资源存量和扩大教育资源增量两个方面下大功夫。

要精心谋划，统筹用好教育资源存量，通过中小学标准化建设与改造、集团化运作、委托管理、改善教师素质与结构、结对帮扶等措施，逐步实现义务教育阶段同一个城市中小学校基本办学条件和教育质量的大体均衡，最大限度用好存量教育资源，缓解并逐步解决择校问题。

在用好存量的同时，要采取各种措施扩大增量。

一是各级政府要进一步调整和优化财政支出结构，继续加大对教育的投入，在巩固财政性教育经费达到 4% 的基础上进一步努力，力争 2020 年前达到目前 4.9% 的世界平均水平。

二是优化财政性教育经费支出结构，优先保证义务教育的发展和质量提高，尤其是要在已有的基础上，进一步加大对中西部地区教育的支持和经费等各种教育资源的投入力度，特别是加大对民族地区和老区、边区的经费、师资和其他教育资源的投入力度，力争“十三五”期间区域之间教育，尤其是义务教育阶段办学水平差距明显缩小。

三是通过地方立法，明确规定房地产开发商新建住宅小区达到相应的建筑面积和人口居住规模，就必须配套建设能够满足小区常住人口需要的幼儿园、小学和中学，以化解城镇部分增量人口子女的就学问题。

四是要充分发挥市场机制的调节作用，改变政府包办教育的状况，对学前教育、高中阶段教育、高等教育、成人教育和农民工技能培训等，政府可通过税收减免、财政补贴、直接购买教育服务、大力发展股份制和混合所有制教育机构等方式，积极引导社会资金及其他社会资源进入教育领域，并通过修改《民办教育促进法》，以法律的形式明确规定投资教育可以获得合理的利润。鼓励和支持地方政府和社会资本合作模式（也就是 PPP 模式），通过政府特许经营权、合理定价、财政补贴等事先公开的收益约定规则，引入社会资本参与除义务教育之外的各类教育产品及服务的投入和运营，以利益共享和风险共担为特征，发挥双方优势，提高教育产品或服务的质量和供给效率。

五是适当加大基础教育对外开放度。随着经济发展和富裕阶层、中产阶层的逐步扩大，他们对包括优质和个性化的中小学教育需求十分强烈，许多人不惜重金把子女送到国外，留学低龄化正成为一种趋势。因此，“十三五”期间，国家对基础教育也要适当放开，鼓励社会资本和国外优质教育资源进入基础教育领域，以满足不同社会群体的教育需求。这不仅能够快速而有效地缓解城市教育资源紧缺问题，减轻政府的财政压力和社会舆论压力，而且有利于公办与民办及中外合作教育之间的良性竞争，激活公办教育的生机与活力，也有利于民办教育的健康发展。当然，对民办教育、外国或中外合作举办的中小学校及培训机构，各级政府要依法加强监管，规范招生和办学行为，确保这些办学机构依法依规办学和良好的教育质量。

（四）中央财政设立专项教育基金，全力支持县城镇教育的发展

中国的国情决定了中国的城镇化仅仅依靠大中城市是行不通的。我国的城镇化尚处于快速发展时期，但许多大中城市已经出现交通拥堵、空气质量差、水和土壤污染严重、贫富差距扩大、城中村增多、城市内部二元结构开始形成、社会治安恶化等“城市病”。因此，我国的城镇化只能走大中小城市和小城镇协调发展的路子。通过大力发展县城镇和重点镇，努力构建大中小城市和小城镇协调发展的城镇化战略格局。

在大中小城市和小城镇协调发展的城镇化战略格局中，县城镇的地位和作用十分突出。古人云：“郡县治则天下安。”要避免“城市病”的蔓延，要避免国际上部分国家城镇化过程中出现的大量社会问题，就要全力避免大量的农村人口一窝蜂地涌入大中城市。解决的办法就是大力发展县域经济，加强县城镇的规划、建设和管理，促进县城镇快速健康发展。要积极实施“产城结合”战略，通过改善交通、水、电、网络通信等基础设施，扎实做好教育、医疗、住房、社保等民生工程，努力把县城镇建设成为产业布局合理、经济较为发达、交通便捷、环境优美、宜居宜业的城镇，吸引更多的企业和人才来投资创业，吸引更多当地农民就地转化为市民，使得县城镇的人口集中度大幅度提高，各种资源的聚集能力显著增强，充满着生机和活力。

目前，我国有将近2000个县，大部分县城人口已经达到一定规模，区位优势明显，交通相对便捷，基础设施较完善，规划和管理水平较高，服务功能较完备，具有一定科技推广和创新能力，经济发展潜力较大，资源环境对人口的承载力仍有比较大的空间。我国2014年城镇化率为54.77%，按照到2030年城镇化率达到70%测算，大约有3亿农村人口需要转移到城市。绝大多数都转移到大中城市不仅不现实，还会引发一系列复杂的社会问题，治理成本很高。如果把近2000个县城镇建设好，人口规模由目前的绝大多数为3万～10万逐步增加到10万～20万，这样就可以就地转移农村人口约2亿。这不仅有利于降低人口转移成本、优化生产率布局，可以大大缓解大中城市发展与资源环境承载力不足的矛盾，也有利于城乡一体

化发展，繁荣农村经济和文化，缩小城乡差距，有效避免农村荒芜。

要实现上述目标，至关重要的是国家要把发展县城镇作为促进城镇化的重大战略性措施，在规划和管理方面给予指导，在政策、资金和公共设施建设、公共服务提供等方面给予大力扶持，特别是县城镇中小学、医院、文化场所等公共产品及服务设施建设需要中央和省级财政给予全力支持。为此，中央财政要设立经费额度可观的县城镇中小学建设专项基金用于县城镇，尤其是经济基础比较薄弱的中西部地区县城镇新增中小学建设和老学校的扩建改建，为县城镇人口规模扩大提供足够而良好的教育教学设施。

采取上述措施，可以收到“一石数鸟”的效果。一是改善近2000个县城镇的公共服务设施，使县城的公共服务能力和服务质量显著提升，优化投资环境，降低土地等生产要素的价格，有利于吸引更多的人才、技术、资金和产业落户于县城镇，不断增加就业岗位，为当地老百姓提供更多就业和发展的机会；二是有利于农村人口的就近转移，并逐步市民化，从而大大增加农民市民化的机会，大幅度降低农民转化为市民的门槛和成本，同时也有利于县城人口规模的迅速扩大，有力推动我国城镇化的进程；三是有利于更多的儿童少年在县城镇接受良好教育，缩小城乡教育差距，同时有利于逐步减少农村留守儿童数量，为最终彻底解决农村留守儿童问题创造条件；四是避免了“撒胡椒面”式的财政性教育经费分配方式，将有限的财政性教育经费用在关键点和刀刃上，最大限度地发挥财政性教育经费的使用效益；五是通过更多的农民就地转移实现市民化，可以使更多的土地进行流转，为实现农业的规模化经营创造必要条件，有利于农业现代化的推进、农业比较效益的提高、农民增收和城乡居民收入差距的缩小，有效避免农村经济的凋敝和农村的荒芜。

（五）加强乡村教师和校长队伍建设刻不容缓

2006年建立农村义务教育经费投入保障机制以来，农村中小学校舍、基础实施等得到了很大改善，办学硬件方面和城市学校的差距有所缩小。但就教育质量而言，城乡之间的差距不仅没有缩小，还有拉大的趋势。其中的原因很多，最为关键的是教师队伍素质的差距。目前，农村中小学教师队伍呈现出数量充裕、质量较低、年龄老化、结构失衡的状态。加之农村教师收入低、社会地位不高、成长空间十分有限、文化环境差、个人婚姻问题难以解决等一系列不利因素，年轻的大学毕业生，尤其是男性不愿意去乡村当教师。即便出于种种原因当了乡村教师，也会想方设法考公务员、进县城或流向经济发达地区学校。很多特岗教师，三年服务期未满就流失了，不少特岗教师做满三年后，有编制也不愿意留下来。

教师资源本身不仅是教育基本公共服务均等化的重要内容，而且在相当程度上决定着教育基本公共服务均等化的程度和水平。因此，建立一支高质量的农村中小学教师队伍是缩小城乡教育差距的决定性因素，也是促进教育公平的关键举措。如果缺乏一支数量足够、素质较高、结构合理、敬业爱岗的乡村教师队伍，我们对农村教育的经费等各种投入，往往很难收到预期效果，或者说在投入的效益上会大打折扣，基础教育课程改革、教育信息化与教育教学深度融合等各项教育教学改革也难以收到实际成效。因此，在推进新型城镇化进程中，我们一定要坚持城乡一体化发展，把加强乡村教师队伍建设和提高农村教育质量作为促进城镇化和农业现代化的有力抓手，放在突出位置，刻不容缓地予以加强。

要从根本上解决乡村教师队伍问题，需要各级政府，尤其是中央和省级政府下大决心，采取果断措施。

一是大幅度提高教师收入水平。我们国家教师的整体收入水平较低，根据国家统计局公布的数据，在 16 个行业中，教师群体的收入水平处于中等偏下。而相对偏僻落后的乡村中小学教师收入水平，甚至低于进城务工的农民工收入水平。低下的经济收入和社会地位使乡村教师职业缺乏吸引力，受过高等教育的年轻人，即便在城市打零工，也不愿意到乡村当教师。因此，要提高农村教育质量，就必须解决农村教师队伍问题；要解决农村教师队伍问题，前提条件是必须大幅度提高整个教师，尤其是农村教师的收入水平。教师队伍所受教育程度普遍较高，教师的工作事关国家的今天和未来，因此教师行业的整体收入水平至少应处于各个行业的中上水平，真正让教师岗位至少在收入水平上具有比较大的吸引力。在此基础上，鉴于乡村教师的付出与工作环境的艰苦，平均收入水平至少要比教师整体水平高 20% 左右。同时，在职称、培训等方面向乡村教师倾斜。通过这些措施，让乡村教师这个职业变得有吸引力，使优秀的年轻人下得去、留得住、干得好。

与此同时，要建立科学顺畅的乡村教师进入与退出机制。依据国家制定的各级各类学校教师基本标准和实际工作业绩，科学考核、动态管理，对师德有问题或事实已经证明不适宜当教师的，要及时果断地清理出教师队伍，并及时予以补充。在确保农村教师队伍总体稳定的前提下，使农村教师队伍也具有一定的竞争性和流动性。

二是教师队伍建设实行省级统筹。造成乡村教师队伍现状的一个重要原因是现行的行政管理体制。按照现行的“以县为主”管理体制，教师的编制在县里，教师的工资、相关福利及其他保障均由县级财政供给。由于一些县级财政财力薄弱，因此千方百计压缩财政供养人员，使得不少县有缺编教师却不进人，或虽满编但许多教师待遇方面的政策不落实，导致教师意见很大，有的甚至采取停课、集体上访、围堵政府等比较激烈的方式来争取他们合法权益的实现。因此，在新的历史时期，中小学教师队伍实行省级统筹，由省级政府统筹规划、建设和管理中小学教师队伍，由省级政府根据实际需要统一配置教师资源，国家规定的教师基本工资、绩效工资和基本保障所需经费，由省级财政直接供给，地区津贴补贴及其他福利等则根据所在地区不同情况由所在地财政供给，人员身份管理则委托所在区域教育行政部门代为管理，教师的进入与流出由省和县级教育行政管理部门负责，大体保持动态平衡。这样，就可以从根本上克服“以县为主”管理体制所带来的问题，提高城乡教师资源统筹的水平，有利于教师流动政策的实施。这对推进教育，尤其是城乡义务教育均衡发展、促进教育公平，意义重大。

三是高强度地培训乡村教师。现有的乡村教师仍然是农村中小学教师的主体，深化基础教育课程改革、现代教育信息技术在教育教学中的有效运用、实施素质教育、提高广大农村中小学教学质量等任务，都要依靠他们来完成。但就整体而言，现有农村教师队伍无论在教育理念、业务素养还是教育教学技能等方面，均难以适应基础教育改革发展新形势。因此，加强对他们业务能力的培训，促进其专业发展，是提高乡村教师素质及农村中小学教育质量的最现实、最有效、最快捷的办法，也是现阶段别无选择的办法。为此，中央财政和省级财政应在科学测算的基础上安排乡村教师培训专项资金，用三年左右的时间，对55岁以下乡村中小学教师进行集中脱产培训，培训的主要内容为国家有关教育的政策、法律法规，教育学、心理学有关知识与技能，学科专业知识与能力，现代信息技术与学科教学融合等。通过大规模高质量有针对性的培训，使乡村教师在教育观念上有所更新，在专业素质上有所提高，在教育教学方法上有所改进。从而为提高农村中小学教育质量和缩小城乡教育差距打下坚实基础。

在加强农村教师队伍建设的同时，要高度重视农村中小学校长队伍建设，通过公开选拔、城乡交流、培养培训等方式，逐步打造一支精通教育教学、善于管理、忠诚担当、甘于奉献的高素质校长队伍。要建立科学的校长培养、选拔和任用机制，做到不拘一格降人才。农村中小学校长队伍建设好，对于我们推动农村教育各项改革和提高教育质量至关重要，“十三五”期间，需要花大力气来抓这件事。

城镇化进程中的农村教育新探

周　晔

目前，城镇化是我国由农业文明向工业文明转型过程中的最突出表现。城镇化不仅意味着农村生产生活方式的变革，也意味着农村社会的全方位的变革，最重要的是人的城镇化，即人的转型。城镇化在客观上对农村教育提出了新的任务和要求，也要求我们对农村教育的传统定位[①]进行重新审视。

一、农村教育重新定位的必要性：农村教育的传统定位及批判

（一）农村教育的传统定位

农村教育的定位就是对农村教育的办学方向、培养目标等基础性和根本性问题的明确规定，是农村教育的高位"指针"，直接决定着农村教育具体的现实表征和形态，如发展模式、课程设置、教育内容和教学方式等。

查阅改革开放以来我国的政策文献，不难发现，对于农村教育，国家政策反复强调"要把农村教育的办学方向由主要为升学服务转到主要为当地经济和社会发展

① 本文的"农村教育的传统定位"指的是自改革开放以来的政府和教育学界对农村教育的定位，是一个相对的概念，即相对于当今的城镇化进程中的农村教育应有的新的定位。

服务上来”，将农村教育定位为农村发展服务，为农村经济、社会培养人才。国家政策对农村教育的定位必然要求农村教育采取有别于城镇化发展模式的乡土化发展模式；农村学校课程要按农村经济和社会发展的需要来设置，采用乡土教材；给农村学生教授适应农村经济和社会需要的实用技能，即使在基础教育阶段，也要渗透农村职业教育内容；农村学校教学要联系农村实际，师资走专兼职结合的道路，吸收当地行家里手参与教学；很多农村学校有试验田和校办工厂，学生可以边学习边劳作，学以致用。

在教育学界，关于农村教育的定位，则主要表现为附和和解释国家政策。典型的如“农村教育应该针对农村学生建立以农为本的现代农民教育体系”“农村教育应立足于农村，服务于农村经济和当地社会发展”等，甚至针对农村义务教育，有学者指出：“在农村义务教育阶段，进行不同职业技术与技能渗透供学生选择，使之学以致用，能为日后就业、从事农业打基础。”①为农村服务，为农村经济、社会培养人才，成为教育学界对农村教育定位的强势话语，占据了主流地位。

国家政策和教育学界对农村教育定位“强强联合”的态势挤压了人们对农村教育定位进行理性思考的氛围。

（二）农村教育的传统定位的当今批判

如果说农村教育的传统定位在特定的历史时期有其合理性的话，那么，在当今的社会发展背景下，其合理性、正当性需要重新考量。农村教育的传统定位，在新的社会急剧变革的历史时期，在城镇化进程中暴露出了诸多弊端，主要表现在以下几方面。

1. 不适应城镇化社会转型的需要

我国城镇化社会转型是不可逆转的历史选择，城镇化社会转型既意味着广大农村地区民众的生产生活样态的城镇化转型，也意味着大量乡村人口城镇化素养和能

---

① 李艳、李双名：《简论农村教育的培养目标》，载《学术交流》，2005（5），189页。

力的转型。当下，如果还将农村教育定位为“为当地经济服务”“为农村培养人才”，其历史局限性和短视性是显而易见的，也不符合教育优先超前发展的原则和教育效应周期长的特点。

当今中国，城镇化进程步伐加快，大量人口跨区间流动，大批农民外出务工，大量“空心村”出现，大量村落消失。何处是“当地”？哪里是农村学生将来服务的空间？为什么非得人为规定培养人的社会活动的农村教育“为农村培养人才”，而不是为城市培养人才？只有一种解释，那就是，这是教育的城乡二元割裂思维的结果。在教育的城乡二元割裂思维的主导之下，在国家方针政策层面和教育学界就自然出现了“一国两制”，即城市化教育和乡土化教育，它们各自为各自服务，各自为各自培养人才。

当然，应该明确，在城镇化进程中的中国的农村教育在一定程度上应该培养安于农村、安于农业的人才，因为我们不可能也不应该完全消灭农村，农业又是国民经济的基础，要发展现代农业，离不开现代农业人才。但是，城镇化进程中的中国农村教育又不能如此简单地定位。应该说，在“加快城镇化建设”和“建设社会主义新农村”的国家大政方针下，农村教育“为农”只是其定位之一，而非全部。“倘若硬要农村陷入自我封闭和自我循环的体系中，那么农村的崩溃和断裂是不可避免的……在全球化进程中农村日趋边缘化的困境中，我们不能苦守乡土教育而漠视农村城市化的大趋势。”①

2. 可能导致低社会地位的再生产

相对于先天性获得地位（主要指由父代遗传、家庭出身、生活环境等获得的地位），教育是后天提升人社会地位的有力途径和工具。在一个正常理性和开放自由的社会中，教育的本真使命是给人提供公平竞争、向上流动的机会及其能力，教育应该帮助处于社会弱势地位的人摆脱他出身的那个群体和环境的局限，显著地改善人的生存状态，减少“先天”的社会性的不公平。当然，这里有一个前提，就是教

① 张济洲、孙天华：《论农村教育目标定位的困境与出路》，载《天津市教科院学报》，2006（1），32页。

育首先是公平的，即公平是教育的首要价值追求，这与当今民众和社会对教育的普遍诉求相吻合。

一方面，在城乡二元割裂思维的“指导”下，我国教育政策和教育学界多年来一直笼而统之地强调农村教育“为农”，其预设的前提是“农村教育培养的人才应该留在农村，而不是流向城市”。这与教育的本真使命和价值追求，以及民众和社会对教育的诉求相左，其结果是可能导致农村受教育者低社会地位的再生产。

另一方面，当今中国，城市文化成为社会的强势主流文化，过上城市生活成为很多农民及其子女的向往和追求，过上城市生活对他们来说意味着社会地位的提升，所以，通过教育“跳出农门”“考进城里”“成为城里人”是很多农民及其子女对教育的朴素的价值追求。如果农村教育只定位为“为农村培养人才”，只追求“守土性”，而不主动涉及城市文化和生活，或者在定位上有意回避与城市教育的融通，那么，农村教育的受教育者就很难通过教育提升自己的社会地位，其结果只能是低社会地位的再生产。对此，农村教育主体中的农村学校和农民及其子女是站在“同一条战线上”的，他们的现实诉求与政策和教育学界对农村教育的定位形成了实际的“对抗”。所以，尽管政策和教育学界规定、呼吁农村教育不能有城市化的倾向，农村教育不能追求升学率，但现实中的很多农村学校和农民及其子女努力追求的却是城市化和“升学率”，即便是农村职业教育也是同样。笔者在农村的多次调研也印证了这一点，当地教育部门领导和校长、老师对于如何使农村学生在农村发家致富的话题不感兴趣，他们反反复复强调：“农民的孩子也要上大学，学校就是要想方设法保证和提高升学率，否则，学校很难被（社会）认可。”

3. 教育的本体功能和内在价值被弱视

教育，除了具有促进社会政治经济发展的工具功能和外在价值以外，还有促进人自身和谐发展的本体功能和内在价值。而这二者之间，后者无疑是第一性的，这是由教育的质的规定性（教育是培养人的社会活动）所决定的。而我国政策和教育学界以往关于农村教育的定位，显然是将农村教育仅仅看做是经济与社会发展的因变量而非自变量，可以说，农村教育的传统定位是“目中无人”的。这是由多年来政府和教育学界强调和坚持的“教育适应论”(即教育要适应经济社会发展的需要)和教育的相对独立性的实际缺失所决定的。自然地，农村教育的“工具性”与“功利性”一直被政府和学者过分强调，而其本体功能和内在价值的实现却被无情地、有意无意地置于次要地位了。这是典型的对教育功能和价值的本末倒置！当农村教育的工具性功能和外在价值得到彰显的时候，其促进个体发展的本体功能和内在价值则被弱视，甚至被遗忘了，农民及其子女自身对教育的需求与期望被所谓的“公共”意志所取代。

二、农村教育重新定位：城镇化的必然要求

城镇化是不可逆转的人类历史发展的必然趋势，当前实施城镇化是我国的国家发展战略，是我国从传统农业社会向现代工业社会发展的必然路径选择，也是最终解决我国“三农”问题和实现城乡一体化发展的关键。教育作为社会的一个子系统，农村教育又是整个国家教育的主要组成部分，农村教育在城镇化进程中不得不重新定位。

我们认为，城镇化对农村教育定位提出的要求有二：一是农村教育要优先超前于农村社会走城镇化道路，这是由教育的优先超前发展的原则所规定的；二是农村教育必须为农村城镇化、农民向城市转移和新农村建设服务，相应地，农村教育应着眼于培养全面建成小康社会的现代公民，包括培养未来的城镇居民和新型村民。

农村教育的传统定位实质是传统城乡二元割裂的关系的衍生品，是城乡二元割裂思维的产物。在城镇化进程中，我们必须破除城乡二元割裂的思维模式和定势，在城乡教育关系上，必须坚持走城乡一体化道路，缩小城乡教育差距。我国现代化建设的重要目标之一就是要打破不合理的城乡二元经济、社会结构。相应地，考虑农村教育的视野必须扩大到整个国民教育之中，对农村教育的思维必须选择城乡一体化的路径。否则，我们的制度安排只能是传统的“双轨制”的制度安排，只能加剧城乡教育的分割，进而加剧和扩大城乡社会的分割和对立，不利于社会主义和谐

社会的建设，有悖于社会公平正义的价值追求。

三、城镇化进程中的农村教育定位：理论视角

在上述讨论的基础上，我们认为，在城镇化进程中，要对农村教育重新认识和定位，可从以下理论视角进行考量。

（一）21 世纪的农村概念下的农村教育

在席卷全球的城市化浪潮中，农村向何处去，农村如何定位，是关系到人类社会可持续发展的重大问题。无疑，我们不能消灭农村，只能考虑农村的转型，而这种转型不仅是物的转型，更重要的是人的发展。农村是一个历史动态的概念，对 21 世纪的发展中国家来说，不能用几十年前的农村概念来解释当下的农村状态，需要对“农村”概念进行新的社会构建，而这种新的“农村”概念建构将为我们理解农村教育及其定位提供新的视角。

2010 年，《新兴经济体农村转型的新德里宣言》对农村概念做了如下阐释：农村不再是农业或粮食生产的同义语，农村包括许多小城镇、中等城市，农村人口也不再仅指农民。必须立即以反映国家和国际层面相互间联系的以地理位置为基础的地域概念替代反映过去需求的农业化的农村概念。农村发展不能够笼罩在城市发展的阴影下面，相反农村发展呼吁深思熟虑地投资于促进农村经济增长的农村社会和经济的基础设施。[①] 可以看出，这是一种在历史动态视角下的对农村概念的阐释，相对于传统农村而言，是扩大了的农村；这是一种在城乡一体化视野中的对农村概念的阐释，其强调农村样态的多样性、农村人口构成的多样化以及农村发展需求的多样化。与农村教育的传统概念及其定位相比，当今的农村教育及其定位应作出相应转向，至少包括：①农村教育的对象是生活在农村地区的所有人群，至少包括农

① 转引自蓝建：《21 世纪的农村概念及其有关教育问题——一种国际视野》，见《城乡教育一体化与教育制度创新会议论文集》，2011。

民子女、直接务农群体、从事非农商业活动的人群、全体服务人员（农村行政官员、规划人员和技术专家）。②农村教育的使命是满足多样化的学习需求。与多样化的农村人口构成相对应，总体来说，农村教育要满足这些基本的学习需求：幼儿的保育与教育，有质量的义务教育，对青少年和成人的第二次基础教育机会或素养教育，职业技能的发展，提高生活质量的技能、知识和信息，以及服务于农村的第三级教育等。

（二）大教育观中的农村教育

大教育观中的教育是一个开放的、多维的、综合的大系统，具有时间长、空间广、内容多等特点。农村教育是相对于城市教育的概念，其具备教育的所有要素和功能，处于特定的社会背景当中。在不同的历史时期和社会背景下，农村教育有着不同的特点和内涵，这决定了其应有不同的定位。农村教育的传统定位有过历史和社会背景的合理性，但今天看来，其在一定程度上导致了农村教育的内卷化。在城镇化的社会大背景下，我们需要更加开放的心态和视野，用大教育观来定位农村教育。

首先，大教育观视野中，城镇化进程中的农村教育超越了农村教育的传统范围与模式。传统的农村教育指的是在农村的、为了农村的教育，主要指“三教”（基础教育、职业教育和成人教育）。今天的农村教育既包含面向农村和农业的教育，也应包含在农村的，面向城镇和工业的教育；既有正规的制度化程度很高的学校教育，包括学前教育、义务教育、高中阶段教育、职业技术教育等，又有非正规的灵活的教育，包括成人教育、扫盲教育、社区教育和职业技术（技能）教育（培训）；既有为新农村建设服务的教育，也有为城镇化发展服务的教育；既有政府主导的教育供给与办学模式，又有社会的、市场化的教育供给与办学模式。每一类别和模式的教育的性质和任务都是有区别的，它们是相互补充、各美其美和美美与共的关系，而不是可以取代的关系。只不过各地应因地制宜，各类教育所占的比重不同而已。

其次，大教育观视野中，城镇化进程中的农村教育的功能和服务方向需要超越农村教育的传统定位。根据大教育观视野中的农村教育包含的类型，今天的不同类型的农村教育要发挥与城镇化相适应的不同功能，各自的服务方向要有所不同。基础教育要发挥为人的发展打好基础和提高国民素质的功能，要为中等教育和高等教育服务，这与城市教育不应有二。当前需要调整与改善传统基础教育的较为单一的结构与低层次发展模式。成人教育、扫盲教育、社区教育和职业技术（技能）教育(培训)，既要服务于农村社会，又要服务于城镇化发展需求，满足农民城镇化转移需求。当然，农村各种类型的教育既要各司其职，又要相互关照融合。今天的农村教育应该走多层次、多形式、综合化、整体化的发展道路。

最后，大教育观视野中，城镇化进程中的农村教育要与城市教育相互融通，农村教育中要纳入“城市因素”的教育内容和教学方式，为农村教育的受教育者将来的选择提供可能。关于教学方式的“城市因素”，网络和高科技提供了诸多便利，容易做到。就教育内容而言，适应城镇化发展的需要，农村各类型教育都应把“城市文明”的内容融入其中，包括价值观念、知识体系、能力技能等。因为城镇化最终是人的城镇化，是农村人口的城镇化转移，自然要求对于农村受教育者要注入“城市基因”。

（三）多元文化理论语境中的农村教育

多元文化理论的语境中的当今社会，其显著特征之一是倡导主张鼓励开放、流动、变化和多元，反对闭锁、静止、固定和单一。而作为社会要素之一的教育，是最应该具备并践行这些特质的社会活动，因为教育是引领社会发展并为社会发展提供动力和能量的事业。在多元文化理论的语境中，农村教育也应具备并践行开放性、流动性、变化性和多元性。

首先，多元文化理论语境中的农村教育，其目标和功能是开放和多样的。既要为人的发展服务，又要为社会政治、经济、文化的发展服务；既要有为农村服务的，也要有为城市服务的；既要有为升学服务的，也要有为就业服务的。即使是为就业服务的农村教育，既要有直接为当地当时的“三农”服务的，也要有为向第二、三产业转移和向城市人口转移服务的，还要有为未来的现代化农业生产生活服务的。

拿农村职业教育来说，应根据不同目标群体的需要和社会需求，确立高一级学校新生、未来“新型村民”“市民”“新型村民”的四类教育目标。[①]

其次，多元文化理论语境中的农村教育的机构——学校的类型和层次、学制以及课程设置等，也应该是开放的和多样化的。受教育是公民的一项基本权利，选择权也是公民的应有权利，对教育的选择更是公民的权利。在社会发展到一定阶段，社会要保障公民对教育的选择权，这是民主的、开放社会的应有之义，这更是教育民主、开放程度的重要指标。在城镇化的背景下，农村受教育者的需求更加灵活多样，当今的农村教育应该努力做到让人们可以根据自己的志趣和理性需要来进行选择，包括对农村学校的类型和层次、学制以及课程设置等的选择。

（四）以人为本理念下的农村教育

首先，前文已述，我国长久以来的教育方针政策和教育学界对教育的工具性功能和外在价值过于张扬，而淹没漠视了教育对促进人自身发展的本体性功能和内在价值。现代社会要求把人的发展作为社会发展的主导性尺度，以人的价值、人的需要、人的潜力的发挥作为社会发展的中心，我国也确立了“以人为本”的社会发展观。当今的教育需要回归其本体价值，需要“目中有人”。于农村教育而言，要体现以人为本，最主要的是要强调农村教育回归其本体性功能和内在价值，就是要求农村教育“一切为了人”“为了一切人”“为了人的一切”，更多地关注受教育者（农民及其子女）自身发展和价值实现，满足他们的志趣期望和理性需求。

其次，城镇化关键是人的城镇化，是以人为本的城镇化，其实质是人的价值彰显和生活改善的过程，必然要求充分尊重人，尊重人的智慧，重视人的发展。要树立正确的城镇化进程中农村教育的发展观，将农村教育发展的首要价值定位于人的发展，农村教育发展的关键在于提高人的素质与能力，而不仅仅是外在的数量和规模的增长扩张。

① 周晔：《城乡一体化视角下的农村职业教育的培养目标》，载《教育与职业》，2009（23），15页。

其实，以上理论视角具有内在的一致性，这种一致性决定了从上述理论视角看待农村教育及其定位的一致性，即城镇化进程中的当今中国的农村教育，包括各种类型和模式，每种类型和模式既要各司其职，又要相互融通关照；既要“为农”，也要“为城”；既要培养新农村建设者，也要培养城镇化的人；农村教育发展的方向是开放和多样化，为受教育者提供尽可能多的选择；农村教育发展要回归以人为本的价值追求。

城镇化进程中的县域城乡义务教育均等化问题研究

——以江西省L县为例

周黎鸿

我国正处于发展与改革的重要时期、社会转型期、矛盾凸显期、工业化与快速城镇化时期，社会稳定与和谐至关重要。然而，在城乡二元体制的长期作用下，农村义务教育发展相对滞后，农村在义务教育服务设施条件与服务能力上，与城镇存在着较大差距，目前这一差距仍在不断扩大，已成为社会稳定和谐与科学发展的重大隐患之一。因此，以加大农村义务教育投入，加快推进城乡义务教育均等化为突破口，推进城乡统筹发展与经济社会协调发展，确保快速城镇化进程中的社会稳定与包容性发展十分必要。

一、L县城乡义务教育非均等状况

（一）教育经费投入不均等

一直以来，我国的义务教育都是以政府投入为主体，而在各项投入指标中，经费投入指标是最能直接反映义务教育服务供给是否均等的绝对指标。教育经费指标包含收入指标和支出指标，收入指标表明社会整体对教育的重视程度，支出指标表明国家及地方政府对教育的重视程度。教育经费收入来源于预算内教育事业拨款、教育附加费收入、事业性收入、社会捐赠等多种途径，其中预算内教育经费是最主要来源。考虑到数据的可比性，采用生均教育经费这个相对指标能更真实地反映城乡差距。因此，笔者选取生均教育经费收入、生均预算内教育经费收入、生均教育经费支出、生均预算内教育经费支出来进行实证分析。在具体计算过程中，普通小学和普通初中分开计算。

从表 1 可以看出，L 县生均教育经费收入和生均预算内教育经费收入，城乡小学和初中都呈逐年增长趋势。2005 年以前，城乡学校均增长较平缓，城市学校总量略高于农村学校总量，但差距不大。2006 年实行农村义务教育免费政策后，城乡学校生均教育经费收入差距迅速拉大，且城乡初中差距要大于城乡小学差距。

表 1　L 县城乡义务教育生均教育经费收入

单位：元

年份	生均教育经费收入				生均预算内教育经费收入			
	农村小学	城市小学	农村初中	城市初中	农村小学	城市小学	农村初中	城市初中
2001	1251.22	1079.75	1357.50	1247.59	1320.72	415.75	873.34	762.78
2002	1392.09	1243.30	1625.12	1941.65	1084.86	746.08	1206.76	1053.55
2004	1759.09	2049.35	1754.51	2217.16	1458.21	1298.98	1319.98	1409.85
2009	4358.21	2537.17	5231.02	2481.19	3896.05	1385.05	4566.47	1315.87
2010	6775.15	3989.31	8349.20	3790.88	6299.75	2693.22	7251.29	2715.87

从表 2 可以看出，L 县生均教育经费支出和生均预算内教育经费支出，城乡小学和初中都呈逐年增长趋势，但增长较平缓；城市学校总量略高于农村学校总量，但差距不大。城乡初中生均教育经费支出差距大于城乡小学生均教育经费支出差距，但城乡初中生均预算内教育经费支出差距小于城乡小学生均预算内教育经费支出差距。

表 2　L 县城乡义务教育生均教育经费支出

单位：元

年份	生均教育经费支出				生均预算内教育经费支出			
	农村小学	城市小学	农村初中	城市初中	农村小学	城市小学	农村初中	城市初中
2001	877.49	1134.25	1023.66	1552.15	649.05	758.53	695.45	879.06
2002	1258.77	1687.45	1387.98	2176.36	938.89	1109.87	965.45	1178.85
2004	1645.70	2239.42	1675.34	2338.90	814.76	2099.84	1248.32	1474.86
2009	3520.87	3624.98	3205.76	3988.67	3850.65	2753.98	2593.47	2877.64
2010	5173.30	4350.76	5165.56	5875.43	4348.65	4298.31	4432.09	4688.91

通过以上分析，可以看出：第一，L 县普通初中和普通小学的生均教育经费支出的非均等化程度，整体上呈现逐渐缩小的趋势。这表明随着 L 县对农村义务教育投入的增加，城乡义务教育非均等化的现象得到了改善。今后，当地政府应继续加大对农村义务教育的资金投入和政策优惠力度，缩小城乡义务教育差距。第二，生均教育经费收入的非均等化差距在实行农村义务教育免费政策后逐渐扩大。虽然农村义务教育学生学杂费的免除，减少了农村义务教育的事业性收入，但随着城镇化进程的推进，越来越多的农村学生涌向城市学校就读，这部分学生除了要缴纳学杂费外，还要缴纳高昂的择校费。

（二）硬件设施投入不均等

1. 基建支出投入不均等

教育基建支出是指用于教育基础设施建设的支出，主要来源于政府财政预算内教育基建支出。考虑到数据的可比性，笔者采用生均教育基建支出和生均预算内教育基建支出指标进行实证分析。在具体计算过程中，普通小学和普通初中分开计算。

表 3 L 县城乡义务教育基建支出

单位：元

年份	生均教育基建支出				生均预算内教育基建收入			
	农村小学	城市小学	农村初中	城市初中	农村小学	城市小学	农村初中	城市初中
2001	11.45	30.23	18.32	71.68	1.82	9.32	2.99	14.54
2002	44.67	62.58	57.53	248.88	18.23	28.64	26.73	36.14
2004	22.97	96.26	36.53	99.85	10.38	53.22	28.82	35.61
2009	25.68	43.24	53.24	103.88	16.07	16.27	35.68	54.23
2010	53.47	138.87	59.88	115.39	48.53	39.68	54.88	69.67

L 县城乡义务教育基建支出总量呈现出以下几个特点：第一，无论小学还是初中，城市学校的生均基建支出要远高于农村学校，且初中间的差距比小学大。第二，生均预算内教育基建支出，城市初中一直高于农村初中，城市小学在 2006 年以前高于农村小学，此后低于农村小学。第三，生均预算内教育基建支出占生均教育基建支出的比重呈逐年上升趋势。

通过以上分析，可以看出：一是 L 县不断加大义务教育基建支出的投入量，特别是预算内基建支出的比重逐年增长。二是城乡初中教育的基建支出差距较稳定，而城乡小学则表现出较大的波动性。这表明相对而言，地方政府对农村初中教育的重视程度要高于小学。三是 2006 年实行农村义务教育免费政策后，城乡义务教育基建支出的差距缩小。

2. 教育设施投入不均等①

表 4　2001 年 L 县城乡义务教育教育设施拥有量

地区	年末校舍面积（千平方米）		年末固定资产总值（千元）	
	合计	危房	合计	房屋和建筑物
农村小学	12828	89	3779940	3276941
城市小学	8129	33	3554849	2601250
农村初中	4981	34	1784860	1412620
城市初中	6679	62	3006756	2208708

中小学硬件设施种类繁多，主要包括教学楼、学生食堂、学生宿舍、教学设备、实验器材、文体设施、图书馆、图书等。L 县城乡初中和小学在义务教育设施上存在明显差距，主要表现为以下几方面：一是教学设施数量差距大。城市中小学大多进行统一规划，按照国家标准配备各种教学设施，如实验室、实验器材、电脑、多媒体设备、文体器械等，而大部分农村中小学仅有教学楼、学生宿舍、学生食堂、简单的体育设备等基本的硬件设施。2001 年，L 县义务教育学校专用设备年末固定资产总值，城市初中是农村初中的 2.5 倍，城市小学是农村小学的 1.5 倍。二是农村图书资源欠缺。与城市学校相比，农村学校没有图书馆和阅览室，图书资源匮乏且陈旧，加上农民一般不愿意花钱购买图书，使得农村孩子能接触到的图书只有课本，知识面非常狭窄。

3. 师资力量配置不均等

L 县城乡初中学校的生师比差距不大，农村略大于城市，如表 5 所示。城乡小学的生师比差距也不大，农村略小于城市，且近年来这种趋势也越来越明显。这主要是因为受民工潮的影响，越来越多的农村义务教育阶段学生随父母转入城市学习，

① 由于统计资料的缺失，此处只收集了 2001 年教育设施投入数据，因而没有进一步分析城乡基础教育均等化的趋势。

导致农村学生数量不断减少。而城市学校由于学生数量多、校际竞争激烈，不断引进新教师。这种变化导致城乡义务教育学校生师比的差距并不是很明显。从中可以看出，改善农村义务教育的重点不在于增加教师数量，而应是调整师资队伍、改善教学条件、提高教学质量。

表 5　L 县城乡义务教育生师比

年份	初中生师比			小学生师比		
	农村	城镇	农村 / 城镇	农村	城镇	农村 / 城镇
1991	16.02	15.35	1.04	23.23	21.59	1.08
1992	15.90	15.37	1.03	23.04	21.41	1.08
1993	16.23	15.64	1.04	22.73	21.47	1.06
1994	16.77	16.17	1.04	23.29	21.66	1.08
1995	16.94	15.88	1.07	17.74	33.57	1.02
1996	16.35	16.89	0.97	21.73	23.96	0.91
1997	17.46	18.05	0.97	21.89	23.87	0.92
1998	19.25	19.31	1.00	22.08	23.13	0.95
1999	20.81	20.36	1.02	22.13	22.10	1.00
2000	20.91	20.10	1.04	21.51	21.46	1.00
2001	20.02	20.22	0.99	20.16	19.24	1.05
2002	20.19	20.11	1.00	18.87	19.58	0.96
2003	21.13	18.79	1.12	19.65	18.92	1.04
2004	19.99	18.52	1.08	18.09	18.32	0.99
2005	19.77	18.54	1.07	16.67	18.25	0.91
2006	19.60	18.19	1.08	15.80	18.24	0.87
2007	18.48	17.55	1.05	15.18	18.66	0.81
2008	16.98	16.64	1.02	15.08	18.76	0.80
2009	16.15	15.64	1.03	14.46	18.67	0.77
2010	15.33	15.33	1.00	13.64	18.10	0.75

优质教师城乡分布差距大。乡村师资在城镇化进程中不仅没有得到优化，还出现了优质师资严重流失的现象。一是经济欠发达地区的教师大量流向经济发达的城市；二是县域内农村教师大量流向城镇。随着城镇化进程加快，人口和生源向城镇集中，城镇学校对教师的需求不断加大，各地均不同程度地采取农村教师进城考试的办法，从农村学校选拔业务较精、教学水平较高的骨干教师到城镇学校任教。

教师队伍整体素质城乡差距大。农村教师队伍整体素质不高。L县中小学教师大致可分为二类：第一类为民办转正人员和20世纪七八十年代顶职补员人员。这些教师学历层次较低，虽然通过转正后进行了大规模的学历补偿教育和在职培训，但不少教师知识功底还是较欠缺，再加上年龄偏大，教学理念和教学方法跟不上时代的要求，所以教育教学的效果不尽如人意。第二类是改革开放以后师范院校的毕业生。他们整体素质参差不齐，业务水平有待提高。而城市教师队伍大多由师范类院校优秀毕业生、从农村学校选拔的骨干教师、具有职称的优秀教师组成，年龄结构多元化，整体素质较高，且激烈的竞争促使他们不断地提升自己的教学水平。

二、县域城乡义务教育均等化的美国经验

1852年，美国马萨诸塞州通过《义务就学法》，率先在美国教育史上掀开义务教育篇章。该法案规定，8～14岁儿童每年至少上课12周，违者罚款。之后，其他各州纷纷效仿，到1918年，美国当时的48个州全面实施了义务教育，实现了义务教育阶段入学机会均等。就普及义务教育时间而言，若以1852年为美国普及义务教育的开端，美国比英国（1870年）早18年，比法国（1882年）早30年；若以完成普及义务教育所用的时间看，美国用了66年（1852—1918年），而英、法等欧洲国家则用了80年左右。

第二次世界大战后，美国将义务教育改革的重点转移到促进义务教育均衡发展上。当时，农村学校发展面临规模小、交通不便和校舍落后等困难，经费利用效率低、办学成本高等问题比较突出；农村教师待遇差、流动性大，1954年农村教师的

人均工资只相当于城市教师人均工资的 75%；农村学校获得的教育资源明显少于城市学校。[1] 农村地区公立学校教育质量问题尤为突出。农村社区学生的学业成绩普遍不高，大学升学率为 37.4%，明显低于城市的 42.8%，[2] 且多为社区学院和一般大学。究其原因，美国农村地区地域广袤、偏僻，人口稀少，少数民族聚集；传统产业比重大、高新技术产业比重低，增长速度缓慢；社会和政府关注缺位，投入不足；经济总量和利润率较低，工作岗位和就业机会偏少，经济收入水平相对较低，对教育的经济支持力度较弱，成为导致美国农村地区教育质量长期偏低的症结所在。第二次世界大战后，美国政府一直致力于改善这一状况，尤其在义务教育财政体制方面进行了有益探索。

从美国农村义务教育财政体制的演变过程看，19 世纪 80 年代以前，美国农村教育的主要管理责任在地方学区。第二次世界大战之后，美国农村以学区投资为主的义务教育财政体制发生了很大变化，其趋势是联邦政府和州政府加大了对地方学区财政拨款的力度。1979 年以后，这一趋势进一步发展，州政府对学区义务教育的财政支持开始超过地方征收的财产税，成为农村义务教育最大财源。美国目前农村义务教育财政体制是经过近 20 年的进一步调整之后形成的。农村义务教育经费由联邦政府、州政府和地方共同分担，而且随着上级政府对地方教育的干预越来越多，州政府逐渐成为第一投入主体。由此可见，当下美国农村义务教育财政体制属于相对集中的模式。

除各级政府的直接投入外，美国各州政府还通过财政转移支付制度促进教育资源在学区间均等分配，以达到教育资源公平配置和教育均等化发展。

此外，在均等化过程中，美国虽然没有专门针对农村地区义务教育的法律保障，但在联邦和州的法律中，都有专门条款保障经济相对贫困的农村地区的义务教育获得相对于全国的均等发展。第二次世界大战之后，为适应经济、政治、社会和文化

① Harlod E.Mitzel. *Encyclopedia of Educational Research*. New York: The Macmillan Publishing Co., Inc., 1982, 1629.

② 傅松涛、杨彬：《美国农村社区义务教育现状与改革方略》，载《比较教育研究》，2004（9）。

教育等快速稳定发展的需要，联邦制定了许多法律以推动义务教育的发展，主要有1958年的《国防教育法》，1964年的《民权法》，1965年的《中小学教育法》和《初等和中等教育法》等。2000年12月，克林顿政府签署通过了“农村教育成就项目”(REAP)，2002年1月，布什总统对REAP进行了重新授权，力图通过专项拨款实现其对农村学区教育发展的影响和教育政策的引导，为农村社区教育机会均等提供更强有力的资金支持和法律保障。REAP是美国历史上第一个专门针对农村教育实施的拨款法案，为消除城乡义务教育发展的不均等起到了重要作用。①

从美国城乡义务教育均等化实践，可以得出以下结论：首先，经济发展，工业化、城市化的不断推进以及财力的充裕为均等化的实现提供了充足的物质保障；其次，各级政府的权责明确，多级政府共同分担，并以州政府为主；最后，健全完善的法律保障机制为均等化的实现提供了充足的制度保障。此外，根据对美国均等化的实现过程分析，其供给机制也突出体现出了供给事权的逐步上移，最初由地方承担，后来逐步上移至州政府，并形成目前以州政府为主的模式。

三、县域城乡义务教育均等化的对策建议

如前所述，美国是世界上实现城乡义务均等化最早的国家之一，有些经验值得借鉴。基于此，把L县城乡义务教育非均等状况和美国经验相结合，实现县域城乡义务教育均等化，可以采取以下几项措施。

（一）实施义务教育“教育券”制度

教育券，是指国家为保障法定的义务教育阶段内的每一名适龄儿童享受最基本的受教育权利，给予每名应受教育者获得教育经费的凭证。这一“凭证”可以全国通用，学生可以用教育券支付学校的基本费用，学校用教育券到国家教育管理部门

① 傅松涛、赵建玲：《美国城乡教育机会均等与“农村教育成就项目”》，载《外国教育研究》，2006（3）。

兑换经费。这样就可以保证教育经费公平地分配到每个学生，并可随受教育者一起流动，使学生在择校或转校时，其受教育的权利和待遇不受影响。针对L县现实中义务教育发展不均衡状况，在推行教育券制度时要分地区，实现其公平、效率原则。在经济情况较好的地区，义务教育经费较充足，主要是利用教育券来提高办学效率，兼顾公平；而在经济欠发达地区，义务教育经费不足，则应着重利用教育券促进教育公平的广泛实现，然后才是办学效率的提高。现阶段，L县可将对农村地区的“两免一补”资金和可以量化的其他教育投入，以“助学凭证”的方式直接发放到农村地区每个学生手中。同时，根据学生状况不同发给不同面值的教育券，其标准应充分考虑该生就学地区经济发展水平与生活水平。继续增加农村义务教育的财政投入，完善政府间财政转移支付制度和相关税收政策，创新政府提供方式，并加强教育经费的财务管理，建立信息披露制度和绩效考评制度。

（二）实行以省为主、中央为辅的义务教育投入机制

在当前以县为主的义务教育投入体制下，受经济发展水平的限制，农村与城市的义务教育经费投入呈现出较大的差距。若将供给责任上移，实行以省为主、中央补贴为辅的义务教育投入机制，并根据客观情况合理制定各类中小学的补助标准，确保农村义务教育经费足额及时到位，不仅能有效缩小城乡差距，而且有利于省政府统筹义务教育的发展，有效解决本省内农民工子女义务教育问题。最好是由国家制定义务教育生均财政拨款最低标准，对达不到标准的县乡，由中央和省级财政自上而下地通过建立规范化的转移支付或专项补助制度给予财政支持，以此强化中央和省级政府对全国义务教育的宏观调控。

（三）加强城市学校与农村学校的合作

可以通过经济情况较好地区帮扶经济欠发达地区，统筹安排两地的农村教育建设，使得两地教育资源优化配置，实现更大区域内义务教育的均等化。让城市中小学与农村中小学结成对子，开展对口支援；经济较发达地区办学水平较高的城镇中

小学与经济欠发达地区的农村中小学建立长期稳定的帮扶共建关系；各乡镇统筹开展本区域内的城乡中小学对口支援工作。通过这三个层面的帮扶政策，实现城乡学校之间的设施共享、资金扶持，将城市优质学校的资源优势辐射到农村教育薄弱的学校，以城市学校带动农村学校的发展。

（四）完善义务教育师资校际交流制度

实施县域内义务教育学校教师校际交流，是促进师资均衡配置、推进义务教育均衡发展的重要举措。重点是完善义务教育学校教师“以县为主”管理体制，将县域内教师人事关系收归县管，统一县域内义务教育学校教师工资待遇制度、编制标准、岗位结构比例、招考聘用、考核办法、退休教师管理和服务，逐步缩小县域内城乡之间、校际之间师资配置差距。

（五）加强农村教师队伍管理

加强农村教师队伍管理，提高农村教师整体素质，是缩小城乡义务教育差距最直接最有力的保证。可以从以下几方面采取措施：一是大力保障与提高农村教师待遇。首先，确保《义务教育法》有关教师工资水平不低于同一地区公务员工资水平的规定得到严格执行。其次，由中央财政通过转移支付建立专项资金或由省级财政承担农村教师收入待遇方式，保障与提高农村教师待遇，实现城乡教师收入待遇的统一发放，以在更大程度上促进农村教师队伍的稳定。二是设立农村教师奖励基金，对长期在农村从教、表现优秀的教师予以奖励，可由中央和省级政府投入专项经费，设立农村教师岗位补贴制度，同时对在农村中小学工作达到一定年限的教师，采取奖励工资、额外晋级等方式给予鼓励。三是进一步落实农村教师医疗保险和住房公积金等社会保障机制，按时足额缴纳农村教师各种社保基金，切实保障教师合法权益。四是加强农村教师培训。积极组织农村教师参加各种教学研讨会、交流会、培训会、教学考察等，为农村教师提供吸收新知识、创新教学方法、提高自身教学水平的机会。

城镇化进程中农村基础教育研究：困境与出路

李赐平　樊燕飞

城镇化（urbanization）是指一个国家或地区随着其生产力发展、科技进步、产业结构调整，社会类型从以农业为主的传统乡村型社会逐渐转变为以工业和服务业等为主的现代城市型社会的历史过程。① 1978—2013年，我国城镇常住人口从1.7亿人增加到7.3亿人，城镇化率提升了35.8%。② 目前我国正处于快速推进城镇化时期，城镇化推进对农村基础教育各方面的发展都产生了较大的影响。由于政策缺失和观念偏差等因素，我国农村基础教育在城镇化进程中受到不小的冲击并面临着一系列的问题。

一、城镇化进程中农村基础教育面临的困境与问题

教育在城镇化进程中是促进农村发展的重大因素，它承担着促进农村城镇化进程的责任和义务，同时也受到城镇化的影响。城镇化进程不断加快的步伐中，我国农村基础教育面临着艰难的生存困境。

① 江美球：《城市学》，北京，科学普及出版社，1988。
②《国家新型城镇化规划（2014-2020年）》，2014。

（一）农村基础教育功利化倾向十分突出

在城镇化进程中，农村中小学布局调整以“撤点并校”为基本方式，大量的农村中小学被撤销，城镇周围的农村大都数学生进入城镇学校上学，这使得农村地区失去了乡村学校的文化滋养，农村基础教育显示了效率优先的功利色彩。同时，很多农村学校学生把考学升学当作离开农村进入城市的唯一路径，家长和教师把学生的学习成绩和升学率当作最重要的追求。农村基础教育功利性倾向突出，主要表现在教育目标、教育行为和教育途径上。本应关注人身心的全面发展的基础教育，过于偏重智育，导致学生的片面发展。在教育行为上，违背教育的基本规律，偏重考试结果，忽视学习过程。分数成了学生和老师共同的最重要的追求。在教育途径方面，课堂教学独大，丰富多彩的社会实践活动游离于学校教育之外。由于农村学校现行的基础教育课程、教育内容、教育方式都为“考高分、升好学”服务，离开了社会实践活动，学生所学的知识难以转化为能力和信仰，学生的社会性难以生成，学生的和谐发展更无从实现。这种脱离社会、脱离生活，为考试与升学服务的教育方式导致学生分数高、素质低，发展片面，既未成才，更未成人，功利化倾向十分突出。

（二）农村基础教育师资问题突出，教育质量显著下降

教育者是教育过程中的重要因素之一，教育者的素质在很大程度上决定着教育质量的高低。农村学校工作条件艰苦、工资待遇低，留在农村学校任教的教师年龄偏大、职称学历偏低。师资年龄结构严重不合理、整体素质偏低、教学水平不高。农村教师又严重缺乏外出进修提高素质的机会，缺乏具体有效的专业引领和指导。农村中小学布局调整中较为片面的大规模“撤点并校”，不仅裁撤了大量的乡村学校，而且引发了农村优秀师资的更快流失。留在农村任教的教师往往因为多方面的原因而士气低落，工作积极性不高，缺乏优质生源也导致教师在教育过程中难以找

到成就感，教育质量不断下滑。[①]

（三）流动儿童与留守儿童的教育问题日益严重

在不断加快的城镇化进程中，越来越多的农村劳动力向城镇转移，流动儿童和留守儿童的教育成为严重问题。留守儿童和流动儿童都正处于受教育的关键期，家庭教育的缺失、受教育环境的不稳定导致他们在学习、生活、品行和心理等方面都面临着诸多的问题。由于我国改革城乡隔离的各种制度和政策尚未根本改变，流动儿童在父母流入地上学还存在诸多问题。由于义务教育经费主要是由地方政府承担，没有本地户口的流动儿童很难享受由流入地政府承担的教育经费。同时，他们因为不在户口所在地上学，又无法享受户口所在地政府提供的教育经费与补助。由此，流动儿童不能与城市同龄儿童享有同等的教育机会，甚至被排除在城市和农村正式的教育体系之外，成为被边缘化的一个庞大群体。流动儿童随父母工作流动经常转学，受各地城市教育的教学制度、课程设置及升学制度的制约，部分流动儿童难以适应城市教育，跟不上本地的学习进度，学习成绩受到很大程度的影响。因此，流动儿童中学习不刻苦、上进心不强，学习自觉性和主动性较差、自信心不足，厌学、逃学、辍学等现象非常普遍。

由于政策法规滞后于社会变迁，城乡二元结构使得农民工子女无法在父母所在地正常上学升学，因此很大一部分农民工不得不把孩子留在农村生活学习。长时间与父母分离，留守儿童的学习和生活状况堪忧。[②] 父母外出务工多把孩子托付给祖父母或其他亲戚监护，这种隔代监护或是临时监护对孩子的生活、学习都有很多不利因素，“重养不重教”的现象时有发生。这些监护人一般文化程度低，无法给予孩子学习上的辅导与帮助，孩子逃学、旷课等现象时常发生，也常常忽略了对孩子行为品行上的教导。同时他们也很少关注孩子的心理健康问题，长时期与父母分离的

① 陆相欣：《我国城镇化进程中农村教育问题研究》，载《长春教育学院学报》，2015（1）。
② 范先佐：《义务教育均衡发展与农村教学点的建设》，载《教育研究》，2011（9）。

孩子在心理上容易产生各种问题，如不被监护人关注和正确引导，久而久之容易产生心理疾病。种种因素使得留守儿童的健康成长受到严重的影响。

二、城镇化进程中缓解农村基础教育发展困境的策略

农村基础教育是促进农村城镇化的重要途径和手段，但是在当前的城镇化背景下，农村基础教育面临着艰难的困境和各种问题。如果这些问题不能及时解决，不仅会成为农村基础教育发展和改革的“绊脚石”，而且还会影响城镇化的进程。因此，解决城镇化进程中农村基础教育发展的问题刻不容缓。

（一）转变观念，化农村基础教育“功利性”为“育人性”

基础教育是提高全民族素质的奠基工程，它强调基本素质的培养，而不是专业的培养，更不是当前许多教师和家长期盼的“高分学子”的培养。基础教育的性质决定了其任务是为受教育者打下坚实的体质、思想、知识、能力基础。基础教育不只是为了考高分进入一个更好的学校，更重要的是为了培养学生的生存和全面发展的能力。对于我国这样一个发展中国家，农村的基础教育是农业文明向工业文明过渡，使农村人民获得知识、技能与现代公民意识的普及教育；是促进农村从根本上摆脱贫困、走上可持续发展道路的教育。[①]因此，农村基础教育的宗旨不在于升学率，而在于培养学生最基本的素质和进一步发展的潜力。因此，农村基础教育必须回归教育本质，把培养人的基本素质作为教育的根本任务，从“功利性”走向“育人性”，把育人功能置于首位。思想观念是行动的先导，想让农村基础教育发挥其应有的作用，淡化农村基础教育的功利性和升学主义倾向，必须首先转变学生家长和老师的观念，让他们从思想上充分认识基础教育的本质和目的，挖掘基础教育的育人性。对于家长而言，除了思想观念的转变，不能抱着孩子的学习成绩与分数唯

① 虞小强：《城镇化进程中农村教育的困境与选择》，载《现代教育管理》，2011（6）。

上的态度，还要注重孩子各方面能力的发展。对于学校和教师而言，要努力践行素质教育的思想，用全面的教育培养代替片面的知识灌输，努力打造一个健康积极的育人环境。

（二）加强农村教师队伍建设，提升农村基础教育质量

“教育大计，教师为本。必须提高教师地位，维护教师权益，改善教师待遇，使教师成为受人尊重的职业。严格把守教师资质，提升教师素质，努力打造一支业务精湛、师德高尚、结构合理、充满活力的专业化教师队伍。”[①] 强大的师资力量是保证教育教学质量的重要前提，改善农村教师问题是提高农村基础教育质量的重点措施。第一，逐步加强农村教师培训，提升农村教师的整体质量与素质。坚持把提高教师整体质量与素质摆在重要位置，从提高管理水平和制度出发，建立完整的农村基础教育教师继续学习考核制度，制定考核成绩的奖惩办法，促进农村教师的自主教育学习。完善有效的城乡教师交流帮扶机制，让乡村教师在交流中学习经验，在帮扶中提高教学质量。安排农村中小学骨干教师定期到城区学校学习先进的教学方式、接受先进教学思想理念，让他们尽快地成为优秀教师；同时安排城区优秀的教师到农村学校指导教学，帮助和带动农村骨干教师快速成长。第二，对教师人事制度进行改革，优化农村师资结构。合理安排区域内各个学校老师的配置，使各学校教师的年龄结构、学科结构等都趋于合理化。对于年龄较大且体力、精力、能力都不再适应当前教育教学的老教师，可以采用内退、提前退休等方式腾出岗位，鼓励更多优秀的年轻大学生到农村学校任教，为农村基础教师队伍注入新鲜血液。第三，完善农村教师特殊津贴制度，着实提高农村基础教师的薪资和待遇。针对农村特殊情况，建立完善的农村教师特殊津贴制度，让农村中小学教师的薪资福利待遇略高于同区域的城市教师的平均水平，稳定农村教师队伍，激励和吸引优秀人才积极到农村从教。通过各种措施建立一支稳定的、高质量的农村教师队伍，切实提高

---

①《国家中长期教育改革和发展规划纲要（2010—2020 年）》，http://www.moe.gov.cn/。

农村基础教育质量。

（三）明确政府职责，加大农村基础教育投入，解决流动儿童与留守儿童的教育问题

在城镇化进程加速的背景下，流动儿童与留守儿童的教育问题越显突出，政府应该发挥积极作用，加大解决此类问题的步伐。流动儿童教育问题的根源存在于我国城乡分割的“二元体制”中，由于户籍制度的限制，流动儿童教育经费承担主体不明，导致他们不能充分地享受应有的教育权利和教育资源。为此，各级政府要明确职责，建立有效的政府责任分担机制。首先，流入地政府必须要改善流动儿童的就学条件，降低公立学校的入学门槛。同时，要进一步落实“以流入地政府部门管理为主，以全日制公办中小学为主”的“两为主”的流动儿童教育政策，降低收费标准，减少收费项目，降低流动儿童受教育的成本。其次，在“两为主”政策主导下，要办好农民工子弟学校，以此为辅解决流动儿童的受教育问题。因此，要加大对农民工子弟学校的扶持力度，改变这些学校师资水平较差、教学质量不高、教学设施和条件相对简陋的状况。最后，最为根本的是要改革户籍制度，打破城乡分割的“二元体制”，消除流动儿童受教育的户籍制度障碍，改善流动儿童在城市公立学校中的不平等待遇状况，保证流动儿童的教育权利。

同时，政府也必须采取有效措施解决留守儿童的教育质量问题。我国现行的“以县为主、分级管理”的基础教育管理体制让农村基础教育发展受到一定的阻碍。由于我国社会经济发展区域差距较大，“以县为主”的农村基础教育体制对于许多贫困县来说仍然难以承担促进义务教育发展的重担。因此，中央以及省级政府都需要加大对贫困县县级政府教育经费的扶持力度。这是解决留守儿童教育问题首要保障和前提。农村学校要为留守儿童提供适应他们的教育，在为儿童发展提供良好的知识教育的同时，还要多多关注他们的心理健康发展，加强心理健康教育，尽量减少留守儿童的心理问题。与此同时，学校还应该重视留守儿童的课外生活，开展丰富多彩的体育、文娱和社会实践活动。另外，学校应特别注意留守儿童的安全问题，

建立完善的安全管理制度，保障留守儿童的安全。总之，政府和学校以及社会应该合力配合，为农村留守儿童提供良好的成长环境和优质的教育环境。

城镇化是人类社会具有现代城市特征之演化的历史过程，是人类社会不断进步的历程，其脚步必然会愈来愈快。农村基础教育在这一历程中有重要的地位，解决好农村基础教育在城镇化进程中的问题对加快城镇化脚步具有重要意义。但要想真正解决农村基础教育中的问题绝不是一朝一夕之事，这是一个复杂漫长的过程，需要全社会共同关注、共同努力。

参考文献：

[1] 江美球．城市学．北京：科学普及出版社，1988.

[2] 国家新型城镇化规划（2014—2020 年），2014.

[3] 陆相欣．我国城镇化进程中农村教育问题研究．长春教育学院学报，2015（1）.

[4] 范先佐．义务教育均衡发展与农村教学点的建设．教育研究，2011（9）.

[5] 虞小强．城镇化进程中农村教育的困境与选择．现代教育管理，2011（6）.

[6] 国家中长期教育改革和发展规划纲要 (2010—2020 年).http://www.moe.gov.cn/.

[7] 郝文武．论城镇化进程中的农村学校布局问题．教育研究，2011（3）.

[8] 辜胜阻．城镇化进程中农村留守儿童问题及对策．教育研究，2011（9）.

[9] 文海漓．城镇化进程中农村教育问题研究．桂林：广西师范大学，2014.

国际大都市推进基础教育均衡发展的经验与启示
——以纽约、伦敦、悉尼、德里为例

白　华

当解决了适龄儿童“能不能上学”之后，大家更为密切关注“能否上好学”的问题，涉及教育公平与效率之间的抉择，基础教育的均衡发展成为目前公众关注的焦点。我国基础教育在近十多年来的发展历程中取得了巨大成就，解决了学生的公平入学问题，促进了学校的基础设施建设，保障了学生的基本受教育权利。比如，国家推行的义务教育免费政策，对学生实行“两免一补”，将乡村学校合并到乡镇中心校，有力地推动了城乡教育的一体化发展，以优势资源对农村地区的教育进行了补偿。据教育部2015年的统计数据显示，小学学龄儿童净入学率达到99.88%，初中阶段毛入学率为104%，九年义务教育巩固率达到93.0%。[①] 在取得成就的同时，基础教育出现了新的问题，随着城市化进程的加快，人口大量由农村地区迁移到城市，城市区域内的教育资源出现了紧缺与分配不均等问题。尤其是北京、上海等一线大城市，频繁出现名校资源紧缺、流动人口子女入学难、学区房价格暴涨等问题，

① 中华人民共和国教育部：《2015年教育事业统计年报》，2016-09-30，http://www.moe.gov.cn/srcsite/A03/s180/moe_633/201607/t20160706_270976.html。

使得城市区域内的基础教育出现非均衡发展态势。

纵观西方国家大都市的发展历程，在一段时期内也经历了人口大量迁移，尤其是国际移民普遍增多，造成学校教育资源紧张，优质教育资源短缺，基础教育在城中心与郊区之间、学校之间分布不均衡等问题。这些大都市长期致力于解决基础教育非均衡问题，出台了各种改革与发展政策，政府从国家层面进行指导，城市当局从区域层面推动教育的均衡发展，取得了很多成功的经验。比如，纽约市实施特许学校与赋权学校政策，伦敦市采取学校改进项目，悉尼市推动重点区域的学校发展计划。

本研究选择大都市的视角，从城市区域的角度探讨基础教育的均衡发展问题，不仅包括发达国家的城市——纽约、伦敦与悉尼，还选取同为发展中国家的印度城市——德里。对这些国际化大都市的发展经验进行归纳与总结，结合北京、上海等一线大城市的实际情形，为促进我国城市区域的基础教育均衡发展提供一些启示与建议。

一、大都市基础教育发展所面临的问题

国际化大都市在经济、社会、教育发展上均优于其他中小城市与地区，但是伴随着城市化进程的加剧以及大量人口的迁移与流动，也呈现一系列“城市病”的特征。比如，各区域之间发展不均衡，存在着大量弱势群体，贫富分化比较严重，教育资源分布不均等。尤其是在基础教育领域，城中心与郊区教育之间存在着巨大差异，学校教育质量参差不齐，流动人口受教育权利难以得到有效保障，对于弱势群体以及弱势学校的补偿问题，等等。

（一）城市人口规模急速膨胀，学校教育资源紧缺

从大都市的发展历程来看，都经历了人口不断增长、不断集聚的过程，在不同的阶段有着不同的人口增长特点。纽约、伦敦、悉尼目前正经历郊区化与逆城市化

阶段，一方面是大量人口从城市中心往外迁出，另一方面国际人口大量迁入，人口的变化趋势比较大。德里则处于城市化的发展进程，大量人口从农村迁往城市，人口出现极速增长趋势。2010 年的统计数据显示，纽约市总人口达到 824 万，白人占 44%，黑人占 25.5%，亚裔人占 12.7%，其余族裔人种比例均小于 1%。① 伦敦市在近年的发展中，人口又呈现出正增长态势，并于 2011 年重回 800 万大关，达到 817 万人，占到全国总人口的 12.93%。② 目前，来自国际移民的压力较大，主要来自亚非等发展中国家，由各种少数族裔构成的人口比重将会超过 40%。③ 悉尼市的人口在 2011 年达到 467 万，位于内悉尼地区的人口密度偏大，人口的构成比较多元化，出生于海外的占到 30% 以上。④ 德里市的人口出现急剧增加，从 1961 年的 266 万增长至 2011 年的 1675 万，⑤ 人口规模的增长给基础教育带来巨大的压力，如何将城市规划与教育发展整合起来，提供必备的教育资源，保障流动人口的受教育权利成为急需解决的难题。

（二）城市区域发展不均衡，核心城区与郊区教育存在差异

城市发展与人口迁移相伴随，人口的迁移影响到教育的规模，而城市区域发展则影响到教育的均衡状况。纽约、伦敦、悉尼是从市中心往郊区发展，而德里是急剧的城市化进程，不管是何种路径，对教育影响较大的是区域发展因素。纽约的城市中心成为贫民窟和移民聚居区，主要提供公立教育，其教育质量状况较差，而大量优质的私立学校位于郊区，在城市的边缘地带，主要为白人以及富人聚居地区。

---

① The Official Website of the City of New York. 2015-06-10. http://www1.nyc.gov/nyc-resources/categories.page.

② 毛新雅、彭希哲:《伦敦都市区与城市群人口城市化的空间路径及其启示》,载《北京社会科学》,2013(4), 140 ~ 146 页。

③ National Health Service Central Register. International Passenger Survey, Office for National Statistics. 2014-12-10. http://www.gov.scot/Publications/2014/12/5990/downloads.

④ City of Sydney. People and History. 2016-10-05. http://www.cityof sydney.nsw.gov.au/learn/sydneys-history/people-and-places.

⑤ P.S.N.Rao 著，纪雁、沙永杰编译:《印度德里城市规划与发展》，载《亚洲城市》，2014（2），78 ~ 85 页。

从近年的成绩统计数据来看，皇后区学校的学生成绩明显高于其他地区，而布隆克斯区与布鲁克林区的学生成绩较差，呈现出区域之间的差异。[①] 从伦敦的经验来看，伦敦内城区的学校教育质量较差，呈现出落后的态势，包括陶尔哈姆莱茨区、哈克尼区等，成为最贫困、教育质量最差的地区；而外伦敦的教育水平较高，大量人口迁往郊区，刺激了学校教育的规模效应。悉尼的教育状况也呈现出区域之间的差异，位于城市中心的公立学校，所提供的教育质量日益变差，学校的规模在逐渐缩减，而郊区得到了很大的发展，学校教育资源从城市流向郊区，私立教育得到了快速增长。德里包含新德里和旧德里两大区域，新德里的发展与规划较好，建立了大量示范学校，教育质量比较高，而位于旧德里的学校较差，所提供的教育质量比较低劣，需要经费资助与有效改进。

（三）薄弱学校大量存在，弱势学生群体的教育权益难以保障

除了区域呈现差异外，基础教育在学校之间与族群之间产生不均衡。校际的差异主要表现在优质学校与薄弱学校之间，薄弱学校的教学设施、师资配备等存在严重不足，所提供的教育质量比较差，难以有效保障学生群体的受教育权益。此外，学生族群之间的差异是伴随城市发展而出现的，受到人口迁移与流动、经济发展以及收入水平的影响，来自少数族裔以及流动人口的学生群体，只能接受较差的公立教育。纽约市布隆克斯区与布鲁克林区的公立学校，只能雇佣到没有纽约州正式教师执照的、没有经验的新教师，大多招收的是非洲裔、拉丁裔学生。相对于私立学校和白人学生群体，呈现出巨大的发展差距。伦敦的内城区为公立教育，学校较为破旧，大多数学校处于狭窄的区域，缺少足够的基础设施。内伦敦有 2/3 的学生是少数族裔群体，近半数学生的母语不是英语，而且还有更多的国际移民将来到城市，给基础教育带来更大的压力与挑战。位于悉尼市中心的公立学校，由于人口的增加，

① Jennifer, A., Catherine, S., Bitter, L.M. *Education Reform in New York City: Ambitious Change in the Nation's Most Complex School System*. Cambridge: Harvard Education Press, 2011: 38-39 .

政府投入力度不够，办学条件得不到有效的改善，教学设施呈现出老化趋势，师资力量相对比较薄弱。更多的学生希望到郊区的精英学校接受教育，这些学校属于私立性质，经费比较充足，吸引了很多优秀师资，两类教育之间呈现出很大的差异。德里的城市中心发展较好，尤其是新德里区域的城市规划与学校教育更佳，建立了少数精英学校和其他为中上等阶级服务的学校，学校教育质量普遍很高；而位于贫民区的学校教育质量很差，硬件设施缺乏，接收了大量流动人口的子女入学，学生的学习成绩明显低于精英学校。

二、教育均衡理论与解决思路

由教育公平到教育均衡理念的转换，表示对于基础教育发展观念的转变，即从绝对的平等理念到承认差异化的存在，这种转变具有比较牢固的理论根基。西方理论界对公平与均衡进行了长时间的深入探讨，最为著名的是詹姆斯·科尔曼（James Coleman）与约翰·罗尔斯（John Rawls）。科尔曼论述了教育机会均等，包括进入教育系统的机会均等、教育过程机会的均等、教育结果机会的均等，以及教育对生活前景影响的机会均等。[①]这些层面涉及教育的过程以及结果维度，科尔曼还谈到学校的作用不仅是为学生提供平等的教育资源，还在于挖掘学生的发展潜能，排除外在不利因素的影响。而罗尔斯基于“无知之幕”提出了正义原则，即任何不平等的安排都必须适合于“最少受惠者”的最大利益的原则，为更平等合理地分配教育资源提供了现实的指导意义，[②]包括具体的“平等原则”“差别原则”以及“机会的公正平等原则”，对教育的均衡发展产生了重要的影响。根据正义原则，最终让学生拥有接受基础教育的平等机会，同样能享受到高质量的教育，同时对一些处境

①［美］詹姆斯·科尔曼著，何瑾译：《教育机会均等的观念》，180页，上海，华东师范大学出版社，1989。

②［美］约翰·罗尔斯著，何怀宏、何包钢、廖申白译：《正义论》，12页，北京，中国社会科学出版社，2011。

不利群体的学生提供补偿，弥补由现实中不利条件所造成的教育不公平现象。

基于上述公平与均衡理念的探讨可知，均衡发展是对事物状态的描述，体现的是一种相对稳定、相对静止的状态，体现了人类对公平与平等的追求。所谓均衡是指系统内各部分各要素之间具有稳定、协调、有序的关系，比例关系适度，整体配合和组织呈匀称状态。[①] 教育领域对均衡理念的追求，旨在解决教育资源的稀缺性与巨大需求之间的矛盾关系，用更加公平、平等原则来分配教育资源。将社会的总资源分配到教育领域，核心是教育资源在不同地区、不同类别学校之间的合理分布。大都市推动基础教育均衡发展的思路在于，对教育资源进行合理公平的分配，缩小学校教育在区域之间、学校之间以及族群之间的发展差异。同时，利用政府政策支持，将有利的资源转化为扶助弱势的前提，通过资源方面的倾斜，对落后区域、薄弱学校以及弱势群体进行补偿，从而实现一定程度的均衡发展态势。推动城市区域基础教育的均衡发展，重点是政策与资源的倾斜与扶持，通过受教育机会的选择，保障弱势学生群体必要的受教育权利。

（一）调整不同区域、学区之间的关系

大都市的基础教育主要面临区域之间发展不均衡的问题，纽约、伦敦、悉尼的城市中心存在着大量教育质量低、学校环境较差的公立学校，郊区拥有很多优质、富裕的私立学校，而德里的学校也呈现出新旧城区之间的差异，而且城区内存在着大量贫民区，所提供的学校教育质量较差，难以满足学生的受教育需求。这些大都市在解决区域差异方面，主要以重点区域优先发展为主，提供政策支持与资源扶助，推动薄弱区域的发展。

---

① 刘志军、王振存：《走向高位均衡：基础教育改革与发展的必然要求》，载《教育研究》，2012（3），35～40页。

（二）缩小优质学校与薄弱学校的差距

大都市的校际发展不均衡也是由区域发展不均衡所带来，包括地域差异、经济因素、师资状况以及学生群体，使得优质学校与薄弱学校之间的差异越来越大。纽约、伦敦、悉尼的私立教育是优质学校的代表，而公立教育是薄弱学校的代名词。德里的公立教育也较差，具有私立性质的示范学校质量相对较好。这些大都市在处理学校之间的差异上，主要是推进薄弱学校改进项目，通过优势资源的共享与扶助，增大资源投入与经费补贴，在硬件与师资上进行完善等。

（三）平衡常住人口与流动人口的矛盾

大都市常住人口与流动人口的矛盾，也突出反映在社会主流群体与少数族裔群体之间的关系中。随着国际移民的增多，纽约、伦敦、悉尼的移民群体与少数族裔聚居在市区，德里的流动人口则处于贫民区以及城乡结合部。这些弱势群体接受不到平等的受教育机会，与主流群体之间的区隔造成了教育上的隔离，享受不到更优质的教育资源。这些大都市在解决该问题上，主要采用弱势补偿的措施，为学生提供一定的择校机会，改善弱势群体居住地的学校教育质量，为其提供受教育上的弥补。

三、大都市促进基础教育均衡发展的策略与措施

在均衡发展理念的引导下，大都市根据自身的特点，针对发展中存在的问题，纷纷采取一系列改善措施与建议，以促进基础教育的均衡发展。在这些措施中，主要解决市政府在推进教育发展上的权力问题，干预不同区域之间教育发展的优先顺序，对薄弱区域和薄弱学校进行改善，从而保障流动人口的受教育权利。

（一）加强市政府的管辖权力，干预基础教育的发展进程

大都市在推进基础教育的均衡发展上，各级政府所承担的责任至关重要，而要

落实这份责任需要相应的权力。市政府以及各区政府发挥应有的作用，从权力保障到资源配置，解决不同区域、学校层次之间的差异，维持教育的均衡发展态势。市政府在其中加强了管辖教育发展的权力，包括政策扶持、经费资助、协调学校之间的关系。组约市通过重建组织结构以改善公共资源使用效率，从 2003 年开始整合原有的行政管理机构，新成立纽约市教育局，组成专门小组，直接对市长负责。同时，增强市长对教育决策的控制权，市长还拥有对于公立学校系统的控制权，监管超过 1300 所公立学校。① 教育局则对学校开展定期质量评估，组建调研团队，对学校所取得的进步进行公开报告。伦敦市打破以往内伦敦与外伦敦之间的区隔，将城市规划与教育规划相结合，取消内伦敦教育局，成立大伦敦政府，负责大伦敦都会区的整体教育规划与治理。同时与各区政府间划分不同的权力，大伦敦政府负责整体的、阶段性的教育规划，加强了干预各区域之间协调发展的权力，各区政府负责具体的事务管理。行政官员还直接干预学校教育事务，伦敦市长通过问卷、网上调查等方式广泛征求儿童、青少年和家长对教育均衡的意见，还设立了专门的公平委员会，每年出版年度公平报告，关注流动儿童的教育问题。悉尼市加强了市政府管辖教育的权力，着重协调区域之间的发展关系，推动城郊教育的结合，重点发展城区东部、西部和南部的学校教育。此外，还任命公立教育大使，成为城市教育部门的代言人，帮助树立公立教育的良好形象。德里市在管理上采取分权的模式，不同地方政府采取不同的措施，努力促进本地区的教育发展。同时，市政府设置 15 个学区办公室，运行与管理所有的公立学校，还负责监管私立学校。市政府进行总体的全面规划、经费资助、学校督导等，而各地方政府在发展本地教育上具有优先权。

（二）颁布区域教育优先发展的政策，改进薄弱城区的教育质量

循着解决区域教育发展不均衡的思路，大都市所做出的努力就是平衡区域之间

① 胡仲勋：《21 世纪以来纽约市公立学校系统赋权问责改革：背景、演进与评析》，载《外国教育研究》，2015（9），28～39 页。

的关系，颁布区域教育优先发展的政策，优先利用经费与资源改进薄弱城区的教育质量。从宏观角度加强薄弱区域的教育管理，建立优先发展区，扩建一批具有一定质量水平的学校，增加民众与学生的教育选择机会。纽约市对原有32个学区进行重组，划分了10个新学区，进行资源的重新配置，打破了种族与区域经济发展的限制。① 实施特许学校政策，将薄弱城区原有的低绩效学校关闭，同时在布隆克斯南部、哈莱姆（黑人区）以及布鲁克林北部与东部兴建了大量特许学校。到2009年，纽约市的特许学校曼哈顿有27所，布鲁克林有39所，布隆克斯有27所，皇后区有6所，服务于24000名学生，到2013年逐步扩大到能够容纳10万名学生。② 伦敦市通过整合内伦敦与外伦敦之间的关系，专门负责城中心的教育事务，因为薄弱区域主要集中在内城区，包括陶尔哈姆莱茨区、哈克尼区等。从2002年开始实施的“伦敦挑战项目”，加上以前的“教育优先区项目”，还有2012年和2013年分别出台的《市长教育咨询报告》《市长教育计划实施方案》等，采取主动干预的方式，遵循“积极差别待遇”，对薄弱城区进行特别补助与优厚待遇，优先改善这些区域的学校硬件设施与环境，提升现有的学校教育质量。还在新城区的建设中，按“邻里单位”进行学校规划与布局，每个邻里单位规划人口1万～1.2万，设立学校2～3所。③ 悉尼市则通过推动城郊教育的结合以及优势资源的扩散，弥补不同区域教育发展的不均衡。主要对城区西部、东部和南部的公立学校进行改善，投入经费以改善16所公立学校的办学条件，新建21所学校，投入1.1亿澳元对这些区域的学校进行彻底改造。④ 德里市政府针对薄弱区域采取教育福利项目，主要改善该区域的公立学校，投入了大笔经费改进学校质量。这些经费资助主要用于提供免

① 吴佳妮：《大都市郊区化进程中的人口变迁与义务教育均衡政策探析——以纽约市为例》，载《比较教育研究》，2014（7），41～45页。

② New York City Charter School Center. Guidebook to Success for New York City Public Charter Schools—Charter School Basics. 2012-12-09. http: //www.nycchartercenter.org/GuidebookToSuccess_Fall06.pdf.

③ 张冠曾：《西方城市建设史纲》，260页，北京，中国建筑工业出版社，2011。

④ NSW Department of Education. Leading and Managing the School. 2016-08-20. https://www.det.nsw.edu.au/policies/index.shtml.

费教科书、免费学校制服以及免费午餐，还提供一系列奖学金项目，如优秀天才奖学金和科学天才奖学金。[①] 这些项目的实施虽然在实施中也存在着一些偏差，使得实施效果打了折扣，但在一定程度上改善了薄弱区域的教育质量。

（三）公立与私立教育发展相结合，推动薄弱学校改进计划

为了应对校际发展非均衡的问题，大都市推行薄弱学校改进项目，在维持优质学校规模的基础上，将经费与资源优先投入质量较差的学校。一方面推动标准化学校建设，以统一的标准对学校硬件设施进行规范；另一方面发展私立教育，提供优质的教育资源以弥补公立教育的不足，满足部分学生群体的受教育需求。纽约市着重解决公立学校成效低下的问题，开始试行“自治学区”，创立“赋权学校”。参与该项目的公立学校获得教学与财务上的自主权，获得额外的资金补偿，利用资源投入以改善学校绩效。[②] 同时，提高教师的起薪工资，改善学校管理结构，吸引优秀的教师任教，改进课程与教学方法，提高学生的学业成绩。伦敦市提出了“伦敦挑战”项目，新建了一大批学校，包括中等学院、专门特色中学、全面服务学校等，为学生提供了更多的选择以及培养专长的机会。采取优先发展计划，对薄弱学校进行质量改进，完善基础设施建设，比如更新校舍、充实硬件设备、增设托儿所；提高教师质量，配置教师助理、加强教师在职培训、给予额外津贴等。在 2013 年提出的《市长教育计划实施方案》中，支持免费学校扩大规模，建立“伦敦学校卓越基金”，提倡优质教育理念，提高学校办学的标准，覆盖到每一所学校。悉尼市主要改善公立学校的办学条件，对原来办学情况不好的学校实行关停并转，创办新式高中，增加精英班数量，加强中学与高等教育机构的联系等。同时对基础设施进行改善，通过经费的大量投入，对教育资源进行调整，重新推动公立教育的发展。德

① 孔令帅：《发展中国家大都市基础教育均衡发展中的政府作用——以印度德里为例》，载《外国教育研究》，2011（3），24 ~ 28 页。

② New York City Department of Education. NYC Achievement Results. 2015-03-02. http://schools.nyc.gov/NR/rdonlyres/BEFC0EFC-1A14-465A-B510-1B5BBB600348/0/PEPPresenta-tion81610V5FINAL.pdf.

里市主要发展私立学校，促进基础教育的普及与发展，减少政府学校和私立学校之间的差异。尤其是市政府对一些私立学校进行资助，刺激了民间办学的热情，增加了学校类型、学校数量和学生的选择权。此外，还对薄弱学校实施一系列教育福利项目，提供免费教科书、免费制服以及免费午餐，保障学生的基本受教育权利。

（四）保障流动人口的受教育权利，对少数族裔群体实施补偿教育

针对大都市的弱势群体而言，主要为流动人口与少数族裔。城市当局努力保障流动人口的受教育权利，实施针对少数族裔群体的补偿教育，不仅注重提升公立教育的质量，而且为流动人口或少数族裔提供经费、学业上的资助与补偿，力争缩小族群之间的差异。纽约市在少数族裔聚居区域增设学校，将一些表现较差的公立学校转为特许学校，改善学校教育的质量，为非洲裔、拉丁裔以及其他少数族裔学生提供受教育的机会。还建立移民学校，提供针对移民学生的资金拨款，从 2007 年起，对公立中小学实施“公平学生资金资助政策”，按照学生数对学生进行资助。同时，为少数族裔学生提供生活与学习上的支持，提供额外的经费补助，着重提升其学业成绩。伦敦市的流动人口主要为国际移民、吉卜赛人、追求流浪生活的嬉皮士以及因贫困而居无定所的群体。市政府保障这些人群的受教育基本权利，甚至是难民，只要提供在伦敦居住或工作的监护人信息，就可以接受基础教育。还采取干预的方式，对成绩较差的少数族裔学生进行扶助，成立“伦敦学校黄金俱乐部”，给予特别补助或优厚待遇，以帮助来自不同背景的学生摆脱困难，激发其学习动机，提升学习成绩。同时增加少数族裔教师的比例，形成尊重多元文化的环境氛围。悉尼市主要改善为土著学生所提供的基础教育，使他们的发展能达到其他学生的平均水平。在实践中采取了一系列措施，如增加学前教育机会，优先安排预算，优先安排土著学生入学；通过社区参与教育服务的实施与改进，提高识字和算术水平，加强阅读课教师与土著学生和社区的合作；教学计划反映土著学生的不同需求，提高

土著学生的学习技能等。[1] 德里市主要解决来自农村地区流动人口子女的受教育问题，还有弱势种姓以及女童受教育权利的保障。因为印度存在种姓制度，薄弱地区、落后种姓的学生无法与经济发达地区以及其他种姓相竞争。市政府实施“保留配额”政策，在学校中为低等级种姓的学生保留一定的受教育名额，保障该群体的受教育权利。为流动人口子女实施了一系列免费政策，提供奖学金，扩大学生的教育福利。还开设示范学校，更多地面向农村地区的天才少年，优先照顾来自农村地区的生源。此外，针对存在的性别歧视问题，采取了许多措施，包括为生女儿的家庭提供 5000 卢比的现金奖励，并为女孩上学提供 2.5 万卢比的资助，[2] 缩小不同性别之间的教育差距。通过上述举措，尽力改善流动人口的受教育问题，解决教育在不同种姓、生源地以及性别上存在的差异。

（五）建立教育特色项目，实施一揽子扶持计划

上述策略与措施体现出不同大都市之间的共通性。但这些城市也有很多不同点，基于自身的发展特点，大都市还推出了一些特色项目，希望通过一揽子计划的实施来推动基础教育的均衡发展。纽约市整合研究机构、高等院校，以及非营利性机构与私营机构等社会力量，建立了一批学校支持组织，包括赋权支持组织、学习支持组织以及合作伙伴支持组织，为教师和校长提供专业发展培训，为学校提供教育指导服务，强化学校与家长、社区的联系等，有效地改善了公立学校系统的质量。伦敦市针对内城的教育状况，加强学校与社区之间的联系，鼓励学校参与社区生活。社区为学生进入社区提供帮助，强调学校与社区的合作，一方面减少了犯罪率与故意破坏行为的发生，另一方面学校与学生可以充分利用社区资源，获得社区的支持以开展实践教学。悉尼市则利用信息技术手段，尤其是基于网络的信息平台构建，弥补空间、时间上的距离，实现教育资源的有效共享。推出了互联网学习计划，在

① 安钰峰：《澳大利亚新南威尔士州的土著人教育政策》，载《中国民族教育》，2002（1），40 ~ 41 页。

② Soumya Gupta. Overview of School Education in Delhi. 2011-11-08. http://www.ccsindia.org/ccsindia/policy/ed/studies/wp0068.pdf.

学校硬件设施上推动互联网的建设以及电脑的应用，市政府投入1.37亿澳元进行电脑开发项目，学校获得2.5万台电脑，从而大大提高了学生人均电脑拥有率。①德里市实施专门面向政府学校的特色计划，加强地方学校与政府学校的关系，保障政府学校的学生能够使用地方学校的实验室材料、设施、运动器材或其他设备。市政府对这些设备与器材的代替与调换给予财政支持，弥补政府学校表现较差的状况。此外，德里还积极寻求国际组织的帮助，利用外国贷款与赠款来发展学校教育。设立一系列教育项目与计划，包括普及基础教育、关注失学儿童的非正规教育、改善女童的受教育状况、残疾儿童教育项目等。

四、对我国大城市促进基础教育均衡发展的启示与建议

我国的城市化发展取得了巨大的成就，无论是城市的数量，还是城市规模，都达到了历史的峰值。根据国家统计局的数据，2015年，城镇常住人口7.71亿人，乡村常住人口6.03亿人，城镇人口占总人口比重为56.1%。②城市化人口的规模占到全国总人口的一半以上，大量农村人口转变成为城市居民，同时还有大量流动人口进入城市，寻求工作与发展机会。从近几年来的情况看，一线大城市发展迅猛，包括北京、上海、广州、深圳等，聚集了大量的外来人口与流动人口，流动人口子女的受教育问题尤其受到关注。城市区域内的基础教育呈现出非均衡发展态势，城市核心区域、城乡结合部以及郊区之间存在着显著差异。基础教育规模随着人口膨胀而不断增大，由人口增多所带来的教育供给与需求之间的矛盾、优势教育资源短缺、存在大量薄弱学校、弱势学生群体的受教育权益难以有效保障等问题，急需得到解决。北京市面临着城市中心区人口外迁以及京津冀一体化的问题，上海市也面

① 驻悉尼总领事馆教育组：《澳大利亚新州政府积极采取措施提高基础教育办学质量》，载《世界教育信息》，2002（12），28～30页。

② 国家统计局：《2015年国民经济和社会发展统计公报》，2016-10-11，http://www.stats.gov.cn/tjsj/zxfb/201602/t20160229_1323991.html。

临着城乡基础教育一体化发展的局面，如何借鉴国际大都市的发展经验，以解决我国城市的教育资源均衡与优质发展问题，具有重要的启示意义。

（一）政府积极制定倾斜政策，加强干预教育的力度

在促进基础教育的均衡发展方面，政府的政策支持起到非常重要的作用，其有效实施能够促使教育均衡态势的出现。从大都市的经验来看，市政府无疑都在加强干预教育的权力，包括制定倾斜性政策，调动足够的资源，对薄弱区域与学校进行补偿。我国城市化的发展进程在逐渐加剧，区域之间的差异会越来越大，造成一定程度的“马太效应”。市政府应当加强干预教育发展权力，进行经费的保障与资源的优化配置，协调城区之间的发展关系，而不是把权力与责任下放到地方与基层（因为薄弱区县受限于经费与资源而在实施中出现心有余而力不足）。应积极推动学校的规范化建设，对学校办学标准进行统一要求，明确市、区、乡镇各级人民政府的责任。同时充分考虑各区域、各校的差异，对经济欠发达的郊区学校采取必要的倾斜政策，做到补偿弱势学校，大力帮助和支持薄弱学校达到法定标准。最后还需要加强对于政策实施效果的监督与反馈，对最终的结果进行有效评估，利用反馈的结果以及数据分析来对政策进行及时的修订。

（二）改进薄弱学校的质量状况，保障流动人口子女的受教育权利

随着流动人口大量进入城市，大多集中在城市边缘地带以及城乡结合部，其受教育权利难以得到有效保障。根据大都市的实践经验，城市当局一方面应该开放公立教育系统，将流动人口子女的教育纳入全市经济社会发展规划，从制度上保证流动人口子女的受教育权利。引导流动人口子女避开市区中心学龄人口多、质量好的热点学校，选择本地学龄人口较少、教学资源较丰富的学校就读，以充分利用教育资源。适当降低流动人口子女的借读费标准，对经济困难家庭的子女免除借读费。另一方面积极改进薄弱学校的质量，规范学校的办学标准与办学条件。由于现实条件的制约，这个标准可以稍低于公立学校标准，达到标准的学校就可以合法化，对

于不合标准的学校则要坚决取缔。此外，对弱势群体学生进行有效扶助，提供补偿性教育，一是对边远郊县地区的子女入学进行资助，二是对城区或者城乡结合部流动人口子女进行扶助。建立健全助学金制度，资助家庭经济困难学生就学，以保证不让一个学生因家庭经济困难而辍学。

（三）改善师资培养与教师待遇，建立教师定期流动机制

教师队伍素质是决定一所学校办学水平和教育质量的最重要的因素之一，针对教师队伍资源分布的不均衡，治本的方法是加强教师的培养，主要是对薄弱城区以及薄弱学校的教师培养，加上合理的薪酬制度，便能有效地培养和挽留优秀的教师资源。根据大都市的发展措施，需要建立以校本培训为重点的教师培训制度，通过校本培训提升教师的专业化水平，积极鼓励和支持教师接受在职培训和继续教育。把骨干教师的培训作为继续教育的重点，形成市、区、乡镇骨干教师梯队，带动整个城市的教师队伍建设。提高薄弱地区教师待遇是保障教师队伍的先决条件，区域间教师工资收入的差异是教师单向向上流动的主要原因。因此，教师经费与津贴应向薄弱城区、边远郊县倾斜，要采取特殊措施，吸引师范毕业生及其他领域的优秀人才前往任教。同时，建立教师合理有序的流动机制，将优秀的教师从核心区域流向边远郊县，实行校长和骨干教师的定期交流制度。在教师流动轮岗期间，其行政关系、工资关系等仍保留在原单位，工资、奖金、福利、医疗等待遇不变，切实解决轮岗教师的后顾之忧。

（四）促进民办教育的发展，增加学生的教育选择权利

民办教育作为公立教育的补充，对民间资源的调动以及促进社会教育的均衡发展都很重要，而政府所要做的是提供有利的外部环境、政策性的激励以及有效的管理机制。城市需要对现有办学体制进行改革，创办特色学校，为薄弱学校改造提供动力保证。大力推进基础教育的办学体制改革，发展多种形式的民办教育，促进更多的社会团体、企业、个人的资金流向基础教育，积极形成公办学校与民办学校共

同、平等发展的新格局。这样既可以增加教育投入，扩大市区教育资源总量，又可以满足不同层次的群体对教育的多样化需求。促进民办教育发展的最有利条件是提供良好的外部环境，制定优惠政策（包括政策性以及制度性的要求），在教师调动、职称评定、学校收费、表彰奖励、学生考试发证注册登记、学校督导评估等方面给予大力支持，使民办学校享受与公办学校同等的待遇。同时对民办学校强化管理，严格规范办学行为，进一步健全和完善办学审批制度、招生广告审查制度、教学质量评估检查制度、财产审计制度等，增加学生受教育的选择权利。

（五）加强信息技术手段的应用，实现优质教育资源共享

现代信息技术手段的广泛采用，可以弥补基础教育存在的区域差异，在城市范围内实现核心区域与边远郊县学校之间网络以及数字上的沟通，通过信息手段来实现相互之间资源的共享。遵循国际上的一些做法，坚持以政府投入为主的原则，为学校配备计算机设备，按照学生的数量与比率进行配置，提高薄弱学校的硬件设施水平。加快城市的教育信息网站建设，将其建设成为具有现代化远程教学功能、教育信息资源库功能以及教育教学管理信息交换功能的教育信息化网络系统。除了配备必需的硬件之外，还需要加强教育信息资源建设，实现不同区域之间优质教育资源的共享。教育信息资源建设是教育信息化的核心，引进国内外高水平、高质量、有实用价值的教学课件，通过互联网实现教育资源共享，让不同学校的师生都可以享受到网上学习的便利。由此，通过校园网的联通，实现校际教育资源的交流共享，在校园网的有利平台上实现区域以及校际资源的共享。

图书在版编目(CIP)数据

民族地区城镇化进程中的教育问题研究 / 曲木铁西，白华主编. —北京：民族出版社，2017.11

ISBN 978-7-105-15140-0

Ⅰ. ①民… Ⅱ. ①曲… ②白… Ⅲ. ①民族地区－少数民族教育－研究－中国 Ⅳ. ①G759.2

中国版本图书馆CIP数据核字（2017）第278476号

民族地区城镇化进程中的教育问题研究

策划编辑 罗焰
责任编辑 唐海琴
封面设计 金晔
出版发行 民族出版社
地　　址 北京市和平里北街14号
邮　　编 100013
网　　址 http://www.mzpub.com
印　　刷 北京迪鑫印刷厂
经　　销 各地新华书店
版　　次 2017年12月第1版　2017年12月北京第1次印刷
开　　本 787毫米×1092毫米　1/16
字　　数 310千字
印　　张 20.5
定　　价 80.00元
书　　号 ISBN 978-7-105-15140-0/G·2092（汉1001）